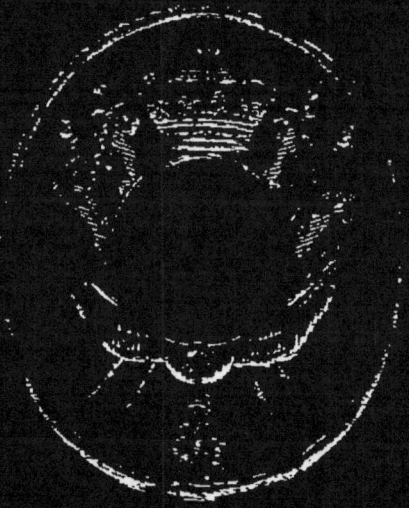

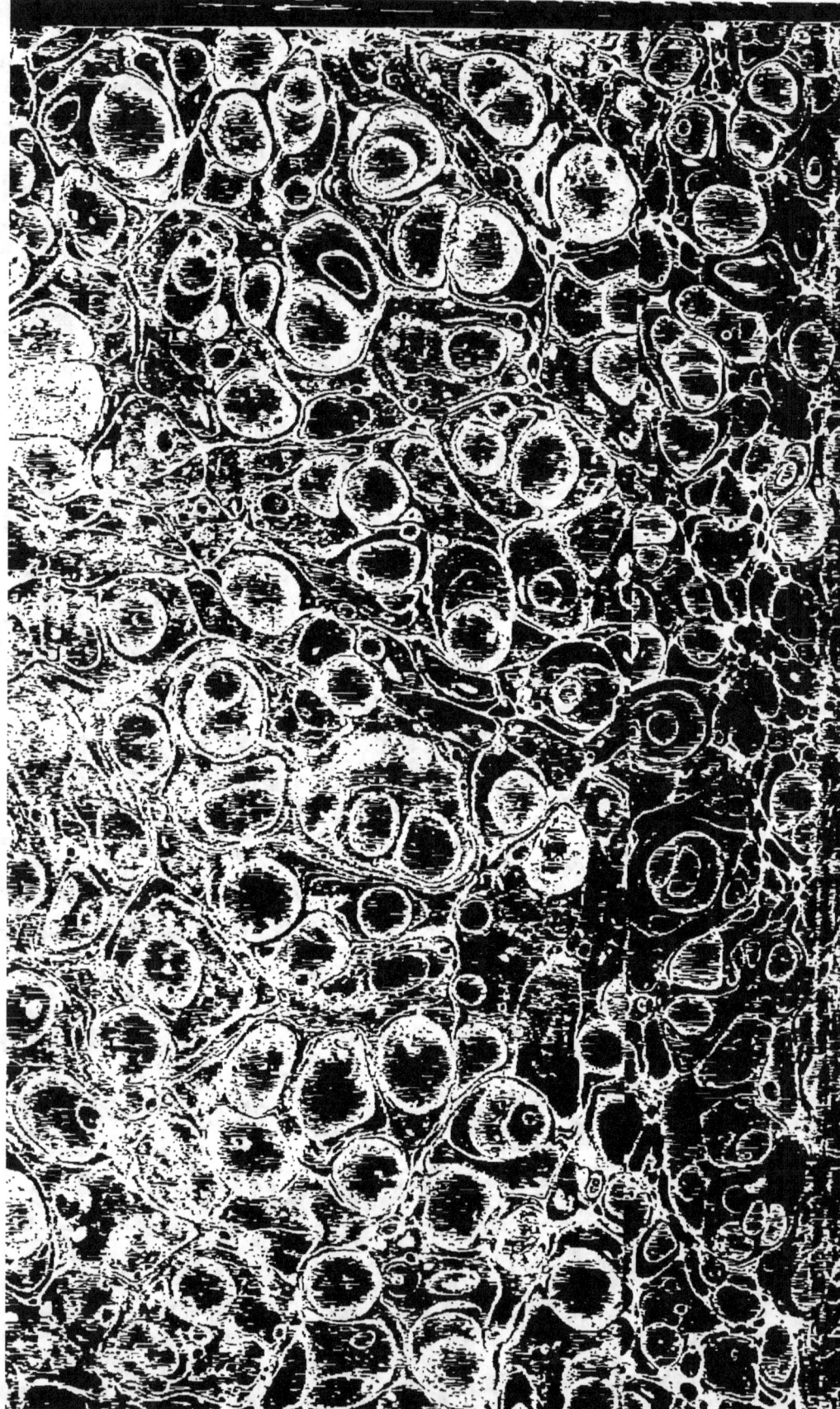

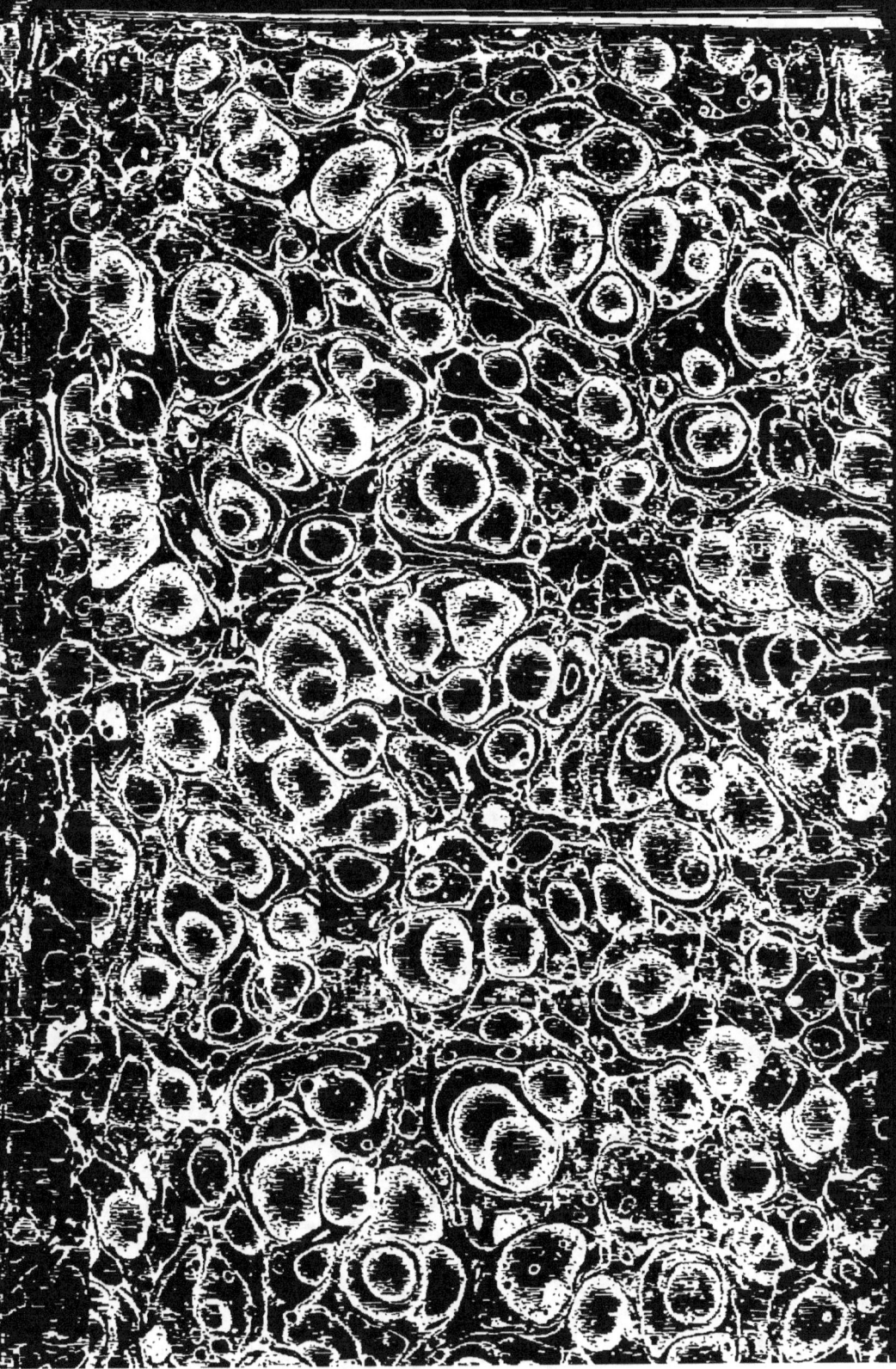

1954.
A.

Lb 1900.
151.c.3.

MÉMORIAL
DE
SAINTE-HÉLÈNE

A PARIS, DE L'IMPRIMERIE DE LEBÈGUE,
RUE DES NOYERS, n° 8.

MÉMORIAL
DE
SAINTE-HÉLÈNE,

OU

JOURNAL OU SE TROUVE CONSIGNÉ, JOUR PAR JOUR, CE QU'A DIT ET FAIT NAPOLÉON DURANT DIX-HUIT MOIS;

Par le comte de LAS CASES.

RÉIMPRESSION DE 1824, AVEC DE NOMBREUSES CORRECTIONS ET ADDITIONS.

TOME TROISIÈME.

PARIS,

DÉPÔT DU MÉMORIAL, RUE DE GRENELLE-SAINT-HONORÉ, N° 29;
BOSSANGE FRÈRES, RUE DE SEINE, N° 12;
BÉCHET AÎNÉ, QUAI DES AUGUSTINS, N° 50;
LECOINTE ET DUREY, QUAI DES AUGUSTINS;
RORET, RUE HAUTEFEUILLE.

1824.

TABLE

DES SOMMAIRES DU TROISIÈME VOLUME.

page

Journées de Longwood, etc. — Procès de Drouot. — Jugemens militaires. — Soult. — Masséna. — Camarades de l'Empereur dans l'artillerie. — L'Empereur croyant son nom inconnu, même dans Paris. 9

Examen de conscience politique. — Etat fidèle de l'Empire, sa prospérité. — Idées libérales de l'Empereur sur la différence des partis. — Marmont. — Murat. — Berthier. 19

Chances des dangers dans les batailles, etc. — Les bulletins très-véridiques. 32

Insalubrité de l'île. 33

Paroles de l'Empereur sur son expédition en Orient. 35

Description de l'appartement de l'Empereur. — Horloge du grand Frédéric. — Montre de Rivoli. — Détails minutieux de sa toilette. — Son costume. — Bruits ridicules, absurdités sur sa personne. — Complot de Georges. — De Cérachi. — Attentat du fanatique de Schœnbrun. 36

Partis à prendre après Waterloo. 51

Traits caractéristiques. 65

Politique. — État de l'Europe. — Ascendant irrésistible des idées libérales. 68

Opinion de l'Empereur sur plusieurs personnages connus. — Pozzo di Borgo. — Metternich. — Bassano. — Clarke. — Cambacérès. — Lebrun. — Fouché, etc. 70

Papiers d'Europe. — Politique. 84

Arrivée du Gouverneur. 86

Progrès de l'Empereur dans son anglais. 86

Première visite du Gouverneur. — Déclaration exigée de nous. 87

Conversation caractéristique. — Retour de l'île d'Elbe prévu dès Fontainebleau. — Introduction du Gouverneur. — Mortification de

TABLE.

	page
l'Amiral.—Nos griefs contre lui.—Signalement de sir Hudson Lowe.	90
Convention des Souverains sur Napoléon, etc. — Paroles remarquables.	104
Déclaration exigée de nous.	109
Visite d'adieu de l'ancien Gouverneur. — Conversation remarquable. — Saillie d'un vieux soldat anglais.	111
Message de l'Empereur au Prince Régent. — Paroles caractéristiques. — Porte-feuille perdu à Waterloo. — Sur les Ambassadeurs. — M. de Narbonne. — Après Moscow, l'Empereur sur le point d'être arrêté en Allemagne.— Compte de toilette de l'Empereur. — Budget d'un ménage dans les capitales de l'Europe. — L'ameublement de la maison de la rue de la Victoire. — Ameublemens des palais impériaux. — Moyens de vérification de Napoléon.	118
Le Gouverneur visite ma chambre.—Critique du Mahomet de Voltaire.—Du Mahomet de l'histoire. — Grétry.	129
Ma visite à Plantation-House. — Insinuation. — Première méchanceté de sir H. Lowe. — Proclamations de Napoléon. — Sa politique en Égypte. — Aveu d'acte illégal.	135
Première insulte, première barbarie de sir H. Lowe. — Traits caractéristiques.	141
Abbé de Pradt. — Son ambassade à Varsovie. — Guerre de Russie. — Son origine.	146
L'Empereur souffrant. — Premier jour de complète réclusion. — Ambassadeurs Persan et Turc. — Anecdotes.	160
Deuxième jour de réclusion. — L'Empereur reçoit le Gouverneur dans sa chambre. — Conversation caractéristique.	170
Fragmens de la campagne d'Italie.	179
Bataille de Castiglione.	id.
Bataille d'Arcole.	209
Bataille de Rivoli.	240
Troisième jour de réclusion. — Beau résumé de l'histoire de l'Empereur.	267

TABLE.

	page
Quatrième jour de réclusion absolue. — Le Moniteur favorable à l'Empereur, etc.	270
Cinquième jour de réclusion.	272
Sixième jour de réclusion.	273
Sur la Chine et la Russie. — Rapprochemens des deux grandes révolutions de France et d'Angleterre.	275
Docteur O'Méara; explication. — Consulat. — Opinion de l'émigration sur le Consul. — Idées de l'Empereur sur les biens des émigrés. — Syndicat projeté. — Circonstances heureuses qui concourent à la carrière de l'Empereur. — Opinion des Italiens. — Couronnement par le Pape. — Les mécontens séduits lors de Tilsit. — Bourbons d'Espagne. — Arrivée du fameux palais de bois.	285
Iliade; Homère.	302
Paroles caractéristiques de l'Empereur.	304
Hoche. — Divers généraux.	307
Invitation ridicule de sir Hudson Lowe.	314
Napoléon à l'Institut. — Au Conseil d'Etat. — Code civil. — Mot pour lord Saint-Vincent. — Sur l'intérieur de l'Afrique. — Ministère de la marine. — Decrès.	315
Etat dangereux de mon fils. — Paroles remarquables. — Dictionnaire des Girouettes. — Bertholet.	338
Réception des passagers de la flotte du Bengale.	342
Egalité des peines. — L'Empereur me commande l'historique minutieusement détaillé de mon Atlas.	346
Historique de l'Atlas.	351
Visite du Gouverneur. — Conversation chaude avec l'Empereur.	373
Mme la maréchale Lefèvre.	381
Le Gouverneur de Java. — Le docteur de Warden. — Conversation familière de l'Empereur sur sa famille.	386
L'Empereur endormi. — Morale.	406
Le Gouverneur arrêtant lui-même un domestique. — Lecture de la Bible. — Livre saint.	410

	page
Caprices de l'autorité. — La Princesse Stéphanie de Bade, etc.	411
Maximes de l'Empereur. — Scène de Portalis au Conseil d'Etat, etc. — Accidens de l'Empereur à Saint-Cloud, à Auxonne, à Marly.	415
Politique.	423
Brutus de Voltaire.	427
Etablissement français sur le fleuve Saint-Laurent. — L'Empereur eût pu gagner l'Amérique. — Carnot au moment de l'abdication.	428
Etat de l'industrie en France. — Sur les physionomies.	435
L'Empereur devant le camp anglais.	439

FIN DE LA TABLE DU TROISIÈME VOLUME.

MÉMORIAL DE Ste-HÉLÈNE.

Samedi 23 au Mardi 26 Mars 1816.

Journées de Longwood, etc. — Procès de Drouot. — Jugemens militaires. — Soult. — Masséna. — Camarades de l'Empereur dans l'artillerie. — L'Empereur croyant son nom inconnu, même dans Paris.

Ces matinées furent en partie d'un très-mauvais temps; de ces pluies battantes qui nous permettaient à peine de mettre le nez dehors. L'Empereur a parcouru l'ouvrage d'une *miss William* sur le retour de l'île d'Elbe; il venait de nous arriver d'Angleterre; il en a été bientôt dégoûté, et il devait l'être : cette production est tout à fait méchante et mensongère; c'est le recueil et l'écho des bruits qu'imaginèrent, dans les temps, les salons malveillans de Paris.

Quant à nos soirées, il nous importait peu le temps qu'il faisait, qu'il plût ou qu'il fît beau clair de lune; dès que la nuit approchait, nous nous constituions littéralement nous-mêmes de vrai prisonniers. Vers les neuf heures, on nous entourait de sentinelles; c'eût été une douleur que de les rencontrer. Ce n'est pas qu'accompagnés de l'officier anglais préposé à notre surveillance, l'Empereur et nous-mêmes n'eussions pu sortir plus tard; mais c'eût été pour nous un supplice plutôt qu'un plaisir, et c'est ce que cet officier ne pouvait concevoir. Il laissa deviner, dans le principe, qu'il imaginait que la mauvaise humeur seule dictait cette réclusion, et qu'elle aurait bientôt une fin; je ne sais ce qu'il aura pensé de notre constance.

L'Empereur, comme je crois l'avoir déjà dit, se mettait à table assez régulièrement à huit heures; il n'y demeurait jamais une demi-heure, parfois à peine un quart d'heure. De retour dans le salon, quand il était souffrant ou silencieux, nous avions toutes des peines du monde à atteindre neuf heures et demie ou dix heures; ce n'était même qu'à l'aide de quelques lectures. Mais quand il avait de la gaîté ou s'abandonnait à la conversation, nous arrivions en un instant jusqu'à onze heures et au-delà : c'étaient nos bonnes soirées. Il se retirait alors avec une espèce de satisfaction d'avoir, disait-il, conquis le temps. Et c'était justement ces jours-là, lorsque nous avions le moins de mérite, qu'il observait qu'il fallait tout notre courage pour supporter une pareille vie.

Dans une de ces soirées, la conversation tomba sur les procès militaires qui s'instruisent aujourd'hui en France. L'Empereur ne pensait pas que le *général Drouot* pût être condamné pour être venu à la suite d'un souverain reconnu, faisant la guerre à un autre. A cela quelqu'un disait que ce que l'on trouvait ici sa justification, devait être son plus grand péril au jugement de la légitimité.

L'Empereur convenait en effet qu'il n'y avait rien à répondre à la doctrine mise en avant aujourd'hui. D'un autre côté, cependant, en condamnant le général Drouot, l'Empereur disait que l'on condamnait l'émigration, et légitimait les jugemens contre les émigrés. Les doctrines républicaines punissaient de mort quiconque portait les armes contre la France ; il n'en était pas ainsi de la doctrine royale. Si l'on adoptait ici la loi républicaine, l'émigration et le parti royal se condamnaient eux-mêmes.

Du reste, en thèse générale, le cas de Drouot était même bien différent de celui de Ney; et puis il y avait eu en Ney une vacillation malheureuse qu'on ne retrouvait pas dans Drouot. Aussi l'intérêt qu'on avait porté à Ney ne tenait-il qu'à l'opinion : celui que faisait naître Drouot tiendrait à la personne.

L'Empereur a continué sur les dangers et les embarras des tribunaux et de la justice, dans toute l'affaire du retour de l'île d'Elbe. Une circonstance particulière surtout le frappait à l'extrême, c'était la situation de *Soult*, qu'on nous disait en jugement. Lui, Napoléon, savait, disait-il, jusqu'à quel point Soult était innocent; et pourtant, sans cette circonstance toute personnelle, lui Napoléon, s'il était juré, indubitablement le déclarerait coupable, tant les apparences se réunissaient contre lui. Ney, dans sa défense, par un sentiment dont il est difficile de se rendre compte, fait dire faussement à l'Empereur que Soult était d'accord avec lui. Or, toutes les circonstances de la conduite de Soult, pendant son ministère, la confiance de l'Empereur après son retour, etc..... s'accordent avec cette disposition : qui

donc ne le condamnerait pas ? « Pour-
» tant Soult est innocent, disait l'Em-
» pereur : il m'a même confessé qu'il
» avait pris un penchant réel pour le Roi.
» L'autorité dont il jouissait sous celui-
» ci, disait-il, si différente de celle de
» mes ministres, était quelque chose de
» fort doux, et l'avait tout à fait subjugué.
 » *Masséna*, dont les papiers nous an-
» nonçaient aussi la proscription, Mas-
» séna, continuait l'Empereur, était une
» autre personne qu'ils jugeront peut-
» être comme coupable de trahison. Tout
» Marseille était contre lui, les appa-
» rences l'accablaient, et pourtant il avait
» rempli son devoir jusqu'au moment où
» il s'est déclaré ouvertement. » Il avait
même été loin, revenu à Paris, de chercher à se faire aucune espèce de mérite
auprès de l'Empereur; lorsque Napoléon lui demandait s'il eût dû compter
sur lui. « Le vrai, continuait l'Empe-
» reur, est que tous les chefs avaient fait
» leur devoir; mais qu'ils n'avaient rien
» pu contre le torrent de l'opinion; et
» personne n'avait bien calculé les sen-
» timens de la masse et l'élan de cette
» nation. Carnot, Fouché, Maret, Cam-
» bacérès, m'ont confessé, à Paris, qu'ils

» s'étaient fort trompés à cet égard. Et
» personne, continuait l'Empereur, ne
» le juge bien encore, etc., etc.

« Si le Roi, continuait-il, fût resté plus
» tard en France, il eût peut-être péri
» dans quelque soulèvement; mais s'il
» fût tombé dans mes mains, je me se-
» rais cru assez fort pour pouvoir l'en-
» tourer de bons traitemens dans quel-
» que demeure à son choix, comme Fer-
» dinand l'avait été à Valencey; etc. »

Précisément avant cette conversation,
l'Empereur jouant aux échecs, et son
Roi étant tombé, il s'était écrié : « Ah!
» mon pauvre Roi, te voilà à bas. » Et
comme après l'avoir ramassé on le lui
rendait mutilé : « Ah! l'horreur, s'est-
» il écrié, bien certainement je n'accepte
» pas l'augure, et je suis même loin de
» le souhaiter.... je ne lui en veux pas à
» ce point. »

Je n'aurais eu garde d'omettre cette
circonstance, quelque petite qu'elle soit,
tant elle est caractéristique sous bien
des rapports. Aussi, l'Empereur rentré,
nous y revînmes entre nous. Quelle gaîté,
quelle liberté d'esprit dans son horrible
infortune, nous disions-nous! Quel
calme de cœur! Quelle absence de fiel,

d'irritation, de haine! Qui reconnaîtrait là celui que l'inimitié, le mensonge, se sont plu à désigner si monstrueusement? Qui même des siens l'a bien connu, ou a cherché à le faire bien connaître!

Dans une autre soirée, l'Empereur parlait de ses premières années dans l'artillerie et de ses camarades de table : c'est un temps sur lequel il revient souvent avec un grand plaisir. On lui cita un de ses commensaux qui, ayant été préfet du même département sous lui et sous le Roi, n'avait pu obtenir de le demeurer encore à son retour. L'Empereur cherchant à se le rappeler, a dit ensuite que cette personne avait, à une certaine époque, manqué sa fortune auprès de lui. Que quand il devint commandant de l'armée de l'intérieur, il l'avait comblée, l'avait fait son aide-de-camp, et projetait d'en faire un homme de confiance; mais cet aide-de-camp tant favorisé, avait été fort mal pour lui, au moment du départ pour l'armée d'Italie : il avait alors abandonné son général pour le Directoire. « Néanmoins, » disait l'Empereur, une fois sur le trône, » il eût encore pu beaucoup sur moi, » s'il eût su s'y prendre. Il avait le droit

» des premières années, qui ne se perd
» jamais. Je n'eusse certainement pas
» résisté à une surprise dans un rendez-
» vous de chasse, par exemple, ou à toute
» autre demi-heure de conversation sur
» les temps passés ; j'aurais oublié ce
» qu'il m'avait fait; il ne m'importait plus
» s'il avait été de mon parti ou non, je
» les avais désormais réunis tous. Ceux
» qui avaient la clef de mon caractère
» savaient bien cela ; ils savaient qu'avec
» moi, dans quelque disposition que je
» fusse contre eux, c'était comme au jeu
» de barres, la partie était gagnée aussi-
» tôt qu'on avait pu toucher le but. Aussi
» n'avais-je d'autre parti, si je voulais ré-
» sister, que de refuser de les voir. »

Il nous disait d'un autre ancien camarade, qu'avec de l'esprit et les qualités convenables, il eût pu tout auprès de lui. Il ajoutait qu'avec moins d'avidité, un troisième n'eût jamais été éloigné par lui.

Nous nous demandions s'ils avaient bien soupçonné ce secret et leurs chances, si d'ailleurs l'élévation et le lustre de l'Empereur leur avait bien laissé la facilité de les mettre à profit.

Au sujet du lustre de la puissance impériale, le Grand-Maréchal dit alors que, quelque grand, quelque resplendissant que l'Empereur lui eût paru sur le trône, jamais il ne lui avait laissé une impression supérieure, peut-être même égale, à celle que lui avait faite sa situation à la tête de l'armée d'Italie. Il développait et prouvait assez bien sa pensée, et l'Empereur ne l'écoutait pas sans une espèce de complaisance. Cependant, observions-nous, que de grands événemens depuis! que d'élévation! que de grandeur! que de renommée par toute la terre! l'Empereur écoutait. « Eh bien, » a-t-il dit, malgré tout cela, Paris est » si grand, et renferme tant de gens de » toute espèce, et quelques-uns tellement bizarres, que je suppose qu'il en » est qui ne m'ont jamais vu, et qu'il peut » en être d'autres à qui mon nom même » n'est jamais parvenu. Ne le pensez-vous » pas, nous disait-il? » Et il fallait voir avec quelle bizarrerie lui même, avec quelles ressources d'esprit il développait alors cette assertion qu'il savait mauvaise. Nous nous sommes tous récriés fortement que quant à son nom, il n'était pas de ville et de village en Europe, peut-être même dans le monde, où il n'eût été prononcé. Quelqu'un a ajouté

« Sire, avant de revenir en France, à la
» paix d'Amiens, Votre Majesté n'étant
» encore que Premier Consul, je voulus
» parcourir le pays de Galles, comme une
» des portions les plus extraordinaires de
» l'Angleterre. Je gravis des sommités
» tout à fait sauvages et d'une hauteur
» prodigieuse ; j'atteignis des chaumières
» que je croyais appartenir à un autre
» univers. En entrant dans une de ces
» solitudes éloignées, je disais à mon com-
» pagnon de voyage : C'est ici qu'on
» doit trouver le repos, et échapper au
» bruit des révolutions. Le maître, nous
» soupçonnant Français à notre accent,
» nous demanda aussitôt des nouvelles de
» France, et ce que faisait son Premier
» Consul *Bonaparte*. »

« Sire, dit un autre de nous, nous
» avons eu la curiosité de demander aux
» officiers de la Chine si nos affaires
» européennes étaient arrivées jusqu'à
» cet empire. Sans doute, nous ont-ils
» répondu, confusément à la vérité, parce
» que cela ne les intéresse nullement ;
» mais le nom de votre Empereur y est
» célèbre et associé aux grandes idées
» de conquête et de révolution ; précisé-
» ment comme ont pénétré chez nous

» les noms de ceux qui ont changé la face
» de cette partie du monde; les Gengis-
» Kan, les Tamerlan, etc. * »

Mercredi 27.

Examen de conscience politique. — État fidèle
de l'Empire, sa prospérité. — Idées libérales
de l'Empereur sur la différence des partis.
— Marmont. — Murat. — Berthier.

Aujourd'hui, l'Empereur se promenait
dans le jardin avec le Grand-Maréchal

---

* La publication du Mémorial a porté beaucoup de personnes à me fournir des renseignemens sur des faits dont ils avaient été acteurs ou témoins. Et au sujet de l'universelle célébrité de Napoléon, dont il est ici question, l'un a dit qu'après Waterloo et la dissolution de l'armée, ayant été chercher du service en Perse, et se trouvant admis à l'audience du souverain, le premier objet qui avait frappé ses regards avait été le portrait de Napoléon, sur le trône même, au-dessus de la tête du Shâ.

Un autre, revenant des mêmes contrées, assurait que l'idée du pouvoir de Napoléon était tellement populaire dans toute l'Asie, et y exerçait une telle influence, qu'après sa chute, des agens chargés de remplacer les siens, s'étaient vus souvent réduits à emprunter l'autorité de son nom pour obtenir de la bienveillance sur leur route, et se ménager les facilités de parvenir à leur destination.

Enfin, un troisième m'a écrit que le capiet moi. La conversation nous conduisit à faire notre examen de conscience politique.

L'Empereur avait été très-chaud, disait-il, et de fort bonne foi au commencement de la révolution; il s'était refroidi par degré à mesure qu'il avait acquis des idées plus justes et plus solides; son patriotisme s'était affaissé, disait-il, sous les absurdités politiques, et les monstrueux excès civils de nos législatures; enfin, sa foi républicaine avait disparu lors de la violation des choix du peuple, par le Directoire, au temps de la bataille d'Aboukir.

Pour le Grand-Maréchal, il disait n'avoir jamais été républicain; mais très-chaud constitutionnel, jusqu'au dix août,

---

taine R., du navire le Bordelais, dans le cours de son voyage à la côte N.-O. d'Amérique, relâchant aux îles Sandwich, avait été présenté au Roi, qui, durant l'audience, s'informa du roi Georges III et de l'empereur Alexandre. Au pied du trône se trouvait assise une femme, la favorite du prince, laquelle, à chacun des noms européens qu'avait prononcé le Roi, s'était retournée vers lui avec un sourire de dédain et une impatience marquée; mais n'y pouvant plus tenir, elle interrompit le Roi en s'écriant : *« Et Napoléon, comment se porte-t-il? »*

où les horreurs du jour l'avaient guéri de toute illusion : il avait failli être massacré en défendant le Roi aux Tuileries.

Quant à moi, il était notoire que j'avais débuté par être royaliste pur et des plus ardens. « C'est donc à dire, Mes-
» sieurs, a repris plaisamment l'Empe-
» reur, qu'ici je suis le seul qui ait été
» républicain ? — Et encore, Sire, avons-
» nous repris tous deux, Bertrand et moi.
» — Oui, républicain et patriote, a répété
» l'Empereur. — Pour patriote, Sire, lui
» a observé l'un de nous, moi aussi je l'ai
» été malgré mon royalisme ; mais pour
» comble de bizarrerie, je ne le suis de-
» venu que sous l'Empire. — Comment,
» vilain ! vous êtes donc obligé de con-
» venir que vous n'avez pas toujours aimé
» votre pays ? — Sire, ne faisons-nous pas
» ici notre examen de conscience? je me
» confesse. Revenu à Paris, en vertu de
» votre amnistie, pouvais-je m'y regarder
» d'abord comme Français, quand cha-
» que loi, chaque décret, chaque ordon-
» nance, tapissant les rues n'accompa-
» gnait jamais ma malheureuse qualifi-
» cation d'émigré, que des épithètes les
» plus outrageantes ! Aussi en y rentrant,
» je ne pensais pas que j'y demeurasse ;

» j'y avais été attiré par la curiosité, je
» n'avais fait que céder à l'attrait invin-
» cible du sol, au besoin de respirer
» encore l'atmosphère natale ; je n'y pos-
» sédais plus rien : pour seulement revoir
» la France, j'avais été obligé de jurer à
» la frontière l'abandon de mon patri-
» moine, la légalisation de sa perte ; aussi
» je ne me regardais dans ce pays, jadis
» le mien, que comme un simple pas-
» sager ; j'étais un véritable étranger de
» mauvaise humeur et même malveillant.
» Arriva l'Empire, ce fut une grande
» chose : c'étaient alors, me disais-je,
» mes mœurs, mes préjugés, mes prin-
» cipes qui triomphaient ; ce n'était plus
» qu'une différence dans la personne du
» souverain. Quand s'ouvrit la campagne
» d'Austerlitz, mon cœur s'étonna de se
» retrouver Français : ma situation était
» pénible ; je me disais tiré à quatre che-
» vaux ; je me sentais partagé entre la pas-
» sion aveugle et le sentiment national ;
» les triomphes de l'armée française et
» de leur général me répugnaient, leur
» défaite m'eût humilié. Enfin, les pro-
» diges d'Ulm et l'éclat d'Austerlitz vin-
» rent me tirer d'embarras ; je fus vaincu
» par la gloire : j'admirai, je reconnus,

» j'aimai Napoléon, et dès ce moment
» je devins Français jusqu'au fanatisme.
» Depuis lors je n'ai pas eu d'autre pen-
» sée, d'autres paroles, d'autres senti-
» mens, et me voici à vos côtés. »

L'Empereur est passé alors à une foule de questions sur l'émigration, notre nombre, notre esprit. Je lui disais des choses curieuses sur nos princes, le duc de Brunswick, le Roi de Prusse ; je le faisais rire sur la déraison de nos prétentions, le peu de doute de nos succès, le désordre de nos moyens, l'incapacité de nos chefs. « Les hommes, disais-je, n'é-
» taient véritablement pas alors ce qu'ils
» ont été depuis. Heureusement ceux
» que nous avions à combattre, n'étaient,
» au commencement, que de notre force,
» nous croyions surtout, répétions-nous
» sans cesse, et je croyais fermement,
» que l'immense majorité de la nation
» française était pour nous ; j'aurais dû
» pourtant me désabuser lorsque nos
» rassemblemens furent parvenus jusqu'à
» Verdun et au-delà ; car pas un ne venait
» nous joindre, tous au contraire fuyaient
» à notre approche. Toutefois je l'ai cru
» long-temps encore, même après mon
» retour d'Angleterre, tant nous nous

» abusions à la suite des absurdités dont
» nous nous nourrissions les uns les au-
» tres, nous nous disions que le gouver-
» nement ne reposait que dans une poi-
» gnée de gens, qu'il ne durait que par
» force, qu'il était en horreur à la nation;
» et il en est qui n'auront pas cessé de le
» croire. Je suis persuadé que parmi ceux
» qui le répètent aujourd'hui au Corps
» Législatif, il en est qui sont de bonne
» foi, tant je reconnais l'esprit, les idées
» et les expressions de Coblentz. — Mais
» quand vous êtes-vous donc désabusé,
» disait l'Empereur? — Sire, fort tard;
» même quand je me suis rallié, quand
» je suis venu à la Cour de Votre Majesté,
» j'étais conduit par l'admiration et le
» sentiment bien plutôt que par la con-
» viction de votre force et de votre durée.
» Cependant quand je me trouvai dans
» votre Conseil d'Etat, voyant la fran-
» chise avec laquelle on votait les décrets
» les plus décisifs, que pas un doute
» n'existait sur la plus légère résistance,
» qu'il n'y avait autour de moi que con-
» viction et persuasion parfaites, il me
» sembla alors que votre puissance et
» l'état des choses gagnaient avec une
» rapidité dont je ne me rendais pas

» compte. A force de chercher en moi-
» même à en deviner la cause, je fis un
» jour une grande et importante décou-
» verte; c'est que tout cela existait en
» effet depuis fort long-temps; mais que
» je ne l'avais pas su ni voulu l'apercevoir:
» je m'étais tenu caché sous le boisseau,
» de peur que la lumière ne me parvînt.
» En ce moment je me trouvais lancé au
» milieu de tout son éclat; j'en étais
» ébloui. Dès cet instant tous mes pré-
» jugés tombèrent: ce fut la taie qu'on
» enleva de dessus mes yeux.

» Envoyé depuis en mission par Votre
» Majesté, et ayant parcouru plus de
» soixante départemens, je mis le soin le
» plus scrupuleux et la bonne foi la plus
» parfaite à vérifier tout ce dont j'avais
» douté si long-temps: j'interrogeai les
» préfets, les autorités inférieures, je me
» fis produire les documens et les regis-
» tres; j'interrogeai de simples particu-
» liers, sans en être connu, j'employai
» toutes les contre-épreuves possibles,
» et je recueillis la conviction que le
» Gouvernement était entièrement natio-
» nal et tout à fait du vœu des peuples;
» que jamais la France, à aucune époque
» de son histoire, n'avait été plus forte,

» plus florissante, mieux administrée,
» plus heureuse. Jamais les chemins n'a-
» vaient été mieux entretenus ; l'agricul-
» ture avait gagné d'un dixième, d'un
» neuvième, d'un huitième en produc-
» tions. *

» Une inquiétude, une ardeur générale
» animaient tous les esprits au travail,
» et les portaient à une amélioration
» personnelle et journalière. L'indigo
» était conquis, le sucre devait l'être
» infailliblement. Jamais, à aucune épo-
» que, le commerce intérieur et l'indus-
» trie en tout genre n'avaient été portés
» aussi loin : au lieu de quatre millions
» de livres de coton qui s'employaient
» au moment de la révolution, il s'en
» travaillait à présent au-delà de trente
» millions de livres, bien que nous ne
» pussions en recevoir par mer, et qu'il
» nous vînt d'aussi loin par terre que de
» Constantinople. Rouen était devenu un
» vrai prodige dans ses résultats, etc., etc.

» Les impositions se payaient partout,

---

* Circonstance assez singulière, c'est précisément de M. de Villèle, devenu depuis célèbre,
que j'obtins en Languedoc cette assertion sur
l'agriculture.

» la conscription était nationalisée; la
» France, au lieu d'être épuisée, comp-
» tait plus de population qu'auparavant,
» et elle croissait journellement.

» Quand avec ces données je reparus
» dans mes anciens cercles, ce fut une
» véritable insurrection : on jeta les hauts
» cris, on me rit au nez; mais il y avait
» pourtant, dans le nombre, des gens
» sensés, et je revenais bien fort; j'en
» ébranlai plusieurs, j'en convainquis
» quelques-uns; j'eus aussi mes con-
» quêtes. »

L'Empereur, résumant, disait qu'il fallait convenir que notre réunion politique à Sainte-Hélène était certainement des plus extraordinaires ; que nous étions arrivés à un centre commun par des routes bien divergentes. Cependant nous les avions parcourues tous de bonne foi. Rien ne prouvait donc mieux, disait-il, l'espèce de hasard, l'incertitude et la fatalité qui d'ordinaire, dans le dédale des révolutions, conduisent les cœurs droits et honnêtes. Rien ne prouve plus aussi, continuait-il, combien l'indulgence et les vues sages sont nécessaires pour recomposer la société, après de longs troubles. Ce sont ces dispositions et ces principes qui l'avaient fait, disait-il, l'homme le plus propre aux circonstances de brumaire, et ce sont eux qui le faisaient sans doute encore l'homme le plus propre aux circonstances actuelles de la France. Il n'avait sur ce point ni défiance, ni préjugés, ni passions; il avait constamment employé des hommes de toutes les classes, de tous les partis, sans jamais regarder en arrière d'eux, sans leur demander ce qu'ils avaient fait, ce qu'ils avaient dit, ce qu'ils avaient pensé, exigeant seulement, disait-il, qu'ils marchassent désormais et de bonne foi vers le but commun : le bien et la gloire de tous; qu'ils se montrassent vrais et bons Français. Jamais surtout il ne s'était adressé aux chefs pour se gagner les partis; mais, au contraire, il avait attaqué la masse des partis afin de pouvoir dédaigner leurs chefs. Tel avait été, disait-il, le système constant de sa politique intérieure; et malgré les derniers événemens, il était loin de s'en repentir : s'il avait à recommencer, il le ferait encore. « C'est sans raison surtout, »disait-il, qu'on m'a reproché d'avoir »employé et des nobles et des émigrés. »Imputation banale et tout à fait vul-

»gaire ! Le fait est que sous moi, il n'y
» avait plus en France que des opinions,
» des sentimens individuels. Ce ne sont
» pas les nobles et les émigrés qui ont
» amené la restauration, mais bien plutôt
» la restauration qui a ressuscité les nobles
» et les émigrés. Ils n'ont pas plus parti-
» culièrement contribué à notre perte
» que d'autres : les vrais coupables sont
» les intrigans de toutes les couleurs et
» de toutes les doctrines. Fouché n'était
» point un noble, Talleyrand n'était pas
» un émigré ; Augereau et Marmont n'é-
» taient ni l'un ni l'autre. Enfin, voulez-
» vous une preuve dernière du tort de
» s'en prendre à des classes entières,
» quand une révolution comme la nôtre
» a labouré au milieu d'elles? Comptez-
» vous ici. Sur quatre, vous vous trou-
» vez deux nobles dont l'un même est
» émigré. Le bon M. *de Ségur*, malgré
» son âge, à mon départ, m'a fait offrir
» de me suivre. Je pourrais multiplier
» mes citations à l'infini. C'est encore
» sans raison, continuait-il, qu'on m'a
» reproché d'avoir dédaigné certaines
» personnes influentes ; j'étais trop puis-
» sant pour ne pas mépriser impunément
» les intrigues et l'immoralité reconnue

» de la plupart d'entre eux. Aussi n'est-ce
» rien de tout cela qui m'a renversé;
» mais seulement des catastrophes im-
» prévues, inouies; des circonstances
» forcées : cinq cent mille hommes aux
» portes de la capitale; une révolution
» encore toute fraîche, une crise trop
» forte pour les têtes françaises, et sur-
» tout une dynastie pas assez ancienne.
» Je me serais relevé du pied des Pyré-
» nées mêmes, si seulement j'eusse été
» mon petit-fils.

» Et ce que c'est pourtant que la magie
» du passé! Bien certainement j'étais
» l'élu des Français, leur nouveau culte
» était leur ouvrage. Eh bien! dès que
» les anciens ont reparu; voyez avec
» quelle facilité ils sont retournés aux
» idoles!......

» Et comment une autre politique,
» après tout, eût-elle pu empêcher ce
» qui m'a perdu? J'ai été trahi par M......;
» que je pouvais dire mon fils, mon en-
» fant, mon ouvrage; lui auquel je con-
» fiais mes destinées, en l'envoyant à
» Paris au moment même où il consom-
» mait sa trahison et ma perte. J'ai été
» trahi par *Murat*, que de soldat j'avais
» fait Roi, qui était l'époux de ma sœur.

» J'ai été trahi par *Berthier*, véritable
» oison que j'avais fait une espèce d'aigle.
» J'ai été trahi dans le Sénat, précisé-
» ment par ceux du parti national qui me
» doivent tout. Tout cela n'a donc tenu
» nullement à mon système de politique
» intérieure. Sans doute on pourrait
» m'accuser avec avantage d'avoir em-
» ployé trop facilement d'anciens enne-
» mis ou des nobles et des émigrés, si
» un Macdonald, un Valence*, un Mon-
» tesquiou m'eussent trahi ; mais ils
» m'ont été fidèles ; que si on m'objectait
» la bêtise de Murat et de Berthier, je
» répondrais par l'esprit de Marmont. Je
» n'ai donc pas à me repentir de mon
» système politique intérieur, etc., etc. »

---

* Parcourant un jour à Longwood le nom
des sénateurs qui avaient signé la déchéance,
l'un de nous fit observer celui de M. de Valence,
signant comme secrétaire. Mais un autre expli-
qua que cette signature était fausse, que M. de
Valence s'en était plaint, et avait réclamé.
« C'est très-vrai, dit l'Empereur, je le sais, il
» a été très-bien ; Valence a été national. »

Jeudi 28.

Chance de danger dans les batailles, etc. — Les bulletins très-véridiques.

L'Empereur, pendant le dîner, parlait sur les chances de danger des bâtimens de la Chine, dont un périssait sur trente, d'après les renseignemens qu'il avait obtenus des capitaines ; ce qui l'a conduit aux chances de péril dans les batailles, qu'il a dit être moindres que cela. *Wagram* lui a été cité comme une bataille sanglante ; il n'évaluait pas les tués à plus de trois mille, ce qui n'était qu'un cinquantième ; nous étions cent soixante mille. *Esling* avait été peut-être à quatre mille, nous étions quarante mille : c'était un dixième il est vrai ; mais aussi était-elle une des plus funestes. Toutes les autres demeuraient incomparablement au-dessous.

Cela a porté la conversation sur les bulletins. L'Empereur les a dits très-véridiques, a assuré qu'à l'exception de ce que le voisinage de l'ennemi forçait de déguiser, pour qu'il n'en tirât pas des lumières nuisibles lorsqu'ils arrivaient dans ses mains, tout le reste était très-exact. A Vienne et dans toute l'Allemagne, on leur rendait plus de justice que chez nous. Si on leur avait fait une mauvaise réputation dans nos armées, si on disait communément *menteur comme un bulletin*, c'étaient les rivalités personnelles, l'esprit de parti qui l'avaient établi ainsi; c'était l'amour-propre blessé de ceux qu'on avait oublié d'y nommer, et qui y avaient ou croyaient y avoir des droits; et pardessus tout encore, notre ridicule défaut national de ne pas avoir de plus grands ennemis de nos succès et de notre gloire que nous-mêmes.

L'Empereur, après dîner, a fait quelques parties d'échecs. La journée avait été très-pluvieuse; il n'était pas bien, il s'est retiré de bonne heure.

Vendredi 29.
Insalubrité de l'île.

Le temps était constamment mauvais; impossible de mettre le pied dehors; la pluie et l'humidité envahissaient nos appartemens de carton; la santé de chacun en souffrait. La température est douce ici sans doute; mais le climat y est des plus insalubres. C'est une chose reconnue dans l'île, qu'on y atteint rarement cinquante ans, presque jamais soixante. Qu'on joigne à cela notre isolement du reste de l'univers, les privations physiques, les mauvais procédés moraux, il en résultera qu'assurément les prisons d'Europe sont beaucoup préférables à la liberté de Sainte-Hélène.

Sur les quatre heures, on m'a amené plusieurs capitaines de la Chine qui devaient être présentés à l'Empereur. Ils ont pu voir la petitesse, l'humidité, le mauvais état de mon réduit. Ils s'informaient comment l'Empereur se trouvait dans sa santé; elle s'altérait visiblement, leur disais-je. Jamais nous n'entendions de plainte de lui; sa grande âme résistait à tout et contribuait même à le tromper sur son corps; mais nous pouvions le voir dépérir à vue d'œil. Je les ai conduits quelques instans après à l'Empereur, qui se promenait dans le jardin. Il m'a semblé précisément beaucoup plus altéré que de coutume; il les a congédiés au bout d'une demi-heure. Il est rentré et a pris un bain.

Avant et après le dîner, il avait l'air abattu et souffrant. Il a commencé à nous lire les Femmes Savantes; mais dès le deuxième acte, il a passé le livre au Grand-Maréchal, et a sommeillé sur le canapé durant tout le reste de la lecture.

Samedi 30. — Dimanche 31.

Paroles de l'Empereur sur son expédition en Orient.

Aujourd'hui le temps a continué à être très-mauvais; nous en souffrions tous; de plus nous sommes littéralement infestés de rats, de puces, de punaises. Notre sommeil en est troublé, de sorte que les peines de la nuit sont en parfaite harmonie avec celles du jour.

Le temps s'était remis tout à fait au beau le trente et un; nous sommes sortis en calèche. L'Empereur, dans le cours de la conversation, est arrivé à dire, parlant de l'Egypte et de la Syrie, que s'il eût enlevé Saint-Jean-d'Acre, ce qu'il eût dû faire, il opérait une révolution dans l'Orient. « Les plus petites circons-
» tances conduisent les plus grands évé-
» nemens, disait-il. La faiblesse d'un
» capitaine de frégate qui prend chasse
» au large, au lieu de forcer son passage
» dans le port, quelques contrariétés de
» détails dans quelques chaloupes ou bâ-
» timens légers, ont empêché que la face

» du monde ne fût changée. Saint-Jean-
» d'Acre enlevé, l'armée française volait
» à Damas et à Alep, elle eût été en un
» clin d'œil sur l'Euphrate ; les chrétiens
» de la Syrie, les Druses, les chrétiens
» de l'Arménie se fussent joints à elle ;
» les populations allaient être ébranlées. »
Un de nous ayant dit qu'on eût été
bientôt renforcé de cent mille hommes :
« Dites de six cent mille, a repris l'Em-
» pereur ; qui peut calculer ce que c'eût
» été ; j'aurais atteint Constantinople et
» les Indes ; j'eusse changé la face du
» monde ! »

Lundi 1er. — *Mardi 2 Avril.*

Description de l'appartement de l'Empereur.
— Horloge du grand Frédéric. — Montre de
Rivoli. — Détails minutieux de sa toilette.
— Son costume. — Bruits ridicules, absur-
dités sur sa personne. — Complot de Georges.
— De Cérachi. — Attentat du fanatique de
Schœnbrun.

Tout ce qui touche l'Empereur et le
concerne semble devoir être précieux :
des milliers de personnes le penseront
ainsi : c'est dans ce sentiment, avec
cette opinion, que je vais décrire minutieusement ici son appartement, l'a-
meublement qui s'y trouve, les détails

de sa toilette, etc., etc. Et puis avec le temps, peut-être un jour son fils se plaira-t-il à reproduire les détails, la contexture de sa prison ? Peut-être aimera-t-il à s'entourer d'objets éloignés, d'ombres fugitives, qui lui recomposeront une espèce de réalité ?

L'appartement de l'Empereur est formé de deux pièces *A* et *B*, ainsi qu'on peut le voir sur le plan de Longwood inséré au second volume*, chacune de quinze pieds de long sur douze de large, et d'environ sept de haut ; un assez mauvais tapis en couvre le plancher ; des pièces de nankin, tendues en guise de papier, les tapissent toutes deux.

Dans la chambre à coucher *A* se voit le petit lit de campagne *a*, où couche l'Empereur ; le canapé *b*, sur lequel il repose la plus grande partie du jour ; il est encombré de livres qui semblent lui en disputer l'usage ; à côté est un petit guéridon *c*, sur lequel il déjeûne et dîne dans son intérieur, et qui, le soir, porte un chandelier à trois branches ; recouvert d'un grand chapiteau.

Entre les deux fenêtres, à l'opposite

---

* Voyez le second volume, page 69.

de la porte, est une commode *d*, contenant son linge, et sur laquelle est son grand nécessaire.

La cheminée *e*, supportant une fort petite glace, présente plusieurs tableaux : à droite est celui du Roi de Rome sur un mouton, par Aimée Thibault ; à gauche, en pendant, est un autre portrait du Roi de Rome, assis sur un carreau, essayant une pantoufle, par le même auteur ; plus bas, sur la cheminée, est un petit buste, en marbre, du même enfant. Deux chandeliers, deux flacons, et deux tasses de vermeil, tirés du nécessaire de l'Empereur, achèvent l'ornement et la symétrie de la cheminée.

Enfin, au pied du canapé, et précisément en regard de l'Empereur quand il y repose étendu, ce qui a lieu la plus grande partie du jour, est le portrait de Marie-Louise, tenant son fils entre ses bras, par Isabey. Ce mauvais petit réduit est ainsi devenu un sanctuaire de famille.

Il ne faut pas oublier, sur la gauche de la cheminée et en dehors des portraits, la grosse montre d'argent du grand Frédéric, espèce de réveil-matin, prise à Postdam, et en pendant, à

droite, la propre montre de l'Empereur ; celle qu'il portait à l'armée d'Italie et d'Egypte, recouverte des deux côtés d'une boîte en or, portant son chiffre B.*
Voilà la première chambre.

La seconde pièce *B*, servant de cabinet, présente, le long des murs du côté des fenêtres, des planches brutes posées sur de simples tréteaux, supportant un bon nombre de livres épars, et les divers chapitres écrits par chacun de nous, sous la dictée de l'Empereur.

Entre les deux fenêtres est une armoire *g*, en forme de bibliothèque; à l'opposite un second lit de campagne *h*, semblable au premier, sur lequel l'Empereur repose parfois le jour, et se

---

* J'ai appris depuis, que cette montre, la compagne fidèle des merveilleux travaux des campagnes d'Italie et d'Egypte, est passée dans les mains du Grand-Maréchal.

L'Empereur se plaignait que sa montre n'allait pas ou allait mal; on avait tenté vainement de la lui faire raccommoder; et un jour, en en considérant une que le général Bertrand venait de recevoir du Cap, il lui dit : « Je la garde, » et vous donne la mienne : elle ne va pas en » ce moment; mais elle a sonné *deux heures* » sur le plateau de Rivoli, quand j'ordonnai les » opérations de la journée. »

couche même la nuit, après avoir quitté le premier, dans ses fréquentes insomnies, et avoir travaillé ou marché dans sa chambre.

Enfin dans le milieu est la table de travail *i*, avec l'indication des places qu'occupent ordinairement l'Empereur et chacun de nous, lorsqu'il nous dicte.

L'Empereur fait sa toilette dans sa chambre à coucher. Quand il se déshabille, ce qu'il fait de ses propres mains, il jette tout ce dont il se dépouille par terre, s'ils ne se trouve là un de ses valets de chambre pour s'en saisir. Combien de fois je me suis précipité pour ramasser son cordon de la légion d'honneur, quand je le voyais arriver ainsi sur le plancher !

La barbe est une des dernières parties de sa toilette, qui ne vient qu'après qu'on lui a mis ses bas, ses souliers, etc. Il se rase toujours lui-même, ôtant d'abord sa chemise, et demeurant en simple gilet de flanelle, qu'il avait quitté sous les chaleurs de la ligne, et qu'il a été obligé de reprendre à Longwood, à la suite de vives coliques dont il a été immédiatement soulagé par la reprise de la flanelle.

L'Empereur se rase dans l'embrasure de la fenêtre à côté de la cheminée; son premier valet de chambre lui présente le savon et un rasoir; un second tient devant lui la glace de son nécessaire, de manière à ce que l'Empereur présente au jour la joue qu'il rase. Ce second valet de chambre l'avertit si le rasoir a laissé quelque chose en arrière. Cette joue rasée, il se fait une évolution complète pour faire l'autre, chacun changeant de côté.

L'Empereur se lave ensuite la figure, et très-souvent la tête, dans un grand *lavabo* d'argent *f*, fixé dans l'encoignure de la chambre, et apporté de l'Elysée. Vient ensuite l'histoire des dents; après quoi l'Empereur quitte son gilet de flanelle. Il est fort gras, peu velu, a la peau blanche, et présente un certain embonpoint qui n'est pas de notre sexe; ce qu'il observe parfois gaîment. L'Empereur se frotte alors la poitrine et les bras avec une brosse assez rude, la donne ensuite à son valet de chambre, pour qu'il lui frotte le dos et les épaules, qu'il arrondit à cet effet, lui répétant d'ordinaire quand il est de bonne humeur: « *Allons, fort, comme sur un*

» *âne.* » Il s'inondait ensuite d'eau de Cologne, tant qu'il en a eu à sa disposition ; mais il en a bientôt manqué, et ne s'en trouvant point dans l'île, il a dû se réduire à de l'eau de Lavande; ce qui a été pour lui une privation réelle.

Quand il était en gaîté ou sans préoccupation, il lui arrivait d'ordinaire, à la fin du frottage de ses épaules, comme à chaque évolution pour les deux côtés de sa barbe, de considérer en face, quelques secondes, le valet de chambre en service, et de lui appliquer ensuite une bonne tape sur les oreilles, en l'accompagnant de quelques mots de plaisanterie.

C'est-là, sans doute, ce que les faiseurs de libelles et de pamphlets ont appelé battre cruellement tout ce qui était autour de lui ! Car, à nous aussi, il lui arrivait souvent de nous pincer l'oreille ou de nous la prendre à poignée: mais à l'expression qui accompagnait toujours ce geste, nous devions penser qu'on était bien heureux, au temps de sa puissance, d'une pareille faveur.

C'est ce qui me rappelle et m'explique tout à fait aujourd'hui certaines paroles d'un de ses anciens ministres. Ce

ministre (le duc Decrès), au temps de sa plus grande faveur, désirait vivement une certaine grâce. Après avoir parcouru avec moi toutes les chances de succès, il lui échappa de dire dans l'épanchement : « Je l'aurai, après tout, la pre-
» mière fois que je serai *bourré*. » Et sur ce qu'il remarquait quelque chose sur ma figure, il ajouta avec un sourire significatif : « Mon cher, c'est qu'après
» tout, ce n'est pas aussi terrible que tu
» le penses ; ne l'est pas qui veut, je
» t'assure.... »

L'Empereur ne sortait de sa chambre qu'habillé et toujours en souliers, ne portant des bottes que le matin, s'il allait à cheval. En arrivant à Longwood, il a quitté son petit uniforme vert de la garde ; il n'a plus alors porté qu'un habit de ses chasses, dont on avait ôté le galon ; il lui allait assez mal et commençait à être fort usé : on s'inquiétait déjà comment on le remplacerait. Au demeurant, ce n'était pas le seul besoin de cette espèce dont il était entouré. Nous souffrions de le voir contraint, par exemple, à porter plusieurs jours les mêmes bas de soie, et nous nous récriions sur ce qu'on pouvait compter les jours par le nombre de marques que les souliers y traçaient; il ne faisait qu'en rire. Dans toute autre chose, il a continué son costume habituel; veste et culotte de casimir blanc et cravate noire. Enfin, quand il allait sortir, celui de nous qui se trouvait là lui donnait son petit chapeau; chapeau remarquable, en quelque sorte devenu identique à sa personne, et dont on lui en a déjà volé plusieurs depuis que nous sommes dans l'île; car, quiconque nous approche, est avide d'en remporter quelque chose. Combien de fois chacun de nous a été persécuté par les personnes les plus distinguées pour en obtenir, ne fut-ce qu'un bouton de son habit ou toute autre minutie de même nature.

J'assistais presque tous les jours à cette toilette, soit que je m'y trouvasse par la fin de mon travail, soit que j'y fusse appelé pour causer.

Un jour, considérant l'Empereur remettre son gilet de flanelle, mes traits exprimaient sans doute quelque chose de particulier. «De quoi sourit *Votre* »*Excellence?* (Expression de sa bonne »humeur.) Qu'est-ce qui l'occupe en ce »moment?—Sire, c'est que je viens de

» trouver dans un pamphlet, que Votre
» Majesté, pour plus de sûreté, était
» cuirassée nuit et jour. Certains salons
» de Paris disaient aussi quelque chose
» de semblable, et en donnaient pour
» preuve l'embonpoint subit de Votre
» Majesté, qui, suivant eux, n'était pas
» naturel. Or, je pensais en cet instant
» que je pourrais témoigner, avec con-
» naissance de cause, que cet embonpoint
» était très-naturel ; et que je pourrais
» affirmer aussi qu'à Sainte - Hélène du
» moins, Votre Majesté avait laissé toutes
» précautions de côté. — C'est une des
» mille et une bêtises qu'ils ont écrites
» sur mon compte. Celle-ci est d'autant
» plus gauche, que tous ceux qui me
» connaissent savent le peu de soin que
» je prenais de ma conservation. Accou-
» tumé dès l'âge de dix - huit ans aux
» boulets des batailles, et sachant toute
» l'inutilité de vouloir s'en préserver, je
» m'abandonnais à ma destinée. Depuis,
» lorsque je suis arrivé à la tête des af-
» faires, j'ai dû me croire encore au mi-
» lieu des batailles, dont les conspirations
» étaient les boulets ; j'ai continué mon
» même calcul ; je me suis abandonné à
» mon étoile, laissant à la police tout le

» soin des précautions. J'ai été peut-être
» le seul souverain de l'Europe qui n'a-
» vait point de gardes-du-corps; on m'a-
» bordait sans avoir à traverser une salle
» des gardes; quand on avait franchi
» l'enceinte extérieures des sentinelles,
» on avait la circulation de tout mon
» palais. C'était un grand sujet d'étonne-
» ment pour Marie-Louise, de me voir
» si peu de défense : elle me disait sou-
» vent que son père était bien mieux
» gardé, qu'il avait des armes autour de
» lui, etc. Pour moi, j'étais aux Tuileries
» comme ici, je ne sais seulement pas
» où est mon épée, la voyez-vous?

» Ce n'est pas, continuait-il, que je
» n'aye couru de grands dangers; je
» compte trente et quelques conspira-
» tions à pièces authentiques, sans parler
» de celles qui sont demeurées incon-
» nues : d'autres en inventent, moi j'ai
» soigneusement caché toutes celles que
» j'ai pû. La crise a été bien forte pour
» mes jours, surtout depuis Marengo
» jusqu'à la tentative de Georges et l'af-
» faire du duc d'Enghien. »

Napoléon disait que huit jours avant
l'arrestation de Georges, un des plus
déterminés de sa bande lui avait remis

en main propre une pétition à la parade ; d'autres s'introduisirent à Saint-Cloud ou à la Malmaison parmi les gens ; enfin Georges lui-même paraît avoir été fort près de sa personne et dans un même appartement.

L'Empereur, indépendamment de son étoile, attribue son salut à certaines circonstances qui lui étaient propres. Ce qui l'avait sauvé, disait-il, c'était d'avoir vécu de fantaisie, de n'avoir jamais eu d'habitudes régulières ni de marche suivie. L'excès du travail le retenait dans son cabinet et chez lui, il ne dînait jamais chez personne, allait rarement au spectacle, et ne paraissait guère que quand et où il n'était pas attendu, etc.

Les deux attentats qui l'avaient mis le plus en péril, me disait-il, tout en gagnant le jardin, sa toilette finie, étaient ceux du sculpteur *Cérachi* et du *fanatique de Schœnbrun.*

Cérachi, avec quelques forcenés, avait résolu la mort du Premier Consul : ils devaient l'immoler au sortir de sa loge au spectacle. Le Consul averti, s'y rendit néanmoins, et passa hardiment au travers de ceux qui s'étaient montrés les plus empressés à venir occuper leurs postes : on ne les arrêta qu'au milieu ou vers la fin du spectacle.

Cérachi, disait l'Empereur, avait jadis adoré le Consul; mais il avait juré sa perte depuis qu'il ne voyait plus en lui, prétendait-il, qu'un tyran. Ce sculpteur avait été comblé par le général Bonaparte, il en avait exécuté le buste, et sollicitait en ce moment, par tous les moyens imaginables, d'obtenir seulement une séance pour une correction, qu'il disait nécessaire. Conduit par son étoile, le Consul ne put disposer d'un instant, et pensant que le besoin était la véritable cause des pressantes sollicitations de Cérachi, il lui fit donner six mille francs. Il se méprenait étrangement! Cérachi n'avait eu d'autre intention que de le poignarder quand il poserait!

La conspiration fut dévoilée par un capitaine de la ligne, complice lui-même. «Etrange modification de la cer- »velle humaine, observait Napoléon, »et jusqu'où ne vont pas les combinai- »sons de la folie et de la bêtise! Cet »officier m'avait en horreur comme »Consul; mais il m'adorait comme gé- »néral. Il voulait bien qu'on m'arrachât

» de mon poste; mais il eût été bien
» fâché qu'on m'eût ôté la vie. Il fallait,
» disait-il, se saisir de moi, ne pas me
» faire de mal, et m'envoyer à l'armée
» pour y continuer de battre l'ennemi
» et de faire la gloire de la France. Le
» reste des conjurés lui rit au nez; mais
» quand il vit distribuer des poignards et
» qu'on dépassait ses intentions, il vint
» lui-même dénoncer le tout au Consul. »

A ce sujet quelqu'un dit à Napoléon, qu'il avait été témoin, à Feydeau, d'une circonstance qui mit la plus grande partie de la salle en émoi. L'Empereur arrivait dans la loge de l'Impératrice Joséphine; à peine assis, un jeune homme grimpe vivement sur la banquette qui était au-dessous de la loge, et pose la main sur la poitrine de l'Empereur; tous les spectateurs du côté opposé frémirent : mais ce n'était qu'une pétition, que l'Empereur prit et lut froidement.

Le *fanatique de Schœnbrun*, disait l'Empereur, était le fils d'un ministre protestant d'Erfurt, qui, vers le temps de la bataille de Wagram, résolut d'assassiner Napoléon en pleine parade. Déjà il était venu à bout de percer l'enceinte de soldats qui retenait la foule éloignée de la personne de l'Empereur; déjà il en avait été repoussé deux ou trois fois, quand le général Rapp voulant de nouveau l'éloigner de la main, rencontra quelque chose sous son habit; c'était un couteau d'un pied et demi de long, pointu et tranchant des deux côtés. «J'en » ai frémi en le considérant, disait l'Em- » pereur, il n'était enveloppé que d'une » simple gazette!»

Napoléon se fit amener l'assassin dans son cabinet: il appela Corvisart, et lui ordonna de tâter le pouls au criminel, tandis qu'il lui adressait la parole. L'assassin demeura constamment sans émotion, avouant son acte d'une voix ferme et citant souvent la Bible.

«Que me vouliez-vous, lui dit l'Em- » pereur?—Vous tuer.—Que vous ai-je » fait? Qui vous a établi mon juge ici bas? » —Je voulais terminer la guerre. — Et » que ne vous adressiez-vous à l'Empe- » reur François?—Lui! Et à quoi bon! » Il est si nul, disait l'assassin! Et puis, » lui mort, un autre lui succéderait; au » lieu qu'après vous, les Français disparaî- » traient aussitôt de toute l'Allemagne. »

Vainement l'Empereur chercha à l'émouvoir. «Vous repentez-vous, lui dit-

» il? — Non. — Le feriez-vous encore? —
» Oui. — Mais si je faisais grâce? » Ici
pourtant, disait Napoléon, la nature reprit un instant ses droits; la figure, la
voix de l'homme s'altérèrent momentanément. « — Alors, dit-il, je croirais que
» Dieu ne le veut plus. » Mais bientôt il
reprit toute sa férocité. On le garda à
l'écart plus de vingt-quatre heures sans
manger; le médecin l'examina encore;
on le questionna de nouveau; tout fut
inutile, il resta toujours le même homme,
ou pour mieux dire, une véritable bête
féroce, et on l'abandonna à son sort.

Mercredi 3.

Partis à prendre après Waterloo.

L'Empereur, dans la matinée, a travaillé à l'ombre dans le jardin. Le temps
était superbe, le jour des plus purs et
des plus beaux. Il lisait l'expédition
d'Alexandre dans Rollin; il avait plusieurs cartes étendues devant lui; il se
plaignait d'un récit fait sans goût, sans
intention, qui ne laissait, disait-il, aucune idée juste des grandes vues d'Alexandre; il lui prenait envie de refaire ce
morceau, etc., etc.

Sur les cinq heures, j'ai été le joindre

dans le jardin; il s'y promenait entouré de tous. D'aussi loin qu'il m'a aperçu, il m'a dit : « Arrivez, venez nous dire
» votre opinion sur un point que nous
» débattons depuis une heure.

» Au retour de Waterloo, croyez-vous
» que j'eusse pu renvoyer le Corps Lé-
» gislatif et sauver la France sans lui? —
» Non, ai-je dit, le Corps Législatif ne
» se serait pas dissous volontairement;
» il eût fallu employer la force : il eût
» protesté, et il y eût eu scandale. Le
» dissentiment qui eût éclaté dans son
» sein, se fût répété dans la nation. Ce-
» pendant l'ennemi serait arrivé. Votre
» Majesté eût succombé, accusée par
» toute l'Europe, accusée par les étran-
» gers, accusée par nous-mêmes, empor-
» tant peut-être la malédiction univer-
» selle, et semblant n'avoir été qu'un
» chef d'aventures et de violences. Au
» lieu de cela, Votre Majesté est sortie
» pure de la mêlée, et demeurera le
» héros d'une cause qui vivra éternel-
» lement dans le cœur de tous ceux qui
» croyent à la cause des peuples; elle
» s'est assurée, par sa modération, le
» plus beau caractère de l'histoire, dont
» autrement elle eût pu courir le risque

» de devenir la réprobation : elle a perdu
» sa puissance, il est vrai, mais elle a
» comblé la mesure de sa gloire.....!»

« Eh! bien, c'est aussi en partie mon
» avis, a repris l'Empereur; mais est-il
» bien sûr que le peuple français sera
» juste envers moi? ne m'accusera-t-il
» pas de l'avoir abandonné? L'histoire
» décidera : je suis loin de la redouter,
» je l'invoque!

» Et moi-même, me suis-je demandé
» quelquefois, ai-je bien fait pour ce
» peuple malheureux tout ce qu'il avait
» droit d'attendre? Il a tant fait pour
» moi! Saura-t-il jamais, ce peuple, tout
» ce que m'a coûté la nuit qui précéda
» ma dernière décision? cette nuit des
» incertitudes et des angoisses!

» Deux grands partis m'étaient laissés:
» celui de tenter de sauver la patrie par
» la violence, ou celui de céder moi-
» même à l'impulsion générale. J'ai dû
» prendre celui que j'ai suivi; amis et en-
» nemis, bien intentionnés et méchans,
» tous étaient contre moi. Je demeurais
» seul, j'ai dû céder; et une fois fait,
» cela a été fait : je ne suis pas pour les
» demi-mesures ; et puis la souveraineté
» ne se quitte pas, ne se reprend pas de la

» sorte, comme on le ferait d'un manteau.

» L'autre parti demandait une étrange
» vigueur. Il se fût trouvé de grands cri-
» minels, il eût fallu de grands châti-
» mens : le sang pouvait couler, et alors
» sait-on où nous étions conduits? Quelles
» scènes pouvaient se renouveler! Moi
» n'allais-je pas par-là me tremper, noyer
» ma mémoire de mes propres mains
» dans ce cloaque de sang, de crimes,
» d'abominations de toute espèce, que
» la haine, les pamphlets, les libelles,
» ont accumulés sur moi? Ce jour-là je
» semblais justifier tout ce qu'il leur a
» plu d'inventer. Je devenais pour la pos-
» térité et l'histoire, le Néron, le Tibère
» de nos temps. Si encore, à ce prix,
» j'eusse sauvé la patrie!... Je m'en sen-
» tais l'énergie!... Mais était-il bien sûr
» que j'aurais réussi? Tous nos dangers
» ne venaient pas du dehors, nos dissen-
» timens au dedans ne leur étaient-ils
» pas supérieurs? Ne voyait-on pas une
» foule d'insensés s'acharner à disputer
» sur les nuances avant d'avoir assuré le
» triomphe de la couleur? A qui d'eux
» eût-on persuadé que je ne travaillais
» pas pour moi seul, pour mes avantages
» personnels? Qui d'eux eût-on convaincu

» que j'étais désintéressé? Que je ne com-
» battais que pour sauver la patrie? A
» qui eût-on fait croire tous les dangers,
» tous les malheurs auxquels je cherchais
» à la soustraire? Ils étaient visibles pour
» moi; mais quant au vulgaire, il les igno-
» rera toujours, s'ils n'ont pesé sur lui.

» Qu'eût-on répondu à celui qui se fût
» écrié : Le voilà de nouveau le despote,
» le tyran! le lendemain même de ses
» sermens, il les viole de nouveau! Et
» qui sait si, dans tous ces mouvemens,
» cette complication inextricable, je
» n'eusse point péri, d'une main même
» française, dans le conflit des citoyens?
» Et alors que devenait la nation aux
» yeux de tout l'univers et dans l'estime
» des générations les plus reculées! Car
» sa gloire est à m'avouer! Je ne saurais
» avoir fait tant de choses pour son hon-
» neur et son lustre, sans elle, en dépit
» d'elle : elle me rendrait trop grand!...
» Je le répète, l'histoire décidera!... »

Après cette sortie, il est revenu sur les mesures et les détails de la campagne, et s'arrêtait avec complaisance sur son glorieux début, avec angoisse sur le terrible désastre qui l'avait terminée.

« Toutefois, concluait-il, rien ne me

» semblait encore désespéré, si j'eusse
» trouvé le concours que je devais atten-
» dre. Nos seules ressources étaient dans
» les Chambres : j'accourus à Paris pour
» les en convaincre ; mais elles s'insur-
» gèrent aussitôt contre moi, sous je ne
» sais quel prétexte, que je venais les
» dissoudre. Quelle absurdité ! Dès cet
» instant tout fut perdu *.

---

* Le temps, qui apprend tout, nous a fait connaître les petits ressorts qui ont amené un des plus grands dénouemens.

Voici ce que je tiens de la propre bouche des acteurs :

En apprenant l'arrivée de Napoléon à l'Elysée, après Waterloo, Fouché court aux membres inquiets, défians, ombrageux de la Chambre : « Aux armes, leur crie-t-il ! Il revient furieux » et résolu de dissoudre les Chambres et de » saisir la dictature ; nous ne devons pas souffrir » ce retour de la tyrannie. » Et de là, il court aux meilleurs amis de Napoléon : « Savez-» vous, leur dit-il, que la fermentation est » extrême contre l'Empereur parmi certains » députés, et que nous n'avons d'autre parti » pour le sauver que de leur montrer les dents, » de leur faire voir toute la force de l'Empe-» reur, et combien il lui serait facile de les » dissoudre. »

Les amis de Napoléon, aisément dupés, au fort de cette crise soudaine, ne manquent pas

» Ce n'est pas, ajoutait l'Empereur,
» qu'il faille peut-être accuser la masse
» de ces Chambres; mais telle est la
» marche inévitable de ces corps nom-
» breux, ils périssent par défaut d'unité;
» il leur faut des chefs aussi bien qu'aux
» armées : on nomme à celle-ci; mais
» les grands talens, les génies éminem-
» ment supérieurs, se saisissent des as-
» semblées et les gouvernent. Or nous
» manquions de tout cela; aussi, en
» dépit du bon esprit dont le grand nom-
» bre pouvait être animé, tout se trouva,

---

de suivre, ou peut-être même dépassent les suggestions de Fouché, qui recourt ensuite aux premiers, leur disant : « Vous voyez bien » que ses meilleurs amis en conviennent, le » danger est pressant; dans peu d'heures, si » on n'y pourvoit, il n'y aura plus de Cham- » bres, et l'on serait bien coupable de laisser » échapper le seul instant de s'y opposer. » Alors la permanence des Chambres, l'abdication forcée de Napoléon et un grand empire succombe sous les plus petites, les plus subalternes intrigues, à la faveur de rapports, de vrais commérages d'anti-chambre. Ah! Fouché!..... Fouché!..... Que l'Empereur le connaissait bien, quand il disait qu'on était toujours sûr de trouver son vilain pied sali, dans les souliers de tout le monde!

» dès l'instant, confusion, vertige, tu-
» multe; la perfidie, la corruption, vin-
» rent s'établir aux portes du Corps Lé-
» gislatif; l'incapacité, le désordre, le
» travers d'esprit, régnèrent dans son
» sein, et la France devint la proie de
» l'étranger. »

» Un moment j'eus envie de résister,
» continuait-il, je fus sur le point de me
» déclarer en permanence aux Tuileries,
» au milieu des ministres et du Conseil
» d'Etat; d'appeler autour de moi les six
» mille hommes de la garde que j'avais
» à Paris; de les grossir de la partie bien
» intentionnée de la garde nationale, qui
» était nombreuse, et de tous les fédé-
» rés des faubourgs; d'ajourner le Corps
» Législatif à Tours ou à Blois; de réor-
» ganiser sous Paris les débris de l'armée
» et de travailler seul ainsi, et par forme
» de dictature, au salut de la patrie.
» Mais le Corps Législatif aurait-il obéi?
» j'aurais bien pu l'y contraindre par la
» force; mais alors quel scandale et
» quelle nouvelle complication! Le peu-
» ple ferait-il cause commune avec moi?
» L'armée même m'obéirait-elle cons-
» tamment? Dans les crises toujours re-
» naissantes, ne se séparerait-on pas de

« moi? N'essayerait-on pas de s'arranger
» à mes dépens? L'idée que tant d'efforts
» et de dangers n'avaient que moi pour
» objet, ne seraient-ils pas un prétexte
» plausible? Les facilités que chacun avait
» trouvées l'année précédente auprès des
» Bourbons, ne seraient-elles pas au-
» jourd'hui, pour bien des gens, des
» inductions décisives?

» Oui, j'ai balancé long-temps, disait
» l'Empereur, pesé le pour et le contre;
» et, comme je vais vite et loin, que je
» pense fortement, j'ai conclu que je ne
» pouvais résister à la coalition du de-
» hors, aux royalistes du dedans, à la
» foule de sectes que la violation du
» Corps Législatif aurait créées, à cette
» partie de la multitude qu'il faut faire
» marcher par la force; enfin à cette
» condamnation morale, qui vous im-
» pute, quand vous êtes malheureux,
» tous les maux qui se présentent. Il ne
» m'est donc resté absolument que le
» parti de l'abdication; elle a tout perdu:
» je l'ai vu, je l'ai dit; mais je n'ai pas
» eu d'autre choix.

» Les alliés avaient toujours suivi con-
» tre nous le même système; ils l'avaient
» commencé à Prague, continué à Franc-

»fort, à Châtillon, à Paris et à Fontai-
» nebleau. Ils se sont conduits avec beau-
» coup d'esprit! Les Français purent en
» être la dupe en 1814; mais la posté-
» rité concevra difficilement qu'ils le
» fussent en 1815; elle flétrira à jamais
» ceux qui s'y laissèrent prendre. Je leur
» avais dit leur histoire en partant pour
» l'armée : *Ne ressemblons pas aux Grecs*
» *du Bas-Empire qui s'amusaient à dis-*
» *cuter entre eux, quand le bélier frappait*
» *les murailles de leur ville.* Je la leur ai
» dite encore quand ils m'ont forcé d'ab-
» diquer : *Les ennemis veulent me sépa-*
» *rer de l'armée; quand ils auront réussi,*
» *ils sépareront l'armée de vous; vous ne*
» *serez plus alors qu'un vil troupeau, la*
» *proie des bêtes féroces.* »

Nous avons demandé à l'Empereur, si, avec le concours du Corps Législatif, il eût cru pouvoir sauver la patrie? Il a répondu sans hésitation, qu'il s'en serait chargé avec confiance, et eût cru pouvoir en répondre.

« En moins de quinze jours, disait-il,
» c'est-à-dire, avant que les masses de
» l'ennemi eussent pu se présenter de-
» vant Paris, j'en eusse complette les
» fortifications ; j'eusse réuni, sous ses

» murailles, des débris de l'armée, plus
» de quatre-vingt mille hommes de
» bonnes troupes, et trois cents pièces
» attelées. Au bout de quelques jours
» de feu, la garde nationale, les fédérés,
» les habitans de Paris, eussent suffi à
» la défense des retranchemens; il me
» serait donc demeuré quatre-vingt mille
» hommes disponibles, sous la main.

» Et l'on savait, continuait-il, tout le
» parti que j'étais capable d'en tirer.
» Les souvenirs de 1814 étaient encore
» tout frais : *Champeaubert, Montmirail,*
» *Craone, Montereau* vivaient encore
» dans l'imagination de ceux qui avaient à
» nous combattre. Les mêmes lieux leur
» eussent rendu présens les prodiges de
» l'année précédente; ils m'avaient alors
» surnommé, dit-on, le *cent mille hom-*
» *mes.* La rapidité, la force de nos coups
» leur avaient arraché ce mot; le fait est
» que nous nous étions montrés admi-
» rables : jamais une poignée de braves
» n'accomplit plus de merveilles. Si ces
» hauts faits n'ont jamais été bien con-
» nus dans le public, par les circons-
» tances de nos désastres, ils ont été di-
» gnement jugés de nos ennemis, qui

» les ont comptés par nos coups. Nous
» fûmes vraiment alors les Briarées de
» la fable !....

» Paris, continuait-il, serait devenu
» en peu de jours une place imprenable.
» L'appel à la nation, la magnitude du
» danger, l'inflammation des esprits, la
» grandeur du spectacle, eussent dirigé
» de toutes parts des multitudes sur la
» capitale. J'aurais aggloméré indubita-
» blement plus de quatre cent mille
» hommes, et je n'estime pas que les
» alliés dépassassent cinq cent mille.
» L'affaire était alors ramenée à un com-
» bat singulier qui eût causé autant d'ef-
» froi à l'ennemi qu'à nous; il eût hé-
» sité, et la confiance du grand nombre
» me fût revenue.

» Cependant je me serais entouré
» d'une consulte ou junte nationale,
» tirée par moi des rangs du Corps Lé-
» gislatif, toute formée de noms natio-
» naux, dignes de la confiance de tous;
» j'aurais ainsi fortifié ma dictature mili-
» taire de toute la force de l'opinion ci-
» vile; j'aurais eu ma tribune; elle eût
» soufflé le talisman des principes sur
» toute l'Europe; les souverains eussent

» frémi de voir la contagion gagner les
» peuples; ils eussent tremblé, traité ou
» succombé !...

» Mais, Sire, nous sommes-nous
» écriés, pourquoi n'avoir pas entrepris
» ce qui eût infailliblement réussi, et
» pourquoi nous trouvons-nous ici?

» Eh bien! vous autres aussi, vous y
» voilà, reprenait-il; vous blâmez, vous
» condamnez! Mais si je vous faisais pas-
» ser en revue les chances contraires,
» vous changeriez bientôt de langage.
» Et puis vous oubliez que nous avons
» raisonné dans l'hypothèse que le Corps
» Législatif se fût réuni à moi, et vous
» savez ce qu'il en a été. J'eusse pu le
» dissoudre, il est vrai; la France, l'Eu-
» rope me blâment peut-être, et la pos-
» térité me blâmera sans doute d'avoir
» eu la faiblesse de ne pas m'en défaire
» après son insurrection; je me devais,
» dira-t-on, aux destinées d'un peuple
» qui avait tout fait pour moi. Mais en le
» dissolvant, je pouvais, tout au plus,
» obtenir de l'ennemi quelque capitu-
» lation, et encore, je le répète, m'au-
» rait-il fallu du sang, et me montrer
» tyran!.... J'en avais néanmoins arrêté
» le plan dans la nuit du vingt, et le

» vingt et un au matin allait voir des dé-
» terminations d'une étrange vigueur;
» quand, avant le jour, tout ce qu'il y
» avait de bon et de sage vint m'avertir
» qu'il n'y fallait pas songer; que tout
» m'échappait, et qu'on ne cherchait
» aveuglément qu'à s'accommoder. Mais
» ne recommençons pas; n'en voilà déjà
» que trop sur un sujet qui fait toujours
» du mal! Je le répète de nouveau, l'his-
» toire décidera!.... » Et l'Empereur est
rentré dans son intérieur en me disant
de le suivre. . . . .
. . . .

Jeudi 4.

J'ai été trouver l'Empereur, sur les cinq heures, dans le jardin; il avait pris un bain trop chaud, et il en souffrait. Nous avons été en calèche; le temps était magnifique : depuis plusieurs jours il est fort chaud et très-sec. Napoléon a travaillé, avant le dîner, avec le Grand-Maréchal, dont la femme dînait chez l'Amiral. L'Empereur est rentré de suite, après le dîner, dans sa chambre.

Vendredi 5 au Lundi 8.

Traits caractéristiques.

Tous ces différens jours, l'Empereur est monté à cheval sur les six à sept heures du matin, n'emmenant que moi et mon fils.

Je puis affirmer que je n'ai jamais surpris dans Napoléon ni préjugés ni passions, c'est-à-dire, jamais un jugement sur les personnes et sur les choses, que la raison ne l'eut dicté; et je n'ai jamais vu, dans ce qu'on aurait pu appeler passions, que de pures sensations, jamais des guides; aussi je dis avec vérité, que, dans l'habitude de dix-huit mois, je ne l'ai jamais trouvé n'ayant pas raison.

Un autre point dont j'ai pu me convaincre, et que je consigne ici parce qu'il me revient en ce moment, c'est que, soit nature, soit calcul, soit habitude de la dignité, il renfermait, la plupart du temps, et gardait en lui-même les impressions de la peine vive qu'on lui causait, et encore peut-être davantage les émotions de bienveillance qu'il éprouvait. Je l'ai surpris souvent à réprimer des mouvemens de sensibilité, comme s'il s'en fût trouvé compromis : tôt ou tard j'en fournirai quelques preuves. En attendant voici un trait caractéristique qui va trop au but que je me propose dans ce Journal, celui de montrer l'homme à nu, de prendre la nature sur le fait, pour que j'aie dû me trouver arrêté par d'autres considérations.

Napoléon, depuis quelques jours, avait quelque chose sur le cœur; il avait été extrêmement choqué d'une circonstance domestique; il s'en trouvait vivement blessé. Durant ces trois jours, pendant lesquels nous nous sommes promenés chaque matin à l'aventure dans le parc, il y est revenu presque chaque fois avec chaleur, me faisant tenir très-près à son côté et ayant ordonné à mon fils de pousser en avant. Dans un certain moment il lui arriva de dire : « Je » sais bien que je suis déchu ; mais le » ressentir du milieu des miens ! Ah !... »

Ces paroles, son geste, son accent, m'ont percé l'âme; je me serais précipité à ses genoux, je les aurais embrassés si j'eusse pu.

» L'homme est exigeant, a-t-il conti-
» nué, susceptible, il a souvent tort, je
» le sais ; aussi, quand je me défie de
» moi-même, je me demande : eût-on

» agi de la sorte aux Tuileries? C'est tou-
» jours là ma grande épreuve. »

Il a ensuite beaucoup parlé de lui, de nous, de nos rapports réciproques, de notre situation dans l'île, de l'influence que notre attitude individuelle aurait pu exercer, etc., etc.... Et ses réflexions étaient nombreuses, vives, fortes; elles étaient justes. Dans l'émotion qu'elles me causaient je me suis écrié : « Sire, » permettez-moi de m'emparer de cette » affaire; jamais elle n'a paru bien cer-» tainement sous de telles couleurs; si » elle était vue de la sorte, je suis sûr » qu'elle navrerait de douleur, et vous » verriez quels repentirs! Je ne vous de-» mande qu'à pouvoir dire un mot. » Sur quoi l'Empereur, revenant à lui, a dit avec dignité : « Non, Monsieur, bien » plus, je vous le défends. L'épanche-» ment est fait, la nature a eu son cours, » je ne m'en souviens plus, et vous, vous » ne devez jamais l'avoir su. »

En effet, au retour nous avons tous déjeûné dans le jardin, et il s'y est montré plus gai que de coutume. Le soir il a dîné dans son intérieur.

Mardi 9. — Mercredi 10.

Politique. — État de l'Europe. — Ascendant irrésistible des idées libérales.

Il est arrivé, le neuf, un bâtiment d'Angleterre portant les journaux jusqu'au vingt et un janvier. L'Empereur, dont les promenades à cheval ont continué tous les matins, a passé le reste du temps dans sa chambre à parcourir ces journaux.

Les derniers numéros que nous venions de recevoir, étaient aussi chauds qu'aucun de ceux que nous eussions vus. L'agitation en France allait croissant; le Roi de Prusse arrêtait chez lui les sociétés secrètes, il conservait la Landwer; la Russie faisait de nouvelles recrues; l'Autriche se querellait avec la Bavière; en Angleterre la persécution des protestans de France et la violence du parti qui se rendait maître, remuaient l'esprit public et préparaient des armes à l'opposition : jamais l'Europe n'avait été plus en fermentation.

Au récit du déluge de maux et des événemens sanglans qui affligeaient tous les départemens, l'Empereur s'est élancé de son canapé, et frappant du pied avec

chaleur, il s'est écrié : « Ah ! quel mal-
» heur que je n'aie pu gagner l'Amérique !
» De l'autre hémisphère même j'eusse
» protégé la France contre les réacteurs !
» La crainte de mon apparition eût tenu
» en bride leur violence et leur déraison ;
» il eût suffit de mon nom pour enchaî-
» ner les excès et frapper d'épouvante ! »

Puis continuant sur le même sujet, il
a conclu avec une chaleur qui tenait de
l'inspiration : « La contre-révolution,
» même en la laissant aller, doit inévi-
» tablement se noyer d'elle-même dans
» la révolution. Il suffit à présent de l'at-
» mosphère des jeunes idées pour étouf-
» fer les vieux féodalistes ; car rien ne
» saurait désormais détruire ou effacer
» les grands principes de notre révolu-
» tion ; ces grandes et belles vérités doi-
» vent demeurer à jamais, tant nous les
» avons entrelassées de lustre, de monu-
» mens, de prodiges ; nous en avons noyé
» les premières souillures dans des flots
» de gloire ; elles sont désormais immor-
» telles ! Sorties de la tribune française,
» cimentées du sang des batailles, déco-
» rées des lauriers de la victoire, saluées
» des acclamations des peuples, sanc-
» tionnées par les traités, les alliances

» des souverains, devenues familières aux
» oreilles comme à la bouche des Rois,
» elles ne sauraient plus rétrograder !!!

» Elles vivent dans la Grande-Bretagne,
» elles éclairent l'Amérique, elles sont
» nationalisées en France : voilà le tré-
» pied d'où jaillira la lumière du monde !

» Elles le régiront; elles seront la foi,
» la religion, la morale de tous les peu-
» ples : et cette ère mémorable se ratta-
» chera, quoi qu'on ait voulu dire, à ma
» personne; parce qu'après tout, j'ai fait
» briller le flambeau, consacré les prin-
» cipes, et qu'aujourd'hui la persécution
» achève de m'en rendre le Messie. Amis
» et ennemis, tous m'en diront le pre-
» mier soldat, le grand représentant.
» Aussi, même quand je ne serai plus,
» je demeurerai encore pour les peuples
» l'étoile. . . . .
. . . .

Jeudi 11. — Vendredi 12.

Opinion de l'Empereur sur plusieurs personnages connus. — Pozzo di Borgo. — Metternich. — Bassano. — Clarke. — Cambacérès. — Lebrun. — Fouché, etc.

L'Empereur a continué de profiter des matinées supportables pour monter à cheval; il déjeûnait dans le jardin; la conversation se prolongeait ensuite avec un grand abandon et beaucoup d'intérêt sur sa vie privée, les événemens publics, les personnes qui l'ont entouré, celles qui ont joué un grand rôle chez les autres puissances, etc., etc....

Il n'était plus question de leçon d'anglais : elles ne se prenaient plus qu'à cheval ou dans le cours de la journée lors de sa promenade; la régularité de la langue y perdait quelque chose, la facilité de s'exprimer gagnait infiniment.

Aujourd'hui sur les cinq heures, nous avons fait notre tour de calèche accoutumé; le soir, les conversations ont recommencé sur les anecdotes ministérielles et sur plusieurs personnages demeurés célèbres.

Napoléon nous a fait l'histoire de M. *Pozzo di Borgo*, son compatriote, qui avait été membre de la législative. C'est lui, à ce qu'on crut, qui a conseillé à l'Empereur Alexandre de marcher sur Paris, bien que Napoléon se fût jeté sur ses derrières. « Et en cela, » disait l'Empereur, il a, par ce seul fait, » décidé des destinées de la France, de » celles de la civilisation européenne, de

» la face et du sort du monde. Il était
» devenu très-influent sur le cabinet
» russe. Au vingt Mars, disait l'Empereur,
. . . .
. . . .

Il a fait aussi l'histoire de M. *Capo d'Istria.*

Il est passé de là à M. de *Metternich.* C'est lui, nous a-t-il dit, qui . . . . . .
. . . .
. . . .

L'Empereur est venu ensuite à ses propres ministres : *Bassano*, qu'il croyait, disait-il, lui avoir été sincèrement attaché; *Clarke*, dont le temps devait, selon lui, faire pleine justice; ***, qu'il avait fait successivement ambassadeur à Vienne, ministre de l'intérieur, ministre des relations extérieures, etc., et que Talleyrand, observait l'Empereur, avait jugé d'un mot, en disant de lui, avec son esprit et sa malice ordinaires, que c'était un homme propre à toutes les places la veille du jour qu'on l'y nommait.

Vint ensuite M. *Cambacérès*, que Napoléon disait être l'homme des abus, avec un penchant décidé pour l'ancien régime; tandis que *Lebrun*, au contraire, avait, assurait-il, une forte pente en sens opposé : c'était, disait-il, l'homme des idéalités, et voilà les deux contre-poids, observait-il, entre lesquels s'était placé le Premier Consul, qu'on appela si plaisamment dans le temps *le tiers consolidé*.

M. de*** et *Fouché* eurent leur tour; il s'y arrêta long-temps, et partit de là pour faire une vigoureuse sortie sur l'immoralité des hauts administrateurs en France, et généralement de tous les fonctionnaires ou hommes à place; sur leur manque de religion politique, ou de sentiment national, qui les portait à administrer indifféremment, un jour pour l'un, un jour pour l'autre : « Cette » légèreté, cette inconséquence nous » venaient de loin, disait-il; nous demeu- » rions toujours Gaulois : aussi nous ne » vaudrions tout notre prix que lorsque » nous substituerions les principes à la » turbulence ; l'orgueil à la vanité, et » surtout l'amour des institutions à l'a- » mour des places. »

De tout cela, l'Empereur concluait que les souverains, à la suite de nos derniers événemens, devaient nécessairement avoir retenu une arrière-pensée de mépris et de dépit contre un grand

peuple qui se jouait ainsi de la souveraineté. « Du reste, continuait-il, l'excuse
» est peut-être dans la nature des choses,
» dans la force des circonstances. La *démocratie* élève la souveraineté, l'*aristocratie* seule la conserve. La mienne
» n'avaient point encore pris les racines
» ni l'esprit qui devaient lui être propres;
» au moment de la crise, elle s'était
» trouvée encore de la démocratie; elle
» avait été se confondre dans la foule,
» et céder à l'impulsion du moment, au
» lieu de lui servir d'ancre de salut contre
» la tempête, et de l'éclairer sur son
» aveuglement. »

Voici ce qui s'est dit de neuf sur M. *** et M. Fouché qui reviennent si souvent : je cherche à me répéter le moins possible *.

---

* Je dois m'excuser ici de nouveau sur le peu d'ordre et le trop d'abandon que pourraient présenter mes récits. J'ai essayé d'abord, de réunir en une seule masse plusieurs détails épars de la même nature et sur les mêmes objets : ils eussent présenté plus d'ensemble, de force et de couleur; mais cette opération même, quelque facile, quelque simple qu'elle fût, s'est encore trouvée au-dessus de ma santé et de mes forces.

La même cause doit faire excuser aussi l'ex-

(Avril 1816) DE SAINTE-HÉLÈNE.

« M.*** avait attendu, disait l'Empe-
» reur, deux fois vingt-quatre heures à
» Vienne, des pleins pouvoirs pour traiter
» de la paix en mon nom. Mais j'aurais eu
» honte de prostituer ainsi ma politique;
» et pourtant il m'en coûte peut-être
» l'exil de Sainte-Hélène; car je ne dis-
» conviens pas qu'il ne soit d'un rare

---

trême négligence du style, ainsi que les incor-
rections de toutes espèces qu'on pourrait rencontrer. Ce dernier point, au demeurant, est
celui qui m'a le moins inquiété, espérant que
l'importance des choses ferait passer sur l'ar-
rangement des mots.

Les seuls points sur lesquels j'ai pu me satisfaire à mon aise, ont été les retranchemens;
aussi, sont-ils fort nombreux et de plus d'une
espèce. C'est sur ce qui touche les personnes
surtout, que j'ai élagué avec profusion; et je
puis affirmer qu'il n'est aucun de ceux qui
croiraient avoir à se plaindre, qui ne me doive
au contraire quelque chose.

Une fois en train de retrancher et de supprimer, j'ai été sur le point de sabrer toute observation, toute réflexion, tous sentimens de ma
part à l'égard de Napoléon, et de me réduire
entièrement aux simples faits; car, me disais-
je, si l'on venait à m'accuser d'une exagération
partiale, ne suffirait-il pas, aux yeux de bien
des gens, d'une telle imputation, si facile à
porter, pour frapper mon ouvrage, et nuire à
mon but? D'un autre côté, ma circonspection,

»talent, et ne puisse en tout temps
»mettre un grand poids dans la balance.

«M. ***, continuait-il, était toujours
»en état de trahison; mais c'était de
»complicité avec la fortune. Sa circons-
»pection était extrême; se conduisant
»avec ses amis comme s'ils devaient être
»ses ennemis; avec ses ennemis comme
»s'ils pouvaient devenir ses amis. M. ***

---

ma réserve, me suis-je demandé, convain-
cront-elles bien davantage, ramèneront-elles
beaucoup de monde à mon opinion? Non. Et
dès-lors à quoi bon gêner en moi des sentimens de si bonne foi? Pourquoi contraindre
une expansion d'une si réelle, d'une si intime
conviction? Car tout ce que j'ai exprimé je l'ai
cru; et si j'ai pu me tromper en le croyant,
bien certainement je ne trompe point en le
disant. Enfin, et c'est ce qui m'a décidé, tant
ont écrit avec passion dans un sens directement
opposé, et se sont tellement évertués à faire
ressortir le mal, que je puis bien à mon tour,
si j'y trouve quelque satisfaction, m'évertuer
aussi à faire ressortir le bien. Les gens froids,
sages, raisonnables, de tous les temps et de
tous les pays, me suis-je dit, s'ils aiment et
recherchent la vérité, sauront bien dépouiller
ces productions extrêmes de leurs excès ad-
verses, et se mettre en présence des faits à nu;
et j'ai conservé au manuscrit ce dont mes sentimens ont pu encombrer ces faits.

» avait toujours été contraire, dans mon
» esprit, au faubourg St-Germain. Dans
» l'affaire du divorce, il avait été pour
» l'impératrice Joséphine ; c'était lui qui
» avait poussé à la guerre d'Espagne,
» bien que, dans le public, il eut eu
» l'art de s'y montrer contraire. » Aussi
était-ce par une espèce de malice, que
Napoléon avait choisi Valencey pour y
placer Ferdinand. « C'était lui enfin,
» disait l'Empereur, qui avait été l'ins-
» trument principal et la cause active de
» la mort du duc d'Enghien. »

Une actrice célèbre (Mlle Raucourt)
l'avait peint, assurait Napoléon, d'une
manière fort vraie : « Si vous le ques-
» tionnez, disait-elle, c'est une boîte de
» fer-blanc dont vous ne tirez pas un
» mot ; si vous ne lui demandez rien,
» bientôt vous ne saurez comment l'arrê-
» ter, ce sera une véritable commère. »

C'est en effet une indiscrétion qui,
dans le principe, heurta la confiance de
l'Empereur et ébranla son ministre dans
son esprit. « J'avais confié, disait Napo-
» léon, une chose fort importante à M.*** ;
» peu d'heures après Joséphine me la
» rendit mot pour mot. J'envoyai cher-
» cher aussitôt ce ministre, pour lui dire

» que je venais d'aprendre de l'Impéra-
» trice une chose que je n'avais confiée
» qu'à lui seul : or le cercle du rapport
» se composait déjà de quatre ou cinq
» intermédiaires. »

« Le visage de M. *** est tellement
» impassible, disait l'Empereur, qu'on
» ne saurait jamais y rien lire ; aussi
» Lannes ou Murat, disaient-ils plaisam-
» ment de lui, que si, en vous parlant,
» son derrière venait à recevoir un coup
» de pied, sa figure ne vous en dirait
» rien. »

M. *** avait un intérieur fort doux et même attachant ; ses familiers et ses agens l'aimaient et lui étaient fort dévoués.

Dans son intimité on l'a entendu parler volontiers et gaîment de sa profession ecclésiastique, qu'il n'avait d'ailleurs embrassée que par force, contraint par ses parens, bien que l'aîné de plusieurs frères. Il réprouvait un jour un air que l'on fredonnait autour de lui ; il l'avait en horreur, disait-il ; il lui rappelait le temps où il était obligé d'apprendre le plein-chant et de chanter au lutrin.

Une autre fois, un de ses habitués racontait pendant le souper ; M. ***, préoccupé, semblait étranger à la conversation. Durant le récit, il échappe au conteur, qui se trouvait en verve, de dire de quelqu'un : *Celui-là est un vilain drôle, c'est un prêtre marié.* M. *** réveillé par ces paroles, saisit une cuiller, la plonge précipitamment dans le plat vis-à-vis de lui, et d'un geste menaçant lui crie : « Un tel, voulez-vous des épi- » nards ? » Le narrateur de se confondre, et chacun de rire, M. *** comme les autres.

L'Empereur, lors du concordat, avait voulu faire M. *** cardinal, et le mettre à la tête des affaires religieuses : c'était son lot, lui disait-il, il rentrait dans le giron; réhabilitait sa mémoire, fermait la bouche aux déclamateurs. M. *** ne le voulut jamais : son aversion pour l'état ecclésiastique était invincible.

Napoléon avait été sur le point de lui donner l'Ambassade de Varsovie, confiée depuis à l'abbé de Pradt; mais des affaires d'agiotage, des salletés, disait-il, sur lesquelles M. *** était incorrigible, le forcèrent à y renoncer. C'était par le même motif et sur la réclamation de plusieurs souverains d'Allemagne, qu'il s'était vu contraint de lui retirer le portefeuille des relations extérieures.

Fouché, disait l'Empereur, était le *** des clubs, et *** le Fouché des salons.

« L'intrigue, observait-il, était aussi
» nécessaire à Fouché que la nourriture :
» il intriguait en tout temps, en tous lieux,
» de toutes manières et avec tous. On
» ne découvrait jamais rien qu'on ne fût
» sûr de l'y rencontrer pour quelque
» chose ; il n'était occupé que de courir
» après, sa manie était de vouloir être
» de tout !...... Toujours dans les souliers
» de tout le monde. » C'était le mot souvent répété de l'Empereur.

Lors de la conspiration de Georges, quand on arrêta Moreau, Fouché n'était plus au ministère de la police, et cherchait fort à se faire regretter. « Quelle
» gaucherie ! disait-il, ils ont arrêté Mo-
» reau quand il revenait de sa campagne
» à Paris, ce qui pouvait montrer en
» lui une innocente confiance : c'était
» quand il se rendait à Gros-Bois, au
» contraire, qu'il fallait le saisir ; car il
» devenait évident alors qu'il fuyait. »

On connaît de lui le mot qu'il a dit, ou qu'on lui a prêté, sur l'affaire du duc d'Enghien : C'est plus qu'un crime, c'est une faute. De pareils traits peignent plus le caractère d'un homme que des volumes entiers.

L'Empereur connaissait bien Fouché, et n'en a jamais été la dupe.

On l'a beaucoup blâmé de s'en être servi en 1815, où en effet Fouché l'a indignement trahi. Napoléon n'ignorait pas ses dispositions ; mais il savait aussi que le danger reposait plus sur les événemens que sur la personne. « Si j'eusse » été victorieux, disait-il, Fouché eût » été fidèle : il est vrai qu'il se donnait de » grands soins pour être prêt selon toutes » les chances. Il me fallait vaincre ! »

L'Empereur, du reste, eut connaissance de ses menées, et l'on va voir qu'il le ménageait peu.

Après le retour de l'Empereur en 1815, un des premiers banquiers de Paris se présente à l'Elysée, pour le prévenir que peu de jours auparavant quelqu'un arrivant de Vienne, s'était présenté chez lui avec des lettres de crédit, et s'était informé des moyens d'arriver à Fouché. Soit réflexion, soit pressentiment, ce banquier conçut quelques doutes sur cet individu, et vint les communiquer personnellement à l'Empereur, qui fut frappé que Fouché lui en eût fait mystère.

En peu d'heures Réal eut trouvé l'homme en question ; il le conduisit aussitôt à l'Élysée, où il fut enfermé dans un cabinet. L'Empereur se le fit amener au jardin. « Me connaissez-vous, » dit-il à cet homme. » Ce début, les idées qu'inspirait la présence de l'Empereur, ébranlèrent fortement l'étranger. « Je sais toutes vos menées, continua » Napoléon avec sévérité, si vous le con- » fessez à l'instant, je puis vous faire » grâce, sinon vous ne sortez de ce jardin » que pour être fusillé. — Je vais tout » dire : Je suis envoyé ici par M. de Met- » ternich au duc d'Otrante, pour lui pro- » poser de faire partir un émissaire pour » Bâle : il y rencontrera celui que M. de » Metternich y a envoyé de Vienne ; ils » doivent avoir des signes de reconnais- » sance, et les voici, dit-il en délivrant » quelques papiers. — Avez-vous rem- » pli votre mission auprès de Fouché ? — » Oui. — A-t-il envoyé son émissaire ? » — Je n'en sais rien. »

L'homme fut remis sous la clef, et une heure après quelqu'un de confiance était en route pour Bâle ; il s'aboucha avec l'émissaire autrichien ; et eut même avec lui jusqu'à quatre conférences.

Cependant Fouché, inquiet de la disparition de son Viennois, se présente un soir chez l'Empereur, affectant une gaîté, une aisance, au travers de laquelle se réfugiait un extrême embarras. « Plu- » sieurs glaces se trouvaient dans l'appar- » tement où nous nous promenions, di- » sait l'Empereur ; je me plaisais à l'étudier » à la dérobée ; sa figure était hideuse ; il » ne savait guère comment entamer ce » qui l'intéressait si fort. — Sire, dit-il » enfin, il y a quatre ou cinq jours qu'il » m'est arrivé une circonstance dont je » crains de n'avoir pas fait part à Votre » Majesté.... Mais j'ai tant d'affaires..... » Je suis entouré de tant de rapports, » de tant d'intrigues.... Il m'est venu un » homme de Vienne, avec des proposi- » tions si ridicules..... Et cet homme je » ne le trouve plus. »

« — M. Fouché, lui dit alors l'Empe- » reur, il pourrait être funeste pour vous » que vous me prissiez pour un sot. Je » tiens votre homme et toute son intrigue » depuis plusieurs jours. Avez-vous en- » voyé à Bâle ? — Non, Sire. — Ce sera » heureux pour vous ; s'il en était autre-

»ment, et j'en aurai la preuve, vous
»péririez. »

Les événemens ont montré que ce n'eût été que justice. Toutefois ici il paraît que Fouché n'y avait pas envoyé; aussi l'affaire en demeura là.

Samedi 13.

Papiers d'Europe. — Politique.

L'Empereur a déjeûné au jardin, et nous y a tous fait appeler. Il a résumé les papiers-nouvelles que nous avions parcourus le matin, et s'est étendu sur la haute politique. Voici ce que j'en ai retenu de plus saillant.

« Paris au treize vendémiaire, était
» tout à fait dégoûté de son gouverne-
» ment, disait l'Empereur; mais la tota-
» lité des armées, la grande majorité des
» départemens, la petite bourgeoisie, les
» paysans lui demeuraient attachés,
» aussi la révolution triompha-t-elle
» de cette grande attaque de la contre-
» révolution, bien qu'il n'y eût encore
» que quatre ou cinq ans que les nou-
» veaux principes eussent été proclamés;
» on sortait des scènes les plus effroya-
» bles et les plus calamiteuses; on cher-
» chait un meilleur avenir.

» Mais quelle différence aujourd'hui...
» Un soldat, dans la longueur de la jour-
» née, dans l'ennui de ses casernes, a
» besoin de parler de guerre ; il ne peut
» parler de Fontenoy ni de Prague, qu'il
» ne connaît pas ; il faudra qu'il parle
» des victoires de Marengo, d'Austerlitz,
» d'Iéna, de celui qui les a gagnées, de
» moi enfin, qui remplis toutes les bou-
» ches et suis dans toutes les imagina-
» tions.....

» Une telle situation est sans exemple
» dans l'histoire ; de quelque côté qu'on
» la considère, on ne voit que malheurs!
» Que résultera-t-il de tout cela ? Deux
» peuples sur un même sol, acharnés,
» irréconciliables, qui se chamailleront
» sans relâche, et s'extermineront peut-
» être.

» Bientôt la même fureur gagnera toute
» l'Europe. L'Europe ne formera bientôt
» plus que deux partis ennemis : on ne
» s'y divisera plus par peuples et par terri-
» toires, mais par couleur et par opinion.
» Et qui peut dire les crises, la durée,
» les détails de tant d'orages! car l'issue
» n'en saurait être douteuse, les lumières
» et le siècle ne rétrograderont pas!.....
» Quel malheur que ma chute!........

» J'avais refermé l'outre des vents; les
» baïonnettes ennemies l'ont déchirée.
» Je pouvais marcher paisiblement à la
» régénération universelle: elle ne s'exé-
» cutera désormais qu'au travers des
» tempêtes! J'amalgamais, peut-être
» extirpera-t-on! »

Dimanche 14.

Arrivée du Gouverneur.

Le temps était revenu à la pluie; depuis deux jours il était détestable. Des bâtimens étaient en vue; les signaux ont appris qu'ils portaient le nouveau gouverneur sir *Hudson Lowe*.

L'Empereur, à dîner, était silencieux et triste; il n'était pas bien; il s'est retiré de fort bonne heure.

Lundi 15.

Progrès de l'Empereur dans son anglais.

Vers midi, j'ai reçu quatre lettres d'Europe, qui m'ont donné tout le bonheur dont je pouvais jouir ici.

J'ai vu l'Empereur à cinq heures dans le jardin; il profitait d'un intervalle de beau temps; la pluie avait été battante toute la journée. Je lui ai fait part de mes lettres. Chacun de nous en avait reçu : elles nous arrivent ouvertes, partant point de nouvelles ; mais elles nous montraient que nous avions des amis, et c'est sur un roc qu'il est doux d'en être assuré.

Pendant le dîner, l'Empereur nous a fait, en anglais, un récit des papiers français, contenant, disait-il, la destinée de M. La Peyrouse ; le lieu où il avait fait naufrage, ses divers événemens, sa mort et son journal, etc., etc. ; le tout composait des détails curieux, piquans, romanesques, qui nous attachaient extrêmement ; l'Empereur en a joui, et s'est mis à rire ; car son récit n'était qu'une fable pour nous montrer ses progrès en anglais, disait-il.

Mardi 16.

Première visite du Gouverneur. — Déclaration exigée de nous.

Le nouveau Gouverneur est arrivé sur les dix heures, malgré le mauvais temps et la pluie qui continuaient encore ; il était accompagné de l'Amiral, chargé de le présenter, et qui lui avait dit, sans doute, que c'était l'heure la plus convenable.

L'Empereur ne l'a point reçu ; il était

malade, et se fût-il bien porté, il ne l'eût pas reçu davantage. Le Gouverneur, en arrivant de la sorte, manquait aux formes de la bienséance la plus commune ; nous soupçonnâmes sans peine que c'était une espièglerie de l'Amiral. Le Gouverneur, qui n'avait peut-être pas l'intention de se rendre aucunement désagréable, a paru fort déconcerté ; nous en riions sous cape ; pour l'Amiral, il en était triomphant.

Le Gouverneur, après avoir hésité long-temps, et donné des marques évidentes de mauvaise humeur, nous a quittés assez brusquement.

Nous n'avons pu douter que toute l'ordonnance de cette première entrevue n'eût été conduite, dans l'intention secrète de nous indisposer, dès les premiers momens, les uns contre les autres. Le Gouverneur s'y sera-t-il prêté ? n'en aura-t-il eu aucun soupçon ? C'est ce que le temps nous apprendra.

Sur les cinq heures et demie, l'Empereur m'a fait appeler dans le jardin ; il était seul ; il m'a dit qu'il se présentait une nouvelle circonstance personnelle à chacun de nous : on allait exiger notre déclaration individuelle d'unir notre destinée à la sienne, ou, si nous le préférions, on devait nous sortir de Sainte-Hélène, et nous rendre à la liberté.

Nous ne devinions pas le motif de cette mesure : était-ce, de la part du ministère anglais, pour se ménager des pièces régulières ? mais nous n'étions partis de Plymouth, pour Sainte-Hélène, qu'avec cette condition préalable ; était-ce pour isoler l'Empereur ? mais devait-on croire que nous l'abandonnerions ?

Il me demanda quelle serait ma détermination à cet égard ; je répondis qu'elle ne pouvait être douteuse ; que si j'avais pu éprouver quelques déchiremens, c'eût été au moment de ma première détermination ; qu'à compter de cet instant, mon sort s'était trouvé irrévocablement fixé : qu'alors j'avais suivi la gloire et mon honneur ; que depuis, chaque jour davantage, je suivais mes affections et mes sentimens. La voix de l'Empereur devint plus douce ; ce furent là ses remercîmens : je le connaissais désormais, ils étaient grands !

J'ajoutai, que d'ailleurs ma détermination aurait peu de mérite ; elle ne changerait rien, disais-je, à notre situation ; nous demeurerions le lendemain de cette signature, ce que nous étions la veille. Notre destinée ne dépendait point du calcul des hommes, mais de la force des choses. Il serait peu sage à nous de compliquer nos peines par des prévoyances ou des combinaisons hors des facultés humaines; nous devions nous abandonner, avec tranquillité, au cours mystérieux des événemens; trouver quelques jouissances dans l'excès de nos maux, en nous nourrissant de cette satisfaction intérieure, récompense précieuse qu'il était hors du pouvoir des hommes de balancer et de détruire.

Mercredi 17.

Conversation caractéristique. — Retour de l'île d'Elbe prévu dès Fontainebleau. — Introduction du Gouverneur. — Mortification de l'Amiral. — Nos griefs contre lui. — Signalement de sir Hudson Lowe.

L'Empereur m'a fait venir à neuf heures chez lui; il a lu avec moi un article du Courrier de Portsmouth, où l'on peignait fort au long son séjour à Briars. La peinture était fidèle.

Il m'a fait rappeler dans le milieu du jour pour causer. Une partie de la conversation fournit des développemens trop précieux du caractère de l'interlocuteur, pour que je n'en transcrive pas ici quelques traits.

Il se trouvait parfois entre nous des contrariétés, des piquasseries, des bouderies, qui gênaient l'Empereur et le rendaient malheureux : il est tombé sur ce sujet; il analysait notre situation avec sa logique ordinaire, appréciait les peines et les ennuis de notre exil, en indiquait les meilleurs soulagemens. Nous devions faire, disait-il, des sacrifices mutuels, nous passer bien des choses : l'homme ne marquait dans la vie qu'en dominant le caractère que lui avait donné la nature, ou en s'en créant un par l'éducation, et sachant le modifier suivant les obstacles qu'il rencontrait.

« Vous devez tâcher de ne faire ici
» qu'une famille, observait-il; vous
» m'avez suivi pour adoucir mes peines;
» comment ce sentiment ne suffirait-il
» pas pour tout maîtriser? Si la sympa-
» thie ne peut faire ici tous les frais, il
» faut être conduit du moins par le rai-
» sonnement et le calcul; il faut savoir
» compter ses peines, ses sacrifices, ses
» jouissances, pour arriver à un résultat,
» de même qu'on additionne ou qu'on

» soustrait tout ce qui se calcule. Tous
» les détails de la vie ne doivent-ils pas
» être soumis à cette règle? Il faut savoir
» vaincre sa mauvaise humeur. Il est as-
» sez simple que vous ayez ici des diffé-
» rends, des querelles; mais il faut une
» explication, et non pas une bouderie:
» l'une amène des résultats, l'autre ne
» fait que compliquer les choses : la rai-
» son, la logique, un résultat surtout,
» doivent être le guide et le but constant
» de tout ici bas. » Et alors il se citait lui-
même, ou pour avoir suivi ces principes,
ou pour s'en être éloigné. Il ajoutait
qu'il fallait savoir pardonner, et ne pas
demeurer dans une hostile et acariâtre
attitude, qui blesse le voisin et empêche
de jouir soi-même; qu'il fallait reconnaître les faiblesses humaines, et se plier
à elles plutôt que de les combattre.

« Que serais-je devenu, disait-il, si je
» n'eusse suivi ces maximes! On m'a dit
» souvent que j'étais trop bon, pas assez
» défiant. C'eût été bien pis si j'eusse été
» le contraire! J'ai été trahi deux fois;
» eh bien, je le serais peut-être encore
» une troisième; et c'est par cette grande
» connaissance du caractère des hom-
» mes, cette indulgence raisonnée que je

» m'étais créée, que j'ai pu gouverner la
» France, et que je suis le plus propre
» peut-être, dans l'état où elle se trouve,
» à la gouverner encore. En quittant Fon-
» tainebleau, n'avais-je pas dit à tous
» ceux qui me demandaient leur ligne
» de conduite : Allez au Roi, servez-le...
» J'avais voulu leur rendre légitime ce
» que beaucoup n'eussent pas manqué
» de faire d'eux-mêmes; je n'avais pas
» voulu laisser écraser ceux qui eussent
» été obstinément fidèles; enfin je n'avais
» pas voulu surtout avoir à blâmer per-
» sonne au retour. »

« Ici, contre ma constante coutume,
il m'est échappé d'oser questionner, en
quelque sorte, l'Empereur : «Comment,
» Sire, me suis-je écrié, dès Fontaine-
» bleau, Votre Majesté a songé au retour?
» — Oui, sans doute, et par le raisonne-
» ment le plus simple. Si les Bourbons,
» me suis-je dit, veulent commencer une
» cinquième dynastie, je n'ai plus rien à
» faire ici, mon rôle est fini ; mais s'ils
» s'obstinaient, par hasard, à vouloir re-
» continuer la troisième, je ne tarderai
» pas à reparaître. On pourrait dire que
» les Bourbons eurent alors ma mémoire
» et ma conduite à leur disposition; s'ils

» l'eussent voulu, je demeurais, pour le
» vulgaire, un ambitieux, un tyran, un
» brouillon, un fléau. Que de sagacité,
» de sang froid il eût fallu pour m'appré-
» cier et me rendre justice!.... Mais leur
» entourage, une fausse marche, m'ont
» rendu désirable, et ce sont eux qui
» ont réhabilité ma popularité et pro-
» noncé mon retour; autrement ma mis-
» sion politique était dès-lors consom-
» mée; je demeurais pour toujours à l'île
» d'Elbe; et nul doute qu'eux et moi
» nous y eussions tous gagné : car je ne
» suis pas revenu pour recueillir un trône,
» mais bien pour acquitter une grande
» dette. Peu le comprendront, n'importe,
» j'entrepris une étrange charge; mais je
» la devais au peuple français; ses cris
» arrivaient jusqu'à moi, pouvais-je y
» demeurer insensible?

« Mon existence, du reste, à l'île d'Elbe,
» était encore assez enviable, assez douce;
» j'allais m'y créer en peu de temps une
» souveraineté d'un genre nouveau : ce
» qu'il y avait de plus distingué en Eu-
» rope commençait à venir passer en re-
» vue devant moi. J'aurais offert un spec-
» tacle inconnu à l'histoire; celui d'un
» monarque descendu du trône, qui

» voyait défiler, avec empressement de-
» vant lui, le monde civilisé.

» On m'objectera, il est vrai, que les
» alliés m'auraient enlevé de mon île, et
» je conviens que cette circonstance a
» même hâté mon retour. Mais si on eût
» bien gouverné en France, si les Fran-
» çais eussent été contens, mon influence
» avait fini, je n'appartenais plus qu'à
» l'histoire, et l'on n'eût point songé, à
» Vienne, à me déplacer. C'est l'agitation
» créée, entretenue en France, qui a
» forcé de songer à mon éloignement. »

Ici le Grand-Maréchal est entré chez
l'Empereur, annonçant l'arrivée du Gouverneur, conduit par l'Amiral, et suivi
de tout son état-major.

Après quelque temps encore de conversation, Bertrand est resté seul avec
Napoléon, et j'ai gagné le salon d'attente
(*voir le plan*). Nous nous y trouvions en
grand nombre, nous efforçant d'échan-
ger quelques mots; nous nous observions bien plus que nous ne causions.

Au bout d'une demi-heure, l'Empereur étant passé dans son salon, le valet
de chambre en service, à la porte et de
notre côté, a appelé le Gouverneur, qui
a été introduit. L'Amiral suivait de près;

mais le valet de chambre, qui n'avait entendu demander que le Gouverneur, a refermé brusquement la porte sans admettre l'Amiral, qui, sur ses instances, s'est vu même repoussé ; il s'est retiré, fort déconcerté, dans une embrasure de fenêtre.

Ce valet de chambre était Noverraz, bon et vrai Suisse, dont toute l'intelligence, disait souvent l'Empereur, était dans son attachement à sa personne.

Nous demeurâmes saisis d'une circonstance aussi inattendue, que nous crûmes être la volonté de l'Empereur. Mais bien que nous eussions à nous plaindre de l'Amiral, nous avons été à lui pour le distraire de son embarras ; sa situation vraiment cruelle nous peinait. Cependant l'état-major du Gouverneur a bientôt après été demandé et introduit ; l'embarras de l'Amiral s'en est accru. Au bout d'un quart d'heure, l'Empereur ayant congédié tout le monde, le Gouverneur est ressorti ; l'Amiral a couru à lui, ils se sont dit quelques mots avec chaleur, nous ont salués et sont partis.

Nous avons rejoint l'Empereur au jardin, et lui avons parlé de la déconfiture de l'Amiral ; il ignorait tout. Par la plus singulière fatalité, le hasard seul avait amené cette circonstance ; mais il en a été ravi, disait-il ; il en riait aux éclats, il s'en frottait les mains : c'était la joie d'un enfant, celle d'un écolier qui vient d'attraper son régent.

« Ah ! mon bon *Noverraz*, a-t-il dit,
» tu as donc eu une fois de l'esprit. Vous
» verrez qu'il m'aura entendu dire que
» je ne voulais plus voir l'Amiral, et il
» se sera cru obligé de lui fermer la porte
» au nez : c'est charmant ! Il n'y aurait
» pourtant pas à se jouer avec ce bon
» Suisse ; si j'avais le malheur de dire
» qu'il faut se défaire du Gouverneur, il
» serait homme à le tuer à mes yeux.
» Du reste, continuait plus gravement
» l'Empereur, c'est la faute du Gouver-
» neur, que ne demandait-il l'Amiral ?
» d'autant plus qu'il m'avait fait dire ne
» pouvoir m'être présenté que par lui ;
» que ne l'a-t-il fait demander encore,
» quand il m'a présenté ses officiers ? C'est
» donc tout à fait sa faute. Au demeu-
» rant, l'Amiral y a gagné sans doute,
» je n'eusse pas manqué de l'apostropher
» en présence de tous ses compatriotes.
» Je lui aurais dit que, par le sentiment
» de l'habit militaire que nous portions

» tous deux depuis quarante ans, je le
» plaignais d'avoir, aux yeux du monde,
» compromis, dégradé son ministère, sa
» nation, son souverain, en manquant,
» sans nécessité et sans discernement, à
» un des plus vieux soldats de l'Europe :
» je lui eusse reproché de m'avoir dé-
» barqué à Sainte-Hélène comme un ga-
» lérien de Botany-Bay ; je lui eusse dit
» que pour un véritable homme d'hon-
» neur, je devais être plus vénérable sur
» un roc, que sur mon trône, au milieu
» de mes armées. »

La force, la nature de ces paroles mirent fin à toute gaîté, et terminèrent la conversation.

Mais puisque nous sommes sur le compte de l'Amiral, et qu'il va nous quitter, résumons ici, et avec autant d'impartialité que peuvent l'admettre notre situation et notre mauvaise humeur, les torts que nous avons à lui reprocher; le tout pour n'y plus revenir.

Nous ne pouvions lui passer la familiarité affectée dont il usait avec nous, bien que nous y répondissions peu; nous lui pardonnions encore moins d'avoir osé essayer de l'étendre jusqu'à l'Empereur; nous ne pouvions lui pardonner non plus l'air gonflé et satisfait de lui-même, avec lequel il l'appelait général. Certes, l'Empereur avait immortalisé ce titre; mais le terme, le ton et l'intention, étaient autant d'outrages.

En arrivant dans l'île, il avait jeté l'Empereur dans une chambre de quelques pieds en carré, et l'y avait retenu deux mois, bien qu'il existât d'autres logemens dans l'île; notamment celui que lui-même s'était adjugé. Il lui avait indirectement interdit la promenade à cheval dans l'enclos de Briars; on avait abreuvé d'embarras et d'humiliations les officiers de l'Empereur, lorsqu'ils venaient le visiter journellement dans sa petite cellule.

Plus tard, à Longwood, il avait placé des sentinelles sous les fenêtres mêmes de l'Empereur; et, par un tour d'esprit qui ne pouvait être que la plus amère des ironies, il prétendait que ce n'était que dans l'intérêt du *Général*, et pour sa propre sûreté. Il ne permettait d'arriver à nous qu'avec un billet de sa part; et, en nous mettant ainsi au secret, il disait que c'était une attention particulière pour que l'on n'importunât pas l'Empereur, et qu'il n'était là que son

Grand-Maréchal. Il donnait un bal, et envoyait une invitation par écrit au *Général Bonaparte,* comme à chacun de ceux de sa suite. Il répondait avec un persifflage indécent aux notes du Grand-Maréchal qui employait le mot d'*Empereur,* qu'il ne savait pas qu'il y eût aucun *Empereur* dans l'île de Sainte-Hélène, qu'il n'en connaissait aucun en Europe ou ailleurs qui fût hors de ses États. Il refusait à l'Empereur d'écrire au Prince Régent, à moins qu'il ne reçût la lettre ouverte, ou qu'on ne lui en donnât lecture. Il avait gêné les égards, les expressions, les sentimens d'autrui pour Napoléon; mis aux arrêts des subordonnés, nous assurait-on, pour s'être servi de la qualification d'Empereur, ou autres expressions semblables, usitées souvent néanmoins par ceux du 53e, et sans doute, disait Napoléon, par un sentiment irrésistible de ces braves.

L'Amiral avait limité, par son seul caprice, la direction de nos promenades. Il avait même, à cet égard, manqué de parole à l'Empereur; il l'avait assuré, dans un moment de rapprochement, qu'il pouvait désormais aller dans toute l'île, sans que la surveillance de l'officier anglais préposé à sa garde pût même être aperçue. Mais deux ou trois jours après, au moment où Napoléon mettait le pied à l'étrier pour aller déjeûner à l'ombre, loin de notre demeure habituelle, il eut l'insigne désagrément d'être contraint de rentrer, l'officier ayant déclaré qu'il devait désormais faire partie de son groupe, et ne point le quitter d'un pas. Depuis cet instant, l'Empereur ne voulut jamais revoir l'Amiral. Celui-ci d'ailleurs n'avait jamais observé les formes de bienséance les plus ordinaires, affectant toujours de choisir pour ses visites des heures inaccoutumées ; dirigeant dans la même voie les étrangers de distinction qui arrivaient dans l'île, pour éviter par-là, sans doute, qu'ils ne parvinssent jusqu'à l'Empereur, qui ne manquait pas de les refuser. On a vu que l'Amiral en avait agi de la sorte lors de la première visite du Gouverneur ; sa joie, dans cette dernière circonstance, sur le mauvais succès du Gouverneur, n'avait que trop visiblement trahi ses intentions.

Toutefois, s'il fallait, à travers notre mauvaise humeur et la délicatesse de sa mission, résumer une opinion impartiale, nous n'hésiterions pas à convenir, à la suite de tant de griefs, que ces griefs reposaient bien plus dans les formes que dans le fond, et nous dirions, avec l'Empereur, qui avait naturellement un faible pour lui, que l'amiral Cockburn est bien loin d'être un méchant homme, qu'il est même susceptible d'élans généreux et délicats, que nous en avons plusieurs fois éprouvé les effets; mais qu'aussi, par contre, nous l'avons trouvé souvent capricieux, irascible, vain, dominateur, fort habitué à l'autorité, l'exerçant avec rudesse, mettant souvent la force à la place de la dignité. Et pour exprimer en deux mots la nature de nos rapports, nous dirions que, comme geolier, il a été doux, humain, généreux, nous lui devons de la reconnaissance : mais que, comme notre hôte, il a été parfois impoli, souvent pire encore, et nous avons lieu d'en être mécontens et de nous plaindre*.

---

* En relisant ce résumé pour une nouvelle impression, je ne puis me défendre d'éprouver qu'il est peut-être plus que sévère. Serait-ce que le temps aurait dissipé l'irritation dans laquelle il fut tracé, ou bien serait-ce parce que je ne suis pas né pour de longs ressentimens;

Sur les deux ou trois heures, l'Empereur a fait sa promenade accoutumée ; il a beaucoup causé avec nous dans le jardin, et en calèche, sur les circonstances du matin ; et la conversation sur cet objet a repris encore après le dîner. Quelqu'un a observé, toutefois assez plaisamment, que les deux premiers jours du Gouverneur avaient été des jours de batailles, et devaient lui faire croire que nous étions intraitables, nous qui étions naturellement si doux et si patiens. A ces dernières expressions, l'Empereur n'a pu s'empêcher de sourire et de pincer l'oreille de l'observateur.

On est passé de là au signalement de sir Hudson Lowe ; on l'a trouvé un homme d'environ quarante-cinq ans, d'une taille commune, mince, maigre, sec, rouge de visage et de chevelure, marqueté de taches de rousseur, des yeux obliques fixant à la dérobée et rarement en face, recouverts de sourcils d'un blond ardent, épais et fort proémi-

---

ou bien encore serait-ce enfin parce que les manières, les procédés, les actes du successeur, n'admettant de comparaison avec personne, toutes autres plaintes doivent s'effacer et disparaître au simple souvenir de ce dernier.

nens. « Il est hideux ! a dit l'Empereur,
» c'est une face patibulaire. Mais ne nous
» hâtons pas de prononcer : le moral,
» après tout, peut raccommoder ce que
» cette figure a de sinistre ; cela ne serait
» pas impossible. »

Jeudi 18.

Convention des Souverains sur Napoléon, etc.
— Paroles remarquables.

Le temps avait été horrible depuis plusieurs jours : aujourd'hui il est devenu très-beau ; l'Empereur est sorti de bonne heure pour se promener dans le jardin ; sur les quatre heures il est monté en calèche, et a fait une promenade plus longue que de coutume. Avant dîner, l'Empereur m'a fait appeler pour lui traduire la convention des Souverains relative à sa captivité.

La voici :

Convention entre la Grande-Bretagne, l'Autriche, la Prusse et la Russie, signée à Paris le 2 août 1815.

« Napoléon Bonaparte étant au pouvoir des Souverains alliés, leurs Majestés le Roi du royaume-uni de la Grande-Bretagne et d'Irlande, l'Empereur d'Autriche, l'Empereur de Russie et le Roi de Prusse, ont agréé, en vertu des stipulations du traité du 25 mars 1815, sur les mesures les plus propres à rendre impossible toute entreprise de sa part contre le repos de l'Europe.

» Article 1er. Napoléon Bonaparte est considéré par les puissances qui ont signé le traité du vingt mars dernier, comme leur prisonnier.

» Art. 2e. Sa garde est spécialement confiée au Gouvernement Britannique.

Le choix de la place et des mesures qui peuvent le mieux assurer l'objet de la présente stipulation, sont réservés à Sa Majesté Britannique.

» Art. 3e. Les Cours impériales d'Autriche et de Russie et la Cour royale de Prusse nommeront des commissaires pour se rendre et habiter dans la place que le gouvernement de Sa Majesté Britannique aura assignée pour la résidence de Napoléon Bonaparte, et qui, sans être responsables de sa garde, s'assureront de sa présence.

» Art. 4e. Sa Majesté très-chrétienne est invitée, au nom des quatre Cours ci-dessus mentionnées, d'envoyer pareillement un commissaire français au lieu de la détention de Napoléon Bonaparte.

» Art. 5ᵉ. Sa Majesté le Roi du royaume-uni de la Grande-Bretagne et de l'Irlande s'oblige à remplir les engagemens qui lui sont assignés par la présente convention.

» Art. 6ᵉ. La présente convention sera ratifiée, et la ratification sera échangée dans quinze jours, ou plus tôt s'il est possible.

» En foi de quoi les plénipotentiaires respectifs ont signé la présente convention, et y ont apposé le sceau de leurs armes. »

Fait à Paris, ce 2 août de l'année de notre Seigneur, 1815.

La lecture faite, l'Empereur m'a demandé ce que j'en pensais.

« Sire, ai-je répondu, dans la position
» où nous nous trouvons, j'aime mieux
» dépendre des intérêts d'un seul que
» de la décision compliquée de quatre.
» L'Angleterre évidemment a dicté ce
» traité; voyez avec quel soin elle sti-
» pule qu'elle seule répondra, disposera
» du prisonnier; je ne la vois occupée
» qu'à nantir ses mains *du levier d'Ar-*

» *chimède;* elle ne saurait donc avoir
» l'idée de le briser. »

L'Empereur, sans expliquer sa pensée sur cet objet, est passé aux différentes chances qui pourraient amener sa sortie de Sainte-Hélène, et a dit ces paroles remarquables : « Si l'on est sage en Eu-
» rope, si l'ordre s'établit partout, alors
» nous ne vaudrons plus ni l'argent ni les
» soins que nous coûtons ici; on se dé-
» barrassera de nous; mais cela peut se
» prolonger encore quelques années;
» trois, quatre ou cinq ans : autrement,
» et, à part les événemens fortuits, qu'il
» n'est pas donné à l'intelligence humaine
» de prévoir, je ne vois guère, mon ami,
» que deux grandes chances bien incer-
» taines pour sortir d'ici : le besoin que
» pourraient avoir de moi les rois contre
» les peuples débordés; ou celui que
» pourraient avoir les peuples soulevés,
» aux prises avec les rois ; car, dans
» cette immense lutte du présent contre
» le passé, je suis l'arbitre et le médiateur
» naturel; j'avais aspiré à en être le juge
» suprême; toute mon administration au
» dedans, toute ma diplomatie au dehors,
» roulaient vers ce grand but. L'issue
» eût été plus facile et plus prompte;

» mais le destin en a ordonné autrement.
» Enfin une dernière chance, et ce pour-
» rait être la plus probable, ce serait le
» besoin qu'on aurait de moi contre les
» Russes; car dans l'état actuel des choses,
» avant dix ans, toute l'Europe peut être
» cosaque, ou toute en république; voilà
» pourtant les hommes d'État qui m'ont
» renversé. . . . .
» . . . .
» . . . .
» . . . .
» . . . . »

Et puis revenant sur la décision des souverains à son égard, à son style, au fiel qu'elle témoigne : « Il est difficile de
» les expliquer, a-t-il dit.

» *François!* il est religieux, et je suis
» son fils.

» *Alexandre!* nous nous sommes ai-
» més!

» *Le roi de Prusse!* je lui ai fait beau-
» coup de mal sans doute; mais je pouvais
» en faire davantage; et puis n'y a-t-il
» donc pas de la gloire, une véritable
» jouissance à s'agrandir par le cœur ! »

» *Pour l'Angleterre*, c'est à l'animosité
» de ses ministres que je suis redevable
» de tout; mais encore serait-ce au

Prince *Régent* à s'en apercevoir, à in-
»terférer, sous peine d'être noté de
»fainéant ou de protéger une vulgaire
»méchanceté.

»Ce qu'il y a de sûr, c'est que tous
»ces Souverains se compromettent, se
»dégradent, se perdent en moi......»

Vendredi 19.
Déclaration exigée de nous.

L'Empereur avait le projet de déjeûner dans le jardin; le Grand-Maréchal et M*me* Bertrand étaient venus ensuite de cette intention. L'Empereur avait passé une mauvaise nuit, n'avait point dormi; il a déjeûné dans son intérieur.

Le gouverneur nous a notifié officiellement que nous devions lui donner chacun notre déclaration, exprimant que nous demeurions volontairement à Longwood, et que nous nous soumettions d'avance à toutes les restrictions que nécessiterait la captivité de Napoléon. Voici la mienne :

Déclaration. — «Je soussigné, réitère
»la déclaration que j'ai déjà faite en rade
»de Plymouth : vouloir m'attacher à la
»destinée de l'Empereur Napoléon, l'ac-
»compagner, le suivre, et diminuer

» autant qu'il est en mon pouvoir, l'in-
» juste traitement qu'il éprouve par la
» violation la plus inouie du droit des
» gens, laquelle m'est d'autant plus sen-
» sible personnellement, que c'est moi
» qui lui ai transmis l'offre et l'assurance
» du capitaine Maitland du Bellerophon,
» comme quoi il avait les ordres de rece-
» voir l'Empereur et sa suite sous la pro-
» tection du pavillon britannique, si cela
» lui était agréable, et de le conduire en
» Angleterre.

» La lettre de l'Empereur Napoléon (que
» connaît toute l'Angleterre) au Prince
» Régent, laquelle j'ai communiquée
» d'avance au capitaine Maitland, sans
» qu'il m'ait fait la moindre observation,
» démontre au monde, bien mieux que
» ne pourraient le faire toutes mes pa-
» roles, comme l'Empereur vint libre-
» ment au-devant de cette offre d'hospi-
» talité, et combien, par conséquent,
» on l'a rendu la dupe de sa confiance
» et de sa bonne foi.

» Aujourd'hui, malgré l'expérience
» que j'ai de l'horrible séjour de l'île de
» Sainte-Hélène, si contraire à la santé
» de l'Empereur et à celle de tout Euro-
» péen, et quoique, depuis six mois que

» nous sommes dans l'île, j'aie éprouvé
» toute espèce de privations, lesquelles
» je multiplie journellement moi-même
» pour m'exposer le moins possible au
» manque d'égards que réclament mon
» rang et mes habitudes; toutefois, cons-
» tant dans les mêmes sentimens, et
» résolu désormais à ce que la crainte
» d'aucun mal, l'espoir d'aucun bien,
» ne pussent me séparer de l'Empereur
» Napoléon, je réitère mon désir de vou-
» loir demeurer auprès de lui, en me
» soumettant aux restrictions qui lui se-
» raient arbitrairement imposées. »

Samedi 20.

Visite d'adieu de l'ancien Gouverneur. — Conversation remarquable. — Saillie d'un vieux
soldat anglais.

Le colonel Wilks, repassant en Europe, est arrivé avec sa fille pour prendre
congé de l'Empereur; elle a été présentée par madame Bertrand. J'ai déjà
dit que le colonel Wilks était l'ancien
gouverneur de la colonie, pour la compagnie des Indes; c'est lui que l'Amiral
avait remplacé en cette qualité, au nom
du Roi, lorsque notre translation à
Sainte-Hélène avait fait passer cette île

des mains de la Compagnie dans celles du Gouvernement.

L'Empereur était ce matin d'une gaîté remarquable; il a causé quelque temps avec ces dames, puis il s'est retiré, avec M. Wilks, dans une embrasure de fenêtre, me faisant suivre pour servir d'interprète.

Le colonel Wilks, comme je l'ai déjà peut-être dit, a été long-temps agent diplomatique de la Compagnie dans la péninsule indienne; il a écrit une histoire de ces régions, a beaucoup de connaissances, surtout en chimie; c'était donc un militaire, un littérateur, un diplomate, un chimiste. L'Empereur l'a questionné sur tous ces objets, et les a traités lui-même avec beaucoup d'abondance et d'éclat; la conversation a été longue, vive et variée, elle a duré plus de deux heures. Voici les principaux traits que j'en ai retenus. Je me répéterai peut-être, car l'Empereur et le colonel Wilks avaient déjà eu, il y a quelques mois, une longue conversation précisément sur les mêmes objets; mais n'importe, ces objets sont d'un tel intérêt, que j'aime mieux encore répéter quelque chose que de rien laisser perdre.

L'Empereur lui a d'abord parlé de l'armée anglaise, de son organisation, et surtout de son mode d'avancement; il l'a opposée à la nôtre, et a répété ce que j'ai dit ailleurs sur son excellente composition, les avantages de notre conscription, l'esprit valeureux des Français, etc.

Passant à la politique, il a dit : «Vous
» avez perdu l'Amérique par l'affranchis-
» sement; vous perdrez l'Inde par l'in-
» vasion. La première perte était toute
» naturelle : quand les enfans devien-
» nent grands ils font bande à part; mais
» pour les Indous, ils ne grandissent pas,
» ils demeurent toujours enfans; aussi la
» catastrophe ne viendra que du dehors.
» Vous ne savez pas tous les dangers dont
» vous avez été menacés par mes armes
» ou par mes négociations, etc., etc.

» Mon système continental !.... Vous
» en avez ri peut-être? — Sire, a dit le
» colonel, nous en avons fait le sem-
» blant; mais tous les gens sensés ont
» senti le coup. — Eh bien, a continué
» l'Empereur, moi, je me suis trouvé
» seul de mon avis sur le continent; il
» m'a fallu pour l'instant employer par-
» tout la violence. Enfin l'on commence

» à me comprendre, déjà l'arbre porte
» son fruit : j'ai commencé, le temps
» fera le reste.

» Si je n'eusse succombé, j'aurais
» changé la face du commerce, aussi
» bien que la route de l'industrie : j'a-
» vais naturalisé au milieu de nous, le
» sucre, l'indigo; j'aurais naturalisé le
» coton, et bien d'autres choses encore :
» on m'eût vu déplacer les colonies, si
» l'on se fût obstiné à ne pas nous en
» donner une portion.

» L'impulsion chez nous était im-
» mense; la prospérité, les progrès crois-
» saient sans mesure; et pourtant vos
» ministres répandaient par toute l'Eu-
» rope, que nous étions misérables et
» que nous retombions dans la barbarie.
» Aussi le vulgaire des alliés a-t-il été
» étrangement surpris à la vue de notre
» intérieur, aussi bien que vous autres,
» qui en êtes demeurés déconcertés, etc.

» Le progrès des lumières en France
» était gigantesque, les idées partout se
» rectifiaient et s'étendaient, parce que
» nous nous efforcions de rendre la
» science populaire. Par exemple, on
» m'a dit que vous étiez très-forts sur
» la chimie, eh bien! je suis loin de

» prononcer de quel côté de l'eau se trouve le plus habile ou les plus habiles chimistes.... — En France, a dit aussitôt le colonel. » — « Peu importe, » continue l'Empereur ; mais je maintiens que dans la masse française, il y a dix, et peut-être cent fois plus de connaissances chimiques qu'en Angleterre ; parce que les diverses branches industrielles l'appliquent aujourd'hui à leur travail ; et c'était là un des caractères de mon école : si l'on m'en eût laissé le temps, bientôt il n'y aurait plus eu de métiers en France, tous eussent été des arts, etc., etc. »

Enfin, il a terminé par ces mots remarquables : « L'Angleterre et la France ont tenu dans leurs mains le sort de la terre, celui surtout de la civilisation européenne. Que de mal nous nous sommes fait ! Que de bien nous pouvions faire !

» Sous l'école de Pitt, nous avons désolé le monde, et pour quel résultat ? Vous avez imposé quinze cent millions à la France, et les avez fait lever par des cosaques. Moi je vous ai imposé sept milliards, et les ai fait lever de vos propres mains, par votre parle-

» ment; et aujourd'hui encore, même
» après la victoire, est-il bien certain
» que vous ne succombiez pas tôt ou
» tard sous une telle charge?

» Avec l'école de Fox, nous nous se-
» rions entendus....., nous eussions
» accompli, maintenu l'émancipation des
» peuples, le règne des principes; il n'y
» eût eu en Europe qu'une seule flotte,
» une seule armée; nous aurions gou-
» verné le monde, nous aurions fixé
» chez tous le repos et la prospérité,
» ou par la force ou par la persuasion.
. . . .
» Oui, encore une fois que de mal nous
» avons fait! que de bien nous pouvions
» faire! »

Jamais Napoléon n'avait été plus causant, et il rit plus d'une fois de la volubilité avec laquelle je m'efforçais de rendre la rapidité de ses expressions; pour le colonel, il nous quitta saisi, confondu, ébloui.

Après son départ, l'Empereur a continué de causer long-temps dans le salon; il a ensuite gagné le jardin en dépit du mauvais temps; il a fait appeler tout le monde, il a voulu connaître et lire les déclarations que nous avions faites: elles sont devenues le sujet de la conversation . . . .

Quatre bâtimens sont arrivés aujourd'hui d'Europe ; ils amenaient le 66ᵉ, et avaient quitté l'Angleterre avant le départ du *Phaéton*, frégate qui a amené le nouveau Gouverneur, sir Hudson Lowe.

Après le dîner, l'Empereur nous a raconté fort plaisamment le dire du plus vieux soldat du 53ᵉ, qui, l'ayant vu hier pour la première fois, était retourné à ses camarades en leur disant : « On m'» vait bien trompé, on m'avait assuré » que Napoléon était si vieux ; mais il » n'en est rien, le b..... a encore au » moins soixante campagnes dans le » corps. »

Nous étions jaloux de ce propos, disions-nous, il était trop français, nous le réclamions pour un de nos grenadiers ; et nous avons raconté à notre tour à l'Empereur, un grand nombre de bons mots de nos soldats, durant son absence et lors de son retour ; il en a été fort amusé. Un surtout l'a fait beaucoup rire, c'était la réponse d'un grenadier, à Lyon.

On y passait une grande revue, lors du débarquement de l'île d'Elbe : le chef observait aux soldats qu'ils étaient bien vêtus, bien nourris, que leur solde était à jour; à quoi le grenadier, auquel il s'adressait, répondait à chaque observation: « Oui, assurément. — Eh bien! » conclut le chef, d'un air confiant et » proscripteur, vous n'étiez pas de la » sorte avec Bonaparte? il y avait de l'ar- » riéré, on vous devait? —Eh qu'est-ce » que cela fait, répartit vivement le » grenadier, s'il nous plaisait de lui faire » crédit. »

Dimanche 21.

Message de l'Empereur au Prince Régent. — Paroles caractéristiques. — Porte-feuille perdu à Waterloo. — Sur les ambassadeurs. — M. de Narbonne. — Après Moscow, l'Empereur sur le point d'être arrêté en Allemagne. — Compte de toilette de l'Empereur. — Budget d'un ménage dans les capitales de l'Europe. — L'ameublement de la maison de la rue de la Victoire. — Ameublemens des palais impériaux. — Moyens de vérification de Napoléon.

L'Empereur m'a fait demander au jardin, sur les quatre heures, pour servir d'interprête. Un capitaine Hamilton, commandant la frégate la Havane, partait le lendemain pour l'Europe. Il était venu prendre congé de l'Empereur avec tous ses officiers.

Le capitaine Hamilton parlait français. Quand je suis arrivé, l'Empereur s'exprimait avec chaleur.

« On veut savoir ce que je désire, » disait-il ; je demande ma liberté ou un » bourreau ! Rapportez ces paroles à vo- » tre Prince Régent. Je ne demande plus » des nouvelles de mon fils, puisqu'on » a eu la barbarie de laisser mes pre- » mières demandes sans réponse.

» Je n'étais point votre prisonnier : les » sauvages eussent eu plus d'égards pour » ma position. Vos ministres ont indigne- » ment violé en moi le droit sacré de » l'hospitalité, ils ont entaché votre na- » tion pour jamais ! »

Le capitaine Hamilton s'étant hasardé de répondre que l'Empereur n'était pas prisonnier de l'Angleterre seule, mais de tous les alliés, l'Empereur a repris avec chaleur :

« Je ne me suis point livré à la Russie, » elle m'eût bien reçu sans doute ; je ne » me suis point livré à l'Autriche, j'en » aurais été également bien traité ; mais » je me suis livré, librement et de mon » choix, à l'Angleterre, parce que je

» croyais à ses lois, à sa morale publique.
» Je me suis cruellement trompé ! Tou-
» tefois il est un Ciel vengeur, et tôt ou
» tard vous porterez les peines d'un at-
» tentat que les hommes vous reprochent
» déjà !........ Redites tout cela au Prince
» Régent, Monsieur. » Et accompagnant ces dernières paroles d'un geste de la main, il le congédia.

Nous avons continué de marcher quelque temps encore. Le Grand-Maréchal, qui avait accompagné quelques pas M. Hamilton, étant revenu, nous avons cru devoir le laisser tête-à-tête avec l'Empereur; mais à peine rentré dans ma chambre, il m'a fait appeler. Il était seul dans la sienne, et m'a demandé si je ne m'étais pas assez retiré dans la journée. Je lui ai dit que le respect seul et la discrétion m'avaient ôté d'auprès de lui. A quoi il m'a répondu que c'était à tort, qu'il n'y avait ici rien de mystérieux ni de secret. » Et puis, a-t-il
» ajouté, une certaine liberté, un certain
» abandon, ont bien aussi leur charme. »
Ces paroles, découlées négligemment de la bouche de Napoléon, peuvent servir à le peindre plus que beaucoup de pages.

Nous avons alors parcouru une publi-

cation anglaise, renfermant les pièces officielles trouvées dans le porte-feuille qui lui a été enlevé à Waterloo. L'Empereur, étonné lui-même de tous les ordres qu'il donnait presque à la fois, des détails sans nombre qu'il dirigeait sur tous les points de l'Empire, a dit : «Cette publication, après tout, ne sau-
»rait me faire du mal; elle fera dire à
»bien des gens, que ce qu'elle contient
»n'est pas d'un homme qui dormait; on
»me comparera aux légitimes, je n'y
»perdrai pas. »

Après le dîner, l'Empereur a causé long-temps de sujets rompus. En parlant de ses ambassadeurs, il a trouvé que M. *de Narbonne* était le seul qui eût bien mérité ce titre et rempli vraiment cette fonction. « Et cela, disait-il, par
»l'avantage personnel, non seulement
»de son esprit, mais bien plus encore
»par celui de ses mœurs d'autrefois, de
»ses manières, de son nom. Car, tant
»qu'on n'a qu'à prescrire, le premier
»venu suffit, tout est bon; peut-être
»même l'aide-de-camp est-il préférable;
»mais dès qu'on en est réduit à négo-
»cier, c'est autre chose; alors à la vieille
»aristocratie des cours de l'Europe; on

» ne doit plus présenter que des élémens
» de cette même aristocratie ; car elle
» aussi est une espèce de Maçonnerie :
» un Otto, un Andréossi entreront-ils
» dans les salons de Vienne? aussitôt les
» épanchemens de l'opinion se tairont,
» les habitudes de mœurs cesseront ; ce
» sont des intrus, des profanes ; les mys-
» tères doivent être interrompus. C'est
» le contraire pour un Narbonne, parce
» qu'il y a affinité, sympathie, identité ;
» et telle femme de la vieille roche livrera
» peut-être sa personne à un plébéien,
» qu'elle ne lui découvrira pas les se-
» crets de l'aristocratie. »

L'Empereur aimait beaucoup M. de Narbonne ; il s'y était fort attaché, disait-il, et le regretta vivement. Il ne l'avait fait son aide-de-camp que parce que Marie-Louise, ajoutait-il, par une intrigue de son entourage, l'avait refusé pour chevalier d'honneur ; poste qui était tout-à-fait son lot, disait Napoléon. « Jus-
» qu'à son ambassade, répétait-il, nous
» avions été dupes de l'Autriche. En moins
» de quinze jours M. de Narbonne eut
» tout pénétré, et M. de Metternich se
» trouva fort gêné de cette nomination.
» Toutefois, observait l'Empereur, ce

» que peut faire la fatalité ! les succès
» mêmes de M. de Narbonne m'ont perdu
» peut-être; ses talens m'ont été du moins
» bien plus nuisibles qu'utiles : l'Autri-
» che, se croyant devinée, jeta le masque
» et précipita ses mesures. Avec moins
» de pénétration de notre part, elle eût
» prolongé quelque temps encore ses
» indécisions naturelles; et durant ce
» temps, d'autres chances pouvaient s'é-
» lever. »

Quelqu'un ayant parlé des ambassades de Dresde et de Berlin, et penchant à blâmer nos agens diplomatiques dans ces Cours, lors de la crise du retour de Moscow, l'Empereur a répondu que le vice, à cet instant, n'avait point été dans les personnes, mais bien dans les choses; que chacun avait pu prévoir d'un coup-d'œil ce qui pouvait arriver; que lui n'en avait pas été la dupe d'une minute. Que s'il n'avait pas ramené l'armée lui-même à Wilna et en Allemagne, ce n'avait été que par la crainte de ne pouvoir regagner la France de sa personne. Il avait voulu remédier, disait-il, à ce péril imminent par de l'audace et de la rapidité, en traversant toute la Germanie, seul et vite. Toutefois, il s'était vu

à l'instant d'être retenu en Silésie : « Mais
» heureusement, disait-il, les Prussiens
» passèrent à se consulter le moment
» qu'ils eussent dû employer à agir. Ils
» firent comme les Saxons pour Char-
» les XII, qui disait gaîment à sa sortie
» de Dresde, dans une occasion sembla-
» ble : Vous verrez qu'ils délibèreront
» demain s'ils auraient bien fait de m'ar-
» rêter aujourd'hui, etc., etc. »

L'Empereur, avant dîner, m'a fait appeler dans son cabinet pour faire quelques thêmes anglais; il venait, me disait-il, de faire son compte de toilette; elle lui coûtait quatre napoléons par mois. Nous avons beaucoup ri de l'immensité du budget. Il m'a parlé de faire venir ses vêtemens, ses souliers, ses bottes, de ses ouvriers ordinaires, qui avaient ses mesures. J'y trouvais de graves inconvéniens; mais ce qui devait nous mettre d'accord, lui disais-je, c'est que bien certainement on ne le permettrait pas.

« Il est dur pourtant, observait-il, de
» me trouver sans argent, et je veux ré-
» gulariser quelque chose à cet égard.
» Aussi, dès que le bill qui doit fixer
» notre situation ici nous sera notifié, je

« m'arrangerai pour avoir un crédit annuel
» de sept à huit mille napoléons sur Eu-
» gène. Il ne saurait s'y refuser, il tient
» de moi plus de quarante millions peut-
» être ; et puis ce serait faire injure à ses
» sentimens personnels que d'en douter.
» D'ailleurs, nous avons de grands comp-
» tes à régler ensemble ; je suis sûr que
» si j'avais chargé une commission de mes
» Conseillers d'Etat d'un rapport à ce
» sujet, elle m'eût présenté une reprise
» sur lui de dix à douze millions au
» moins. »

A dîner, l'Empereur nous a ques-
tionnés sur ce qui était nécessaire,
disait-il, pour un garçon, dans une
capitale de l'Europe, ou pour un ménage raisonnable, ou enfin pour un
ménage de luxe.

Il aime ces questions et ces calculs,
et les traite avec une grande sagacité, et
des détails toujours curieux.

Chacun de nous a présenté ses bud-
jets, et l'on s'est accordé, pour Paris,
à quinze mille, quarante mille et cent
mille francs. L'Empereur s'est arrêté
sur l'extrême différence qu'il y avait
entre le prix des choses, et celui des

mêmes choses, suivant les personnes et les circonstances.

« En quittant l'armée d'Italie, a-t-il » dit, pour venir à Paris, Mme Bonaparte » avait écrit qu'on meublât, avec tout ce » qu'il y avait de mieux, une petite mai- » son que nous avions rue de la Victoire. » Cette maison ne valait pas plus de qua- » rante mille francs. Quelle fut ma sur- » prise, mon indignation et ma mauvaise » humeur, quand on me présenta le » compte des meubles du salon, qui ne » me semblaient rien de très-extraordi- » naire, et qui montaient pourtant à la » somme énorme de cent vingt à cent » trente mille francs. J'eus beau me dé- » fendre, crier, il fallut payer. L'entre- » preneur montrait la lettre qui deman- » dait tout ce qu'il y avait de mieux : or, » tout ce qui était là était de nouveaux » modèles faits exprès, il n'y avait pas de » juge de paix qui ne m'eût condamné. »

De là l'Empereur est passé aux prix fous demandés pour les ameublemens des palais impériaux, aux grandes éco- nomies qu'il y avait introduites. Il nous a donné le prix du trône, celui des or- nemens impériaux, etc., etc..... Quoi de plus curieux que de tenir de sa bouche ces détails, ces comptes, le mode de ses économies ! Combien je regrette de ne les avoir pas consignés dans le temps ! Mais veut-on connaître un de ses moyens de vérification : il revenait aux Tuileries, qu'on avait magnifiquement meublées en son absence ; on n'eut rien de plus pressé que de lui faire voir et admirer le tout : il s'en montre très-satisfait, et s'arrêtant à une embrasure de fenêtre, devant une fort riche tenture, il demande des ciseaux, coupe un superbe gland d'or en pendant, le met froidement dans sa poche et continue son inspection, au grand étonnement de ceux qui le suivaient, incertains et cherchant à deviner son motif.

A quelques jours de là, à son lever, le gland ressort de sa poche, et le remettant à celui qui était chargé des ameublemens : « Tenez, mon cher, lui
» dit-il, Dieu me garde de penser que
» vous me volez ; mais on vous vole ;
» vous avez payé ceci un tiers au-dessus
» de sa valeur : on vous a traité en inten-
» dant de Grand Seigneur, vous eussiez
» pu faire un meilleur marché si vous
» n'aviez pas été connu. »

C'est que Napoléon, dans une de ses promenades matinales, et déguisé, ce qui lui arrivait fréquemment, était entré dans plusieurs magasins de la rue St-Denis, avait fait évaluer ce qu'il avait emporté, proposé des entreprises analogues, et amené le résultat, disait-il, à sa plus simple expression. Chacun connaissait son faire à cet égard, et c'était là, disait-il encore, ses grands moyens d'économie domestique, qui, malgré une extrême magnificence d'ailleurs, était portée au dernier degré d'exactitude et de régularité. En dépit de ses immenses occupations, il revisait lui-même tous ses propres comptes; mais il avait sa manière : on les lui présentait toujours par spécialité; il s'arrêtait sur le premier article venu, le sucre par exemple, et trouvant des milliers de livres, il prenait une plume et demandait au comptable : « Combien de per-» sonnes dans ma maison, Monsieur? (et » il fallait pouvoir lui répondre sur-le-» champ) — Sire, tant. — A combien » de livres de sucre par jour les portez-» vous l'une dans l'autre ? — Sire, à » tant. » Il faisait aussitôt son calcul, et se montrait satisfait, ou s'écriait en lui

rejetant son papier : « Monsieur, je
» double votre propre estimation, et
» vous dépassez encore énormément ;
» votre compte est donc faux ? Recom-
» mencez tout cela, et montrez-moi plus
» d'exactitude. » Et il suffisait de ce seul
calcul, de cette seule algarade, observait-il, pour tenir chacun dans la plus
stricte régularité. Aussi, disait-il parfois
de son administration privée, comme
de son administration publique : « J'ai
» introduit un tel ordre, j'emploie de
» telles contre-épreuves, que je ne puis
» être volé de beaucoup. Si je le suis
» encore, je le laisse sur la conscience
» du coupable ; il n'en sera pas étouffé,
» cela ne saurait être lourd. »

Lundi 22 au Jeudi 25.

Le Gouverneur visite ma chambre. — Critique
du Mahomet de Voltaire. — Du Mahomet de
l'histoire. — Grétry.

Depuis plusieurs jours le temps a été
très-mauvais. L'Empereur a discontinué
ses promenades du matin ; son travail
est devenu plus régulier, il a dicté chaque jour sur l'époque des événemens
de 1814.

Sir Hudson Lowe est venu visiter l'établissement; il est entré chez moi et y est demeuré un quart d'heure. Il m'a dit être fâché de la manière dont nous nous trouvions; nos demeures étaient plutôt des bivouacs, convenait-il, que des chambres. Et il avait raison : le papier goudronné dont on s'était servi pour la couverture, cédait déjà à la chaleur du climat : quand il faisait du soleil, j'étouffais ; quand il pleuvait, j'étais inondé.

Il allait donner l'ordre d'y remédier autant que possible, disait-il, et a ajouté poliment, qu'il avait apporté avec lui quinze cents à deux mille volumes français ; que, dès qu'ils seraient en ordre, il se ferait un plaisir de les mettre à notre disposition, etc., etc....

Racine et Voltaire ont fait les frais de ces soirées : Phèdre, Athalie, qui nous étaient lues par l'Empereur, ont fait nos délices. Il ajoutait des observations et des commentaires qui leur donnaient un nouveau prix.

Mahomet a été l'objet de sa plus vive critique, dans le caractère et dans les moyens. Voltaire, disait l'Empereur, avait ici manqué à l'histoire et au cœur humain. Il prostituait le grand caractère de Mahomet par les intrigues les plus basses. Il faisait agir un grand homme qui avait changé la face du monde, comme le plus vil scélérat, digne au plus du gibet. Il ne travestissait pas moins inconvenablement le grand caractère d'Omar, dont il ne faisait qu'un coup-jarrets de mélodrame, et un vrai maque....

Voltaire pêchait ici surtout par la base, en attribuant à l'intrigue ce qui n'appartient qu'à l'opinion. » Les hommes » qui ont changé l'univers, observait » l'Empereur, n'y sont jamais parvenus » en gagnant des chefs; mais toujours en » remuant des masses. Le premier moyen » est du ressort de l'intrigue, et n'amène » que des résultats secondaires; le second » est la marche du génie, et change la » face du monde! »

De là, l'Empereur, passant à la vérité historique, doutait de tout ce qu'on attribuait à Mahomet. « Il en aura été sans » doute de lui comme de tous les chefs » des sectes, disait-il. Le Coran, ayant été » fait trente ans après lui, aura consacré » bien des mensonges. Alors l'empire du » Prophète, sa doctrine, sa mission, » étant déjà fondés, accomplis, on a pu,

» on a dû parler en conséquence. Néan-
» moins il reste encore à expliquer com-
» ment l'événement prodigieux dont
» nous sommes certains, la conquête du
» monde, a pu s'opérer en si peu de
» temps ; cinquante ou soixante ans ont
» suffi. Par qui a-t-elle été opérée ? par
» des peuplades du désert, peu nom-
» breuses, ignorantes, nous dit-on, mal
» aguerries, sans discipline, sans systè-
» me. Et pourtant elles agissaient contre
» le monde civilisé, riche de tant de
» moyens ! Ici le fanatisme ne saurait
» suffire ; car il lui a fallu le temps de se
» créer lui-même, et la carrière de Ma-
» homet n'a été que de treize ans.... »

L'Empereur pensait qu'indépendamment des circonstances fortuites qui
amènent parfois les prodiges, il fallait
encore qu'il y eût ici, en arrière, quelque chose que nous ignorons. Que
l'Europe avait sans doute succombé sous
les résultats de quelque cause première
qui nous demeurait cachée ; que peut-
être ces peuples, surgis tout-à-coup du
fond des déserts, avaient eu chez eux de
longues guerres civiles, parmi lesquelles
s'étaient formés de grands caractères,

de grands talens, des impulsions irrésistibles, ou quelque autre cause de cette nature, etc.

En somme, Napoléon, sur les affaires de l'Orient, s'éloignait beaucoup des croyances communes, tirées de nos livres habituels. Il avait, à cet égard, des idées tout à fait à lui, et pas bien arrêtées, disait-il ; et c'était son expédition d'Égypte qui avait amené ce résultat dans son esprit.

« Il est étonnant, pour revenir à Voltaire, disait-il, combien peu il supporte la lecture. Quand la pompe de la diction, les prestiges de la scène ne trompent plus l'analyse ni le vrai goût, alors il perd immédiatement mille pour cent. On ne croira qu'avec peine, continuait-il, qu'au moment de la Révolution, Voltaire eût détrôné Corneille et Racine : on s'était endormi sur les beautés de ceux-ci, et c'est au Premier Consul qu'est dû le réveil. »

Et l'Empereur disait vrai. Il est sûr que c'est en nous ramenant à la civilisation, qu'il nous a ramenés au bon goût. C'est lui qui fit reparaître alors tous nos chefs-d'œuvre nationaux dramatiques et lyriques, jusqu'aux pièces même proscrites par la politique : ainsi on revit Richard Cœur-de-Lion, qu'un tendre intérêt avait comme consacré aux Bourbons.

« Le pauvre Grétry m'en sollicitait
» depuis long-temps, nous disait un jour
» l'Empereur, et je hasardais en l'accor-
» dant une épreuve redoutable; on me
» prédisait de grands scandales. La re-
» présentation eut lieu néanmoins sans
» nul inconvénient; alors j'ordonnai de
» la répéter huit jours, quinze jours de
» suite, jusqu'à indigestion. Le charme
» rompu, Richard a continué d'être joué
» sans qu'on y songeât davantage, jus-
» qu'au moment où les Bourbons à leur
» tour l'ont proscrit, parce qu'un tendre
» intérêt le consacrait désormais à ma
» personne. »

Etrange vicissitude, qui s'est renouvelée encore, nous a-t-on dit, pour le drame du Prince Édouard ou du Prétendant en Ecosse. L'Empereur l'avait interdit à cause des Bourbons, et les Bourbons viennent de l'interdire à cause de l'Empereur.

Vendredi 26.

Ma visite à Plantation-House. — Insinuation. — Première méchanceté de sir H. Lowe. — Proclamations de Napoléon. — Sa politique en Egypte. — Aveu d'acte illégal.

J'ai été à Plantation-House faire ma visite. Lady Lowe m'a paru belle, aimable, un tant soit peu actrice. Sir Hudson Lowe l'a épousée peu de temps avant son départ d'Europe, et précisément, nous a-t-on dit, pour l'aider à faire les honneurs de la Colonie. J'ai compris que cette dame était veuve d'un des officiers de l'ancien régiment de sir Hudson Lowe, et sœur d'un colonel tué à Waterloo.

Le Gouverneur m'a témoigné une politesse et une bienveillance toutes particulières, qui m'ont frappé. Nous étions de connaissance depuis long-temps, sans que je m'en doutasse, m'a-t-il dit. Depuis long-temps l'*Atlas de M. Lesage*, continuait-il, avait charmé ses instans, sans qu'il pût imaginer certainement alors la circonstance qui lui ferait connaître son auteur. Il s'était procuré cet ouvrage en Sicile, où il l'avait fait venir de Naples en contrebande. Il ne tarissait pas sur les louanges données à l'Atlas ; il avait souvent lu la bataille d'Iéna avec le général Blucher, au quartier-général duquel il était commissaire de sa nation, dans la campagne de 1814 ; il avait toujours admiré les expressions libérales, l'esprit de modération et d'impartialité avec lesquels l'Angleterre, bien qu'ennemie, y était constamment traitée ; mais certains passages équivoques l'avaient grandement frappé dans le temps, observait-il ; c'étaient des passages d'opposition ou de censure envers celui qui nous gouvernait. Il les expliquait par ma qualité et mes doctrines d'ancien émigré ; et aujourd'hui cela lui semblait une singulière contradiction de me retrouver ici, auprès de cette personne.

Or nous venions d'apprendre que sir Hudson Lowe avait toujours été en Italie un chef de haute police, un agent actif d'espionnage et d'embauchage. Je n'ai pu me défendre, je l'avoue, de soupçonner, dans cette conversation, certaine insinuation. S'il en eût été ainsi, et l'Empereur n'en a pas douté, la chose était assez bien embarquée de sa part ; et si je me fusse moins respecté, je pouvais lui faire beau jeu, et le laisser aller fort loin ; mais je me suis contenté de répondre qu'il s'était tout à fait mépris sur l'application des passages équivoques, et qu'ils ne pouvaient s'adresser à Napoléon, puisqu'il me voyait auprès de lui.

J'ai trouvé chez moi au retour, deux ouvrages français que sir H. Lowe m'avait envoyés dès le matin, avec un billet dans lequel il exprimait son espoir qu'ils seraient agréables à l'Empereur. Le croirait-on ! le premier de ces ouvrages était l'Ambassade de Varsovie, par l'abbé de Pradt!....... *Première méchanceté de sir H. Lowe!* car c'était une nouveauté, il est vrai ; mais un véritable libelle, uniquement dirigé contre Napoléon.

Quant au second, au premier instant je l'ai cru un trésor ; j'ai pensé qu'il allait tout à fait nous tenir lieu des Moniteurs, et nous fournir tous les matériaux qui nous manquaient. C'était le Recueil des proclamations et de toutes les pièces officielles de Napoléon, comme *Général*, comme *Premier Consul*, comme *Empereur* : mais il était du libelliste Goldsmith, fort incomplet ; les plus beaux bulletins sont supprimés, etc. Toutefois, dans cet état d'imperfection, ce recueil demeure encore le plus beau monument qu'aucun homme ait jamais laissé sur la terre.

L'Empereur, après le dîner, s'est amusé à lire dans Goldsmith quelques-unes de ses proclamations à l'armée d'Italie. Elles réagissaient sur lui-même, il s'y complaisait, il en était ému. « Et » ils ont osé dire que je ne savais pas » écrire s'est-il écrié.... ! »

Il est ensuite passé aux proclamations d'Egypte, et a beaucoup plaisanté sur celle dans laquelle il se donnait comme inspiré et envoyé de Dieu. « C'était du » charlatanisme, convenait-il ; mais du » plus haut. D'ailleurs, tout cela n'était » que pour être traduit en beaux vers » arabes, et par un de leurs scheiks les » plus habiles. Mes Français, disait-il, ne » faisaient qu'en rire, et leurs disposi- » tions à cet égard étaient telles, en » Italie et en Egypte, que pour pouvoir » les ramener à entendre citer la religion, » j'étais obligé d'en parler fort légère- » ment moi-même, de placer les juifs à » côté des chrétiens, les rabbins à côté » des évêques. »

Du reste il était faux, comme on le disait dans Goldsmith, qu'il se fût jamais habillé en musulman; s'il était jamais entré dans une mosquée, cela avait toujours été, disait-il, comme vainqueur, jamais comme fidèle (je renvoie à cet égard aux campagnes d'Egypte); il donnait trop à la gravité, avait trop de respect de lui-même pour avoir jamais laissé échapper aucun signe équivoque à ce sujet.

« Et après tout, observait-il gaîment, » ce n'est pas qu'il eût été impossible » que les circonstances m'eussent amené » à embrasser l'islamisme; et, comme » disait cette bonne reine de France : » *Vous m'en direz tant !...* Mais ce n'eût » été qu'à bonne enseigne; il m'eût fallu » pour cela au moins jusqu'à l'Euphrate. » Le changement de religion, inexcu- » sable pour des intérêts privés, peut se » comprendre peut-être par l'immensité » de ses résultats politiques. Henri IV » avait bien dit: *Paris vaut bien une messe.* » Croit on que l'empire d'Orient, et peut- » être la sujétion de toute l'Asie, n'eus- » sent pas valu un turban et des panta- » lons; car c'est au vrai uniquement à » quoi cela se fût réduit. Les grands » scheiks s'étaient étudiés à nous faire » beau jeu, ils avaient aplani les grandes

» difficultés; ils permettaient le vin, et
» nous faisaient grâce de toute formalité
» corporelles; nous ne perdions donc
» que nos culottes et un chapeau. Je dis
» nous, car l'armée, disposée comme
» elle l'était, s'y fût prêtée indubitable-
» ment, et n'y eût vu que du rire et des
» plaisanteries. Cependant voyez les con-
» séquences! je prenais l'Europe à revers,
» la vieille civilisation européenne de-
» meurait cernée, et qui eût songé alors
» à inquiéter le cours des destinées de
» notre France, ni celui de la régénéra-
» tion du siècle!...

» Qui eût osé l'entreprendre! Qui eût
» pu y parvenir! etc. »

L'Empereur continuant de parcourir Goldsmith, est tombé par hasard sur l'acte des consuls qui cassait le commandant de Mantoue, pour la reddition de sa place. « C'était un acte illégal, tyran-
» nique, sans doute, a-t-il observé; mais
» ici c'était un mal nécessaire, c'était la
» faute des lois. Il était cent fois, mille
» fois coupable, et pourtant il est douteux
» que nous l'eussions fait condamner.
» Son acquittement eût produit le plus
» mauvais effet. Nous le frappâmes donc
» avec l'arme de l'opinion; mais, je le

» répète, c'est un acte tyrannique, un
» de ces coups de boutoir indispensa-
» blement nécessaires parfois, au milieu
» des grandes nations, et dans les grandes
» circonstances. »

Samedi 27.

Première insulte, première barbarie de sir H. Lowe. — Traits caractéristiques.

Le Gouverneur, sir Hudson Lowe, est venu sur les deux heures. Il a fait demander à l'Empereur son agrément pour qu'on fît comparaître tous ses domestiques devant lui. *Première insulte de sir Hudson Lowe.*

Il voulait probablement vérifier s'ils avaient fait leurs déclarations avec pleine et libre volonté. M. de Montholon, chargé du service de la maison, a répondu, au nom de l'Empereur, à sir Hudson Lowe, que Sa Majesté ne pouvait imaginer qu'on eût la prétention de mettre le doigt entre lui et son valet de chambre; que si on demandait sa permission, il la refusait; que si les instructions portaient cette mesure, on avait la force, on pouvait la remplir; que ce serait un outrage de plus, ajouté à ceux que le ministère anglais accumulait sur sa tête.

Je les ai joints à cet instant; il m'a été aisé de voir que les deux interlocuteurs étaient peu satisfaits l'un de l'autre. Après quelques momens de silence et de mécontentement apparent, le Gouverneur, s'adressant à moi, m'a dit qu'il semblait qu'autour de l'Empereur on ne cherchât qu'à créer des désagrémens et des embarras. Il m'a mis au courant; je lui ai observé qu'il était assez simple que l'Empereur, ayant une maison, qu'il n'avait pas demandée, il n'y voulût pas de son gré aucune interférence étrangère. Que si lui, Gouverneur, avait quelques doutes à éclaircir, relativement aux domestiques, il avait deux systèmes à suivre : des voies indirectes, inaperçues, qui ne blessent point, ou bien la force et l'autorité; qu'il possédait celles-ci, et que rien ne pouvait le gêner à cet égard : mais que la route qu'il prenait était fort éloignée de nos mœurs. Que l'Empereur, du reste, voulait se montrer l'homme le plus facile et le plus tranquille du monde, dans sa situation nouvelle; qu'il se retirait en lui-même, ne voulant, ne demandant rien; sentant, dévorant tout; que la fortune avait pu lui arracher la puissance;

mais que rien ne pouvait le dépouiller du respect de lui-même ; que la connaissance, la délicatesse de sa dignité étaient les seules choses qui lui restassent, dont il pût se dire le maître.

Toutefois les domestiques vinrent ; M. de Montholon et moi nous nous mîmes à l'écart, pour ne pas sanctionner une telle mesure par notre présence. Le Gouverneur leur parla et vint nous joindre ensuite, nous disant : « Je suis con-
» tent à présent, je puis mander à mon
» Gouvernement que tous ont signé de
» plein gré et de leur bonne volonté. »

Il lui restait pourtant de l'humeur sans doute ; car il se mit, assez hors de propos, à nous vanter la beauté du site, nous disant qu'après tout, nous n'étions pas si mal. Et comme nous observions que dans ce climat brûlant nous restions sans ombrage, sans un seul arbre. *On en plantera*, nous dit-il. Quel mot atroce ! *Première barbarie de sir Hudson Lowe !* et il nous a quittés.

Vers les cinq heures, l'Empereur est monté en voiture pour faire un tour de promenade. En sortant de chez lui, il nous a dit : « *Messieurs, un homme de*
» *moins, et j'étais le maître du monde !*

» Cet homme, le devinez-vous ? » Nous écoutions...... « Eh! bien, c'est l'abbé » de Pradt, a-t-il dit, l'aumônier du Dieu » Mars. » Nous nous sommes mis à rire.

« Je n'en impose pas, a-t-il continué, » c'est ainsi qu'il commence dans son » Ambassade de Varsovie, vous pouvez » le lire. C'est un bien méchant ouvrage » contre moi ; un vrai libelle, dans le- » quel il m'accable de torts, d'injures, » de calomnies. Mais soit que j'aie été » bien disposé, soit qu'il n'y ait, comme » on dit que la vérité qui blesse, il n'a » fait que me faire rire, il m'a vraiment » amusé. »

Au retour de la promenade l'Empereur est rentré chez lui et a travaillé avec l'un de ces Messieurs.

Deux de nous avaient parfois des différends. On ne le trouve ici que parce que j'y rencontre des traits caractéristiques de l'âme et du cœur de celui à qui nous nous étions consacrés ; et puis d'ailleurs les papiers du temps et le retour de l'un d'eux en Europe, à cause de cette circonstance, l'ont assez fait connaître.

Me rendant au salon pour y attendre le dîner, j'y ai trouvé l'Empereur qui s'exprimait avec la dernière chaleur sur ce sujet, qui le contrariait à l'excès ; cela a été fort long, très-vif, fort touchant.............

« Vous m'avez suivi pour m'être agréables, dites-vous? *Soyez frères !* autrement vous ne m'êtes qu'importuns !... Vous voulez me rendre heureux? *Soyez frères !* autrement vous ne m'êtes qu'un supplice !

» Vous parlez de vous battre, et cela sous mes yeux ! ne suis-je donc plus tout vos soins ; et l'œil de l'étranger n'est-il pas arrêté sur nous !.... Je veux qu'ici chacun soit animé de mon esprit.... je veux que chacun soit heureux autour de moi ; que chacun surtout y partage le peu de jouissances qui nous sont laissées. Il n'est pas jusqu'au petit Emmanuel que voilà que je ne prétende en avoir sa part complète...... »

Le dîner seul a terminé la mercuriale ; l'Empereur y a été silencieux. Au dessert il s'est fait apporter Voltaire, et a entamé la lecture de quelques-unes de ses pièces, qu'il a interrompue bientôt après. Nous nous en dégoûtons chaque jour davantage.

L'Empereur s'est retiré de très-bonne

heure, et bientot après m'a fait appeler dans sa chambre à coucher, où je suis demeuré assez tard. . . . .

Dimanche 28.

Abbé de Pradt. — Son ambassade à Varsovie. — Guerre de Russie. — Son origine.

L'Empereur est revenu sur M. l'abbé de Prad et son ouvrage; il le réduisait à la première et à la dernière page. « Dans
» la première, disait-il, il se donne pour
» le seul homme qui ait arrêté Napoléon
» dans sa course; dans la dernière, il
» laisse voir que l'Empereur, à son pas-
» sage, au retour de Moscow, le chassa
» de son ambassade, ce qui est vrai; et
» c'est ce que son amour-propre cherche
» à défigurer ou à venger : voilà tout
» l'ouvrage.

» Mais l'abbé, continuait-il, n'avait
» rempli à Varsovie aucun des buts qu'on
» se proposait; il avait, au contraire, fait
» beaucoup de mal. Les bruits contre
» lui étaient accourus en foule de toutes
» parts au-devant de moi. Les auditeurs
» de son ambassade, ces jeunes gens
» même avaient été choqués de sa tenue,
» et furent jusqu'à l'accuser d'intelli-
» gence avec l'ennemi, ce que je fus

» loin de croire. Mais il eut en effet avec
» moi une longue conversation qu'il déna-
» ture, comme de raison ; et c'est pendant
» même qu'il débitait complaisamment
» un long verbiage d'esprit, que je jugeais
» être autant d'inepsies et d'impertinen-
» ces, que je griffonnai sur le coin de la
» cheminée, sous les propres yeux de
» M. de Pradt, et tout en l'écoutant,
» l'ordre de le retirer de son ambassade
» et de l'envoyer au plus tôt en France*.
» Circonstance qui fit beaucoup rire
» alors, et que l'abbé semble tenir ex-
» trêmement à dissimuler. »

Du reste, je ne puis me refuser de transcrire ici ce qu'il dit, dans cet ouvrage, de la Cour de l'Empereur Napoléon à Dresde, parce que ces paroles font image, et donnent une juste idée de la nature des choses et des personnes en ce moment-là.

« O vous, y est-il dit, qui voulez vous
» faire une juste idée de la prépotence
» qu'a exercée en Europe l'Empereur
» Napoléon ! qui désirez mesurer les de-
» grés de frayeur au fond de laquelle
» étaient tombés presque tous les Sou-

---

* Voyez lettres du Cap.

» verains ! transportez-vous en esprit à
» Dresde, et venez-y contempler ce
» Prince superbe, au plus haut période
» de sa gloire, si voisin de sa dégradation !

» L'Empereur occupait les grands ap-
» partemens du château ; il y avait mené
» une partie nombreuse de sa maison ;
» il y tenait table, et à l'exception du
» premier dimanche, où le roi de Saxe
» donna un gala, ce fut toujours chez
» Napoléon que les Souverains et une
» partie de leurs familles se réunirent,
» d'après les invitations adressées par le
» Grand-Maréchal de son palais. Quel-
» ques particuliers y étaient admis. J'ai
» joui de cet honneur, le jour de ma no-
» mination à l'ambassade de Varsovie.

» Les levers de l'Empereur se tenaient,
» comme aux Tuileries, à neuf heures.
» C'est là qu'il fallait voir en quel nom-
» bre, avec quelle soumission craintive,
» une foule de princes, confondus avec
» les courtisans, souvent à peine aperçus
» par eux, attendaient le moment de
» comparaître devant le nouvel arbitre
» de leurs destinées. »

Ce morceau et quelques autres d'une
aussi grande vérité et d'une aussi belle
diction, sont étouffés sous une foule de

détails pleins de déguisement et de malice. Ce sont des faits dénaturés, dit l'Empereur, des conversations mutilées; et, s'arrêtant sur les détails de l'Impératrice d'Autriche, comblée d'adulations, et sur ceux de l'Empereur Alexandre, dont l'auteur vante les vertus aimables, les qualités brillantes au détriment et en opposition de lui, Napoléon, il a conclu : « Certes ce n'est » pas là un évêque français, c'est un » mage de l'Orient, adorateur du soleil » qui s'élève. » Et ici je vais supprimer encore, et par un sentiment de justice puisé dans ses derniers écrits, plusieurs autres articles et beaucoup de détails.

Toutefois à ses efforts pour prouver que nous avons été les injustes agresseurs dans la querelle de Russie, je vais opposer ce qui suit:

L'Empereur, parlant de cette guerre, disait : « Il n'est point de petits événe- » mens pour les nations et les souverains: » ce sont eux qui gouvernent leurs des- » tinées. Depuis quelque temps, il s'é- » tait élevé de la mésintelligence entre » la France et la Russie.

» La France reprochait à la Russie la » violation du système continental.

» La Russie exigeait une indemnité
» pour le duc d'Oldembourg, et élevait
» d'autres prétentions.

» Des rassemblemens russes s'appro-
» chaient du duché de Varsovie; une
» armée française se formait au nord de
» l'Allemagne. Cependant on était en-
» core loin d'être décidé à la guerre,
» lorsque tout à coup une nouvelle ar-
» mée russe se met en marche vers le
» duché, et une note insolente est pré-
» sentée à Paris, comme *ultimatum*, par
» l'ambassadeur russe, qui, au défaut de
» son acceptation, menace de quitter
» Paris sous huit jours.

» Je crus alors la guerre déclarée.
» Depuis long-temps je n'étais plus ac-
» coutumé à un pareil ton. Je n'étais pas
» dans l'habitude de me laisser prévenir;
» je pouvais marcher à la Russie à la tête
» du reste de l'Europe; l'entreprise était
» populaire, la cause était européenne;
» c'était le dernier effort qui restait à faire
» à la France; ses destinées, celles du
» nouveau système européen, étaient au
» bout de la lutte. La Russie était la der-
» nière ressource de l'Angleterre; la paix
» du globe était en Russie, et le succès
» ne devait point être douteux. Je partis;

» toutefois, arrivé à la frontière, moi à
» qui la Russie avait déclaré la guerre
» en retirant son ambassadeur, je crus
» devoir envoyer le mien (Lauriston) à
» l'Empereur Alexandre, à Wilna; il fut
» refusé et la guerre commença.

» Cependant, qui le croirait! Alexan-
» dre et moi nous étions tous les deux,
» continuait l'Empereur, dans l'attitude
» de deux bravaches, qui, sans avoir
» envie de se battre, cherchent à s'ef-
» frayer mutuellement. Volontiers, je
» n'eusse pas fait la guerre; j'étais en-
» touré, encombré de circonstances in-
» opportunes, et tout ce que j'ai appris
» depuis, m'assure qu'Alexandre en avait
» bien moins envie encore.

» M. de Romanzof, qui avait conservé
» des relations à Paris, et qui plus tard,
» au moment des échecs éprouvés par les
» Russes, fut fort maltraité par Alexan-
» dre pour la résolution qu'il lui avait
» fait prendre, l'avait assuré que le mo-
» ment était venu où Napoléon, embar-
» rassé, ferait des sacrifices pour éviter
» la guerre; que l'occasion était favora-
» ble, qu'il fallait la saisir; qu'il ne s'a-
» gissait que de se montrer et de parler
» ferme; qu'on aurait les indemnités du

» duc d'Oldembourg; qu'on acquerrait
» Dantzik, et que la Russie se créerait
» une immense considération en Europe.

» Telle était la clef du mouvement des
» troupes russes, et de la note insolente
» du prince Kourakin, qui, sans doute,
» n'était pas dans le secret, et qui avait
» eu le tort, par son peu d'esprit, d'exé-
» cuter ses instructions trop à la lettre.
» La même présomption, le même sys-
» tème amena encore le refus de rece-
» voir Lauriston à Wilna; et voici, disait
» Napoléon, les vices et le malheur de
» ma diplomatie nouvelle : elle demeu-
» rait isolée, sans affinité, sans contact
» au milieu des objets qu'il s'agissait de
» manier. Si j'avais eu un ministre des
» relations extérieures de la vieille aris-
» tocratie, un homme supérieur, il eût
» pu, il eût dû dans la conversation
» deviner cette nuance, et nous n'eus-
» sions pas eu la guerre. Talleyrand en
» eût été capable peut-être, mais ce fut
» au-dessus de la nouvelle école. Pour
» moi, je ne pouvais pourtant deviner
» tout seul; la dignité m'interdisait les
» éclaircissemens personnels; je ne pou-
» vais juger que sur les pièces, et j'avais
» beau les tourner, les retourner, arri-

» à un certain point, elles demeuraient
» muettes, et ne pouvaient répondre à
» toutes mes attaques.

» A peine eus-je ouvert la campagne,
» que le masque tomba; les vrais senti-
» mens de l'ennemi durent se montrer.
» Au bout de trois ou quatre jours,
» frappé de nos premiers succès, Alexan-
» dre me dépêcha quelqu'un pour me
» dire que si je voulais évacuer le terri-
» toire envahi, revenir au Niémen, il
» allait traiter. Mais à mon tour je pris
» cela pour une ruse; j'étais enflé du
» succès, j'avais pris l'armée russe en
» flagrant délit; tout était culbuté et en
» désordre; j'avais coupé Bagration; je
» devais espérer de le détruire; je crus
» donc qu'on ne voulait que gagner du
» temps pour le sauver et se rallier. Nul
» doute que si j'avais été convaincu de
» la bonne foi d'Alexandre, je n'eusse
» accédé à sa demande. Je serais re-
» venu au Niémen, il n'eût pas passé la
» Dwina; Wilna eût été neutralisé; nous
» nous y serions rendus, chacun avec
» deux ou trois bataillons de notre garde;
» nous eussions traité en personne. Que
» de combinaisons j'eusse introduites!...

» Il n'eût eu qu'à choisir!.... Nous nous
» serions séparés bons amis....

» Et malgré les événemens qui ont
» suivi et le laissent triomphant, est-il
» bien prouvé que ce parti eût été moins
» avantageux pour lui que ce qui est ar-
» rivé depuis? Il est venu à Paris, il est
» vrai, mais avec toute l'Europe. Il a
» acquis la Pologne; mais quelles seront
» les suites de l'ébranlement donné à
» tout le système européen, de l'agita-
» tion donnée à tous les peuples, de l'ac-
» croissement de l'influence européenne
» sur le reste de la Russie, par l'agglo-
» mération des acquisitions nouvelles,
» par les courses lointaines des soldats
» russes, par l'influence des hommes et
» des lumières hétérogènes qui viennent
» s'y réfugier de toutes parts! etc., etc.
» Les souverains russes se contente-
» ront-ils de consolider ce qu'ils ont ac-
» quis? Mais si l'ambition les saisit au
» contraire, à quelle entreprise, à quelle
» extravagance ne peuvent-ils pas se
» livrer! et pourtant ils ont perdu Mos-
» cow, ses richesses, ses ressources,
» celles d'un grand nombre d'autres
» villes! Ce sont autant de plaies qui

» saigneront plus de cinquante ans. Et
» pourtant que n'aurions-nous pas pu
» fixer à Wilna pour le bien-être de tous,
» pour celui des peuples aussi bien que
» pour celui des rois!!!... »

Dans un autre moment, l'Empereur disait : « J'ai pu partager l'empire turc
» avec la Russie; il en a été plus d'une
» fois question entre nous. Constanti-
» nople l'a toujours sauvé. Cette capi-
» tale était le grand embarras, la vraie
» pierre d'achoppement. La Russie le
» voulait; je ne devais pas l'accorder:
» c'est une clef trop précieuse; elle vaut
» à elle seule un Empire : celui qui la
» possédera peut gouverner le monde. »

Et comme l'Empereur se résumant en est revenu à dire : « Qu'a donc gagné
» Alexandre qu'il n'eût obtenu à Wilna à
» bien meilleur compte? » Il est échappé à quelqu'un de dire : « Sire, d'avoir
» vaincu et d'être demeuré triomphant.
» — Ce pourra être là pensée du vulgaire,
» s'est écrié l'Empereur; ce ne saurait
» être celle d'un roi. Un roi, s'il gou-
» verne par lui-même, ou ses conseils,
» s'il en est incapable, ne doit point,
» dans une aussi grande entreprise, avoir

» pour but la victoire ; mais bien ses
» résultats. Et puis ne s'arrêterait-on
» même qu'à cette considération vul-
» gaire, je maintiens que le but encore
» serait manqué, car ici la palme des
» suffrages doit demeurer au vaincu.

» Qui pourrait mettre en parallèle mes
» succès d'Allemagne avec ceux des alliés
» en France ? Les gens éclairés, réfléchis,
» l'histoire, ne le feront point.

» Les alliés sont venus traînant toute
» l'Europe contre presque rien du tout.
» Ils présentaient six cents mille hommes
» en ligne, ils avaient une réserve égale.
» S'ils étaient battus, ils ne couraient
» aucun risque ; ils se repliaient. Moi,
» au contraire, en Allemagne, à cinq
» cents lieues au loin, j'étais à peine à
» force égale ; je demeurais entouré de
» puissances et de peuples retenus seu-
» lement par la crainte ; à chaque instant,
» au premier échec, ils pouvaient se dé-
» clarer. Je triomphais au milieu des
» périls toujours renaissans ; il me fallait
» sans cesse autant d'adresse que de force.

» Qu'il me fallut un étrange caractère
» dans toutes ces entreprises, un étrange
» coup d'œil, une étrange confiance dans

» mes combinaisons, désapprouvées par
» tous ceux peut-être qui m'environ-
» naient !

» Quels actes les alliés opposeront-ils
» à de tels actes ? Si je n'eusse vaincu à
» Austerlitz, j'allais avoir toute la Prusse
» sur les bras. Si je n'eusse triomphé à
» Iéna, l'Autriche et l'Espagne se décla-
» raient sur mes derrières. Si je n'eusse
» battu à Wagram, qui ne fut pas une
» victoire aussi décisive, j'avais à crain-
» dre que la Russie ne m'abandonnât,
» que la Prusse ne se soulevât, et les
» Anglais étaient déjà devant Anvers.

» Toutefois quelles ont été mes condi-
» tions après la victoire ?

» A Austerlitz, j'ai laissé la liberté à
» Alexandre, que je pouvais faire mon
» prisonnier*.

» Après Iéna, j'ai laissé le trône à la

---

* Depuis mon retour en Europe, on m'a assuré qu'il existait deux billets au crayon, de l'empereur Alexandre, sollicitant anxieusement qu'on le laissât passer. Si cela était vrai, quelle vicissitude de fortune ! Le vainqueur magnanime aurait péri dans les fers, au loin de l'Europe, privé de sa famille ; et précisément au nom du vaincu qu'il avait si généreusement écouté !!!

» maison de Prusse, que j'en avais abattue.

» Après Wagram, j'ai négligé de mor-
» celer la monarchie autrichienne.

» Attribuera-t-on tout cela à de la
» simple magnanimité? Les gens forts et
» profonds auraient le droit de m'en blâ-
» mer. Aussi, sans repousser ce senti-
» ment, qui ne m'est pas étranger, aspi-
» rais-je à de plus hautes pensées encore.
» Je voulais préparer la fusion des grands
» intérêts européens, ainsi que j'avais
» opéré celle des partis au milieu de
» nous. J'ambitionnais d'arbitrer un jour
» la grande cause des peuples et des rois;
» il me fallait donc me créer des titres
» auprès des rois, me rendre populaire
» au milieu d'eux. Il est vrai que ce ne
» pouvait être sans perdre auprès des
» peuples, je le sentais bien; mais j'étais
» tout puissant et peu timide; je m'in-
» quiétais peu des murmures passagers
» des peuples, bien sûr que le résultat
» devait me les ramener infailliblement.

» Cependant, continuait l'Empereur,
» je fis une grande faute après Wagram,
» celle de ne pas abattre l'Autriche da-
» vantage. Elle demeurait trop forte pour
» notre sûreté : c'est elle qui nous a per-
» dus. Le lendemain de la bataille, j'au-

» rais dû faire connaître, par une procla-
» mation, que je ne traiterais avec l'Au-
» triche, que sous la séparation préalable
» des trois couronnes d'Autriche, de
» Hongrie et de Bohême. Et, le croira-
» t-on ! un prince de la maison d'Autriche
» m'a fait insinuer plusieurs fois de lui
» en faire passer une, ou même de le
» mettre sur le trône de sa maison, allé-
» gant que ce ne serait qu'alors que cette
» puissance marcherait de bonne foi avec
» moi. Il offrait de me donner en espèce
» d'otage,... ...., en outre
» de toutes les garanties imaginables. »

L'Empereur disait s'en être même occupé. Il avait balancé quelque temps avant son mariage avec Marie-Louise; mais depuis, continuait-il, il en eût été incapable. Il se sentait des sentimens trop bourgeois sur l'article des alliances, disait-il : « L'Autriche était devenue ma
» famille; et pourtant ce mariage m'a
» perdu, observait-il. Si je ne m'étais
» pas cru tranquille et même appuyé sur
» ce point, j'aurais retardé de trois ans
» la résurrection de la Pologne, j'aurais
» attendu que l'Espagne fût soumise et
» pacifiée. J'ai posé le pied sur un abîme
» recouvert de fleurs ? etc., etc.... »

Lundi 29.

L'Empereur souffrant. — Premier jour de complette réclusion. — Ambassadeurs Persan et Turc. — Anecdotes.

Sur les cinq heures, le Grand-Maréchal m'a fait une petite visite dans ma chambre; il n'avait pu voir l'Empereur, qui était resté enfermé toute la journée, étant souffrant et n'ayant voulu voir personne. Sur la fin du jour, je suis allé me promener dans les allées que l'Empereur parcourt d'ordinaire vers ce temps; j'étais triste de m'y trouver seul. Nous avons dîné sans lui.

Sur les neuf heures, au moment où je calculais que la journée se serait écoulée sans que je le visse, il m'a fait demander; je lui ai témoigné de l'inquiétude. Il m'a dit qu'il était bien, « qu'il ne » souffrait pas, qu'il lui avait pris fan- » taisie de demeurer seul; qu'il avait lu » toute la journée, et qu'elle lui avait » paru courte et d'un calme parfait. »

Cependant il avait l'air triste, ennuyé. Dans son désœuvrement il a pris mon Atlas, qui s'est ouvert à la mappe-monde; il s'est arrêté sur la Perse. « Je l'avais » bien judicieusement ajustée, a-t-il dit;

» quel heureux point d'appui pour mon
» levier, soit que je voulusse inquiéter
» la Russie, ou déborder sur les Indes.
» J'avais commencé des rapports avec ce
» pays, et j'espérais les amener jusqu'à
» l'intimité, aussi bien qu'avec la Tur-
» quie. Il était à croire que ces animaux
» eussent assez compris leurs intérêts
» pour cela; mais ils m'ont échappé l'un
» et l'autre au moment décisif: l'or des
» Anglais a été plus fort que mes com-
» binaisons! Quelques ministres infidèles
» auront, pour quelques guinées, livré
» l'existence de leur pays; résultat ordi-
» naire sous des monarques de sérail ou
» des rois fainéans. »

De là l'Empereur, laissant la haute politique, est passé à des anecdotes de sérail, puis aux Persans de Montesquieu et à ses lettres, qu'il disait pleines d'esprit, d'observations fines, et surtout la satire sanglante du temps. Il s'est ensuite arrêté sur les ambassadeurs turc et persan qui ont demeuré à Paris sous son règne; il me demandait quelle impression ils avaient produite dans la capitale; s'ils y faisaient des visites, s'ils recevaient du monde, etc., etc.

Je répondais qu'un moment ils avaient

occupé la capitale, et fort long-temps fait le spectacle de la Cour, le Persan surtout. À son arrivée, il recevait volontiers, et comme il distribuait facilement des essences et allait même jusqu'aux schalls, il y eut fureur parmi les femmes; mais le grand nombre le força bientôt de borner sa libéralité, et dès-lors, et le moment de la vogue passé, il ne fut plus question de lui. J'ajoutais à l'Empereur, qu'à la Cour, et quand Sa Majesté n'y était pas, nous nous étions permis parfois, très-inconsidérément sans doute, quelques espiègleries à leur égard. Un jour entre autres, à un concert de l'Impératrice Joséphine, *Askerkan*, avec sa longue barbe peinte, s'ennuyant sans doute de cette musique, s'endormit debout adossé à la muraille, ses pieds un tant soit peu en avant, appuyés à un fauteuil que retenait le coin de la cheminée; on trouva gai de le lui soutirer doucement, de sorte qu'il manqua glisser tout de son long, et ne se retint qu'en faisant un bruit effroyable. C'était celui des deux qui entendait le mieux la plaisanterie; cependant cette fois il se fâcha violemment; et comme nous ne nous comprenions que des yeux et du geste, la scène était des plus plaisantes. Le soir l'Impératrice, qui se fit expliquer la cause du bruit qu'elle avait entendu, en rit beaucoup, et gronda bien davantage. «C'était très-mal assurément, » observait l'Empereur; mais aussi que » diable venait-il faire là ? — Sire, il ve- » nait faire sa cour, ainsi que son camarade » le Turc; ils espéraient que Votre Majesté » le saurait, bien qu'elle fût peut-être » alors à cinq cents lieues. » J'ajoutais que nous leur avions vu faire des actes de courtisannerie bien plus forts encore, quoiqu'il ne s'en fût peut-être pas aperçu davantage. « Nous les avons vus, lui di- » sais-je, après les grandes audiences » diplomatiques du dimanche, suivre » Votre Majesté à la messe, et partager » les travées de la chapelle avec des Car- » dinaux de la sainte église romaine. — » Quelle monstruosité pour eux! s'écriait » l'Empereur. Quel renversement de tous » leurs principes et de toutes leurs cou- » tumes! Que de choses extraordinaires » j'ai fait faire! et pourtant rien de tout » cela n'était commandé, pas même » aperçu ! »

La conversation continuant sur les

deux Orientaux, je racontais qu'on m'avait dit que l'archi-chancelier Cambacérès leur avait un jour donné un grand dîner à tous deux ensemble.

Quoique des mêmes contrées et de la même religion, ils montraient pourtant deux nuances fort différentes : le Turc, disciple d'Omar, était le janséniste ; le Persan, sectateur d'Aly, était le jésuite. On disait plaisamment qu'à ce repas ils s'observaient l'un et l'autre à l'égard du vin, comme deux évêques auraient pu le faire pour le gras du vendredi.

Le Turc, atrabilaire et ignorant, fut déclaré n'être qu'une grosse bête. Le Persan, littérateur et fort causant, passa pour avoir beaucoup d'esprit. On observa qu'il prenait tous ses mets à pleines mains, n'employant que ses doigts pour manger, et il s'en serait peu fallu qu'il n'eût servi ses voisins de la sorte. Un de nos usages le frappa, c'était de nous voir manger du pain avec tous nos mets : il ne concevait pas que nous nous crussions obligés, disait-il, de manger constamment de la même chose avec toute. choses.

Je dois avoir déjà dit que rien n'amuse

et ne distrait plus complétement l'Empereur, que le récit des mœurs et des histoires de nos salons.

L'émigration, le faubourg Saint-Germain, étaient des sujets sur lesquels il revenait avec moi le plus volontiers, dès que nous étions ensemble; et il expliquait cela, me disant une fois : « J'étais » au fait des miens; mais j'ai toujours » ignoré ceux-là. » C'était d'ailleurs en lui, observait-il, le penchant naturel de savoir ce qui se passait chez le voisin, le commérage des petites villes. « Ce » n'est pas, ajoutait-il, qu'on ne m'en » parlât beaucoup au temps de ma puis- » sance; mais si l'on m'en disait du bien, » je me tenais aussi-tôt en garde; je crai- » gnais les insinuations; et si l'on m'en » parlait mal, je me défiais de la délation, » et j'avais à me défendre du mépris. Ici, » mon cher, aucun de ces inconvéniens; » vous et moi nous sommes déjà de l'au- » tre monde, nous causons aux Champs » Elysées : vous êtes sans intérêts, et » moi sans défiance. »

J'étais donc heureux quand l'occasion de raconter se présentait, et je la saisissais avec empressement. Du reste, l'Empereur me devinait à cet égard, et m'en tenait compte; car à la fin d'une de mes histoires, me pinçant l'oreille, il me dit d'un son de voix qui me ravissait : « J'ai » trouvé dans votre atlas qu'un Roi du » Nord ayant été muré dans un cachot, » un soldat avait demandé et obtenu de » s'y enfermer avec lui pour le désen- » nuyer, soit en le faisant parler, soit en » lui racontant : mon cher, vous voilà ce » soltat. » Je lui racontai donc en ce moment la mystification qu'on avait placée sur le compte de M. de Marbois ; elle était neuve pour l'Empereur.

Un jour Asker-kan, disait-on, qui était malade, et ennuyé de sa médecine persanne, ordonna qu'on fût chercher M. *Bourdois*, un des fameux médecins de Paris; on se trompa, et l'on fut chez M. de *Marbois*, ex-ministre du trésor, et alors président de la Cour des comptes. « Son Excellence l'ambassadeur de Perse, » lui dit-on, est fort malade et désire » avoir une entrevue avec vous. » M. de Marbois ne voit pas d'abord quels rapports il peut avoir avec l'ambassadeur de Perse. Toutefois c'était l'envoyé d'un grand prince, et il n'est rien dont la vanité ne s'accommode. Il s'y rend avec pompe; et il faut convenir que son costume n'était guère propre à détromper Asker-kan, qui, dès qu'il l'aperçoit lui tire la langue, lui tend le bras et lui présente le pouls. Ces gestes étonnent M. de Marbois; mais ce pouvait être un usage de l'Orient. Il accepte la main et la lui serre, quand quatre estafiers entrent avec solennité, et vont placer sous le nez de monsieur l'ex-ministre un vase des moins équivoques, pour sa meilleure information sur l'état du malade. A cette vue significative, le grave M. de Marbois se fâche tout rouge, et veut savoir ce qu'on a prétendu. Tout s'explique, c'est M. Bourdois qu'on a voulu avoir, la seule consonnance des noms a fait toute l'erreur; mais voilà pourtant M. de Marbois la risée de toute la capitale, et de long-temps il ne pourra se présenter nulle part, sans réveiller aussitôt en tous lieux une bruyante gaîté.

« Les salons de Paris sont terribles » avec leurs quolibets, observait alors » l'Empereur; et cela parce qu'il faut » convenir que la plupart sont pleins de » sel et d'esprit. Avec eux on est toujours » battu en brèche, et il est bien rare » qu'on n'y succombe pas. — Il est sûr, » disais-je, que nous ne respectons rien,

»que nous nous attaquions même aux
»dieux. Rien ne nous était sacré, et
»V. M. suppose bien qu'elle-même et
»l'Impératrice n'étaient pas épargnées.
»—Ah! je le crois bien, répondait l'Em-
»pereur; mais n'importe, racontez tou-
»jours.—Eh bien, Sire, on disait qu'un
»jour V. M. fort mécontente à la lec-
»ture d'une dépêche de Vienne, avait
»dit à l'Impératrice, dans sa colère et
»sa mauvaise humeur : *Votre père est*
»*une ganache.* Marie-Louise, qui igno-
»rait beaucoup de termes français,
»s'adressant au premier courtisan qui
»lui tomba sous la main : —L'Empereur
»me dit que mon père est une ganache;
»que veut dire cela? A cette interpella-
»tion inattendue, le courtisan, dans son
»embarras, balbutia que cela voulait
»dire un homme sage, de poids, de
»bon conseil. A quelques jours de là, et
»la mémoire encore toute fraîche de sa
»nouvelle acquisition, l'Impératrice pré-
»sidant le Conseil d'Etat, et voyant la
»discussion plus animée qu'elle ne vou-
»lait, interpella, pour y mettre fin,
»M. Cambacérès, qui, à ses côtés, bâil-
»lait tant soit peu aux corneilles.—C'est
»à vous à nous mettre d'accord dans

» cette occasion importante, lui dit-elle;
» vous serez notre oracle; car je vous
» tiens pour la première, la meilleure
» *ganache* de l'Empire. » A ces paroles de
mon récit, l'Empereur riait à s'en tenir
les côtés. « Ah quel dommage, disait-il,
» que cela ne soit véritable ! Voyez-vous
» bien l'ensemble du tableau : l'empe-
» sure compromise de Cambacérès, l'hi-
» larité de tout le Conseil, et l'embarras
» de la pauvre Marie-Louise, épouvantée
» de tout son succès *. »

---

* En relisant pour la nouvelle impression, on m'a suggéré de supprimer ces deux dernières mauvaises plaisanteries, comme devant être peu agréables à ceux qu'elles concernent. Certes, si une pareille idée m'eût été présentée avant leur impression première, et qu'il me fût resté les moindres doutes, je me serais empressé de les mettre de côté; mais les supprimer aujourd'hui qu'elles ont déjà été publiées, ce serait leur reconnaître précisément une importance qu'elles n'ont point, et ce serait tout à la fois, une véritable injure et à ceux qu'elles ne sauraient blesser, et à la masse des lecteurs qu'on semblerait croire hors d'état de les apprécier à leur juste valeur. Le temps n'est plus en France, où l'on perdait les personnes les plus distinguées par de simples plaisanteries; une telle frivolité a disparu d'au milieu de nous; on peut bien rire encore de

La conversation avait duré long-temps ainsi, et peut-être y avait-il déjà plus de deux heures que j'étais avec l'Empereur; je m'étais évertué à babiller tant et plus pour le distraire, et j'avais réussi. L'Empereur s'était ranimé; il avait ri : quand il me renvoya il était beaucoup mieux, et moi je partais heureux.

Mardi 30.

Deuxième jour de réclusion. — L'Empereur reçoit le Gouverneur dans sa chambre. — Conversation caractéristique.

Je devais aller dîner avec mon fils à Briars, chez notre hôte, à notre ancienne demeure. Sur les trois heures et demie, je suis allé prendre les ordres de l'Em-

---

contes faits à plaisir, quand ils sont gais; mais ils ne sauraient altérer aucunement ni le caractère honorable, ni le souvenir des grands services, ni la considération méritée de ceux qui en sont l'objet; et c'est ce que j'éprouvais en les répétant sans malice à quelqu'un qui lui-même ne pensait pas qu'il pût en être autrement.

Du reste, il doit être bien entendu que ma présente observation doit s'appliquer à toutes les circonstances de même nature, qui pourraient se trouver dans ce recueil.

pereur; il était comme hier, et n'avait pas le projet de sortir davantage.

Un instant avant d'arriver à Hut's gate, chez Mme Bertrand, j'ai rencontré le Gouverneur qui allait à Longwood. Il m'a demandé comment se portait l'Empereur. Je lui ai dit que j'en étais inquiet; qu'il n'avait reçu aucun de nous hier; qu'il m'avait dit ce matin être bien; mais qu'à son visage j'eusse préféré qu'il m'eût dit être incommodé.

Vers les huit heures et demie, nous nous sommes mis en route pour revenir à Longwood; il faisait très-obscur. Le temps s'est mis à une pluie battante, aussi vive, aussi mordante que la grêle; nous avons fait la course la plus désagréable, la plus pénible, la plus dangereuse; à chaque instant à la veille de nous précipiter dans les abîmes, parce que nous galoppions au hasard sans rien voir. Nous sommes arrivés transpercés.

L'Empereur avait donné l'ordre de m'introduire chez lui à mon retour. Il était bien; mais il n'était pas sorti plus que la veille, et n'avait pas reçu davantage. Il m'attendait, a-t-il dit, et avait beaucoup de choses à me raconter.

Ayant appris que le Gouverneur était

venu, il l'avait admis dans sa chambre, bien que n'étant pas habillé, et se trouvant obligé de garder son canapé. Il avait parcouru, vis-à-vis de lui, dans le calme le plus parfait, disait-il, tous les points qui pouvaient se présenter naturellement à l'esprit. Il a parlé de protester contre le traité du deux août, où les monarques alliés le déclarent proscrit et prisonnier. Il demandait quel était le droit de ces souverains de disposer de lui sans sa participation, lui qui était leur égal, et avait été parfois leur maître!

S'il avait voulu se retirer en Russie, disait-il, Alexandre, qui s'était dit son ami, qui n'avait eu avec lui que des querelles politiques, s'il ne l'eût pas maintenu Roi, l'eût du moins traité comme tel. Le Gouverneur n'en disconvenait pas.

S'il eût voulu, continuait-il, se réfugier en Autriche, l'Empereur François, sous peine de flétrissure et d'immoralité, ne pouvait lui interdire, non-seulement son empire, mais même sa maison, sa famille, dont lui, Napoléon, était membre. Le Gouverneur en convenait encore.

« Enfin, si comptant mes intérêts per-

» sonnels pour quelque chose, lui avait-
» il dit, je me fusse obstiné à les défendre
» en France les armes à la main, nul
» doute que les alliés ne m'eussent ac-
» cordé par traité une foule d'avantages,
» peut-être même du territoire. » Le
Gouverneur, qui était demeuré long-
temps sur les lieux, est convenu positivement qu'il eût obtenu sans peine quelque grand établissement souverain. —
« Je ne l'ai pas voulu, avait poursuivi
» l'Empereur, je me suis décidé à quitter
» les affaires, indigné de voir les meneurs
» de la France la trahir, ou se méprendre
» grossièrement sur ses plus chers inté-
» rêts ; indigné de voir que la masse des
» représentans pouvait, plutôt que de
» périr, transiger avec cette indépen-
» dance sacrée, qui, non moins que
» l'honneur, est aussi *une île escarpée et*
» *sans bords*. Dans cet état de choses, à
» quoi me suis-je décidé ? quel parti ai-
» je pris ? J'ai été chercher un asile dans
» un pays auquel on croyait des lois, chez
» un peuple dont pendant vingt ans j'a-
» vais été le plus grand ennemi. Vous
» autres, qu'avez-vous fait ?... Vos actes
» ne vous honoreront pas dans l'histoire !
» Et toutefois il est une providence ven-

» géresse ; tôt ou tard vous en porterez
» la peine ! Un long temps ne s'écoulera
» pas que votre prospérité, vos lois n'ex-
» pient cet attentat !... Vos ministres,
» par leurs instructions, ont assez prouvé
» qu'ils voulaient se défaire de moi ! Pour-
» quoi les Rois qui m'ont proscrit, n'ont-
» ils pas osé ordonner ouvertement ma
» mort ! L'un eût été aussi légal que l'au-
» tre ! Une fin prompte eût montré plus
» d'énergie de leur part, que la mort
» lente à laquelle on me condamne. Les
» Calabrois ont été bien plus humains,
» plus généreux que les souverains ou
» vos ministres ! Je ne me donnerai pas
» la mort ; je pense que ce serait une
» lâcheté : il est noble et courageux de
» surmonter l'infortune ! chacun ici bas
» est tenu à remplir son destin ! mais si
» l'on compte me tenir ici, vous me la
» devez comme un bienfait ; car ma de-
» meure ici est une mort de chaque jour !
» L'île est trop petite pour moi, qui cha-
» que jour faisais dix, quinze, vingt lieues
» à cheval ; le climat n'est pas le nôtre,
» ce n'est ni notre soleil ni nos saisons.
» Tout ici respire un ennui mortel ! la
» position est désagréable, insalubre ; il
» n'y a point d'eau ; ce coin de l'île est

désert, il a repoussé ses habitans! »

« Le Gouverneur ayant alors observé que ses instructions ordonnaient ces limites resserrées, qu'elles commandaient même qu'un officier le suivrait en tout temps. — « Si elles eussent été observées ainsi, je ne serais jamais sorti de ma chambre; et si les vôtres ne peuvent point accorder plus d'étendue, vous ne pouvez désormais rien pour nous. Du reste, je ne demande ni ne veux rien. Transmettez mes sentimens à votre Gouvernement. »

Il est échappé au Gouverneur de dire : Voilà ce que c'est que de donner des instructions de si loin, et sur une personne que l'on ne connaît pas. Il s'est rejeté sur ce qu'à l'arrivée de la maison ou du palais de bois qui est en route, on pourrait prendre peut-être de meilleures mesures ; que le vaisseau qui arrivait portait un grand nombre de meubles, des comestibles qu'on supposait lui être agréables ; que le Gouvernement faisait tous ses efforts pour adoucir sa situation.

L'Empereur a répondu que tous ces efforts se réduisaient à bien peu de choses ; qu'il avait prié qu'on l'abonnât au Morning Chronicle et au Statesman pour lire *la question* sous les expressions les moins désagréables ; on n'en avait rien fait ; il avait demandé des livres, sa seule consolation, neuf mois étaient écoulés, il ne les avait point reçus ; il avait demandé des nouvelles de son fils, de sa femme, on était demeuré sans répondre.

« Quant aux comestibles, aux meu-
» bles, au logement, avait-il continué,
» vous et moi sommes soldats, Monsieur;
» nous apprécions ces choses ce qu'elles
» valent. Vous avez été dans ma ville na-
» tale, dans ma maison peut-être ; sans
» être la dernière de l'île, sans que j'aie
» à en rougir, vous avez vu toutefois le
» peu qu'elle était. Eh bien ! pour avoir
» possédé un trône et distribué des cou-
» ronnes, je n'ai point oublié ma condi-
» tion première : mon canapé, mon lit
» de campagne, que voilà, me suffisent. »

Le Gouverneur a observé que ce palais de bois et tout ce qui l'accompagne, était du moins une attention.

« Pour vous satisfaire peut-être aux
» yeux de l'Europe, a repris l'Empereur;
» mais à moi, ils sont tout à fait indiffé-
» rens et étrangers. Ce n'est point une
» maison, ce ne sont point des meubles
» qu'il fallait m'envoyer; mais bien plutôt

» un bourreau et un linceul ! Les uns
» me semblent une ironie, les autres me
» seraient une faveur. Je le répète, les
» instructions de vos ministres y condui-
» sent, et moi je le réclame. L'Amiral,
» qui n'est point un méchant homme,
» me semble à présent les avoir adoucies ;
» je ne me plains point de ses actes, ses
» formes seules m'ont choqué. » Ici le
Gouverneur a demandé si, dans son
ignorance, il n'avait pas lui-même commis quelques fautes. « Non, Monsieur,
» nous ne nous plaignons de rien depuis
» votre arrivée. Toutefois un acte nous a
» blessés : c'est votre inspection de nos
» domestiques, en ce qu'elle était inju-
» rieuse à M. de Montholon, dont c'était
» suspecter la bonne foi; petite, pénible,
» offensante envers moi, et peut-être
» aussi envers un général anglais lui-
» même, qui venait mettre le doigt entre
» moi et mon valet de chambre. »

Le Gouverneur était assis dans un fauteuil en travers de l'Empereur, demeuré
étendu sur son canapé. Il faisait sombre,
le soir était venu, on ne se distinguait
plus bien. « Aussi, observait l'Empereur,
» est-ce inutilement que j'ai cherché à
» étudier le jeu de sa figure et à connaître

» l'impression que je pouvais causer en
» ce moment. »

Dans le cours de la conversation, l'Empereur, qui avait lu le matin la campagne de 1814, par Alphonse de Beauchamp, dans laquelle tous les bulletins anglais sont signés *Lowe*, a demandé au Gouverneur si c'était lui. Celui-ci s'est hâté de répondre et avec un embarras marqué, qu'ils étaient de lui, et que cela avait été sa manière de voir.

En se retirant, sir Hudson Lowe, qui dans le cours de la conversation, avait plusieurs fois offert à l'Empereur son médecin, qu'il disait très-habile, lui a réitéré de la porte la prière de trouver bon qu'il le lui envoyât; mais l'Empereur le devinait et l'a constamment refusé.

Après ce récit, l'Empereur a gardé le silence quelques minutes, puis il a repris, comme par suite de réflexion :
« Quelle ignoble et sinistre figure que
» celle de ce Gouverneur! Dans ma vie
» je ne rencontrai jamais rien de pareil!
» C'est à ne pas boire sa tasse de café,
» si on avait laissé un tel homme un ins-
» tant seul auprès!... Mon cher, on pour-
» rait m'avoir envoyé pis qu'un geôlier! »

FRAGMENS
DE LA CAMPAGNE D'ITALIE.

Nous allons placer ici trois autres chapitres des campagnes d'Italie.

Le premier montre une campagne de vingt-six jours, pleine des plus grands événemens, et couronnée par la *Bataille de Castiglione*, dont il porte le titre.

Le second et le troisième, sous les titres d'*Arcole* et de *Rivoli*, sont une suite de nouveaux prodiges.

BATAILLE DE CASTIGLIONE,

Depuis l'invasion de Wurmser, le 29 juillet 1796, jusqu'au reblocus de Mantoue, le 24 août suivant, espace de vingt-six jours. (*Voyez la Carte.*)

I. *Le maréchal Wurmser quitte le commandement de l'armée d'Allemagne, et prend le commandement de l'armée autrichienne en Italie.* — L'armée d'Italie avait ouvert la campagne au mois d'avril. On était en juin, et les armées du Nord, du Rhin et de Sambre-et-Meuse étaient encore inactives. Ces grandes et belles armées, de plus de deux cent mille hommes, faisant les principales forces de la République, tenaient tranquillement garnison en Hollande, sur Meuse et Rhin, et dans l'Alsace.

Lorsqu'on apprit l'arrivée des Français sur l'Adige et le blocus de Mantoue, la Cour d'Autriche renonça à l'offensive qu'elle avait projetée en Alsace et sur le Bas-Rhin, et ordonna au méréchal Wurmser, qui avait été destiné à cette opération, de *revenir* en toute hâte diriger les affaires d'Italie, et d'y amener trente mille hommes de ses meilleures troupes, qui, jointes aux renforts envoyés de toute la monarchie, devaient lui composer une armée de *près* de cent mille hommes.

L'armée française d'Italie avait rempli sa tâche en détruisant l'armée qui lui était opposée. Si les armées du Nord en eussent fait autant, la grande lutte eût été terminée.

Cependant le bruit des préparatifs de la maison d'Autriche retentissait dans toute l'Italie. Toutes les nouvelles confidentielles des agens diplomatiques, toutes les lettres des ennemis de la France étaient pleines de détails sur l'immensité des moyens qu'on allait déployer, sur la certitude que *l'empereur d'Allemagne*, avant la fin d'août, serait maître de Milan, et aurait chassé les Français de l'Italie.

II. *Situation de l'armée d'Italie.* Dès la fin de juin *le général français* suivait attentivement tous ces préparatifs, et en concevait de vives alarmes. Il faisait sentir au Directoire qu'il était impossible que trente mille Français pussent soutenir seuls l'effort de toute la puissance autrichienne. Il demandait qu'on lui envoyât des renforts des armées du Rhin; ou bien que ces mêmes armées entrassent en campagne *sans délai.* Il rappelait la promesse positive qu'on lui avait donnée, à son départ de Paris, qu'elles commenceraient à opérer le quinze avril; il se plaignait que deux mois se fussent écoulés sans qu'elles eussent bougé.

Wurmser quitta le Rhin, avec ses renforts, vers le commencement de juin; et vers la fin du même mois, les armées du Rhin, et de Sambre-et-Meuse ouvrirent enfin la campagne. Mais alors leur diversion n'était plus utile à l'armée d'Italie : Wurmser y était déjà arrivé.

Le général français réunit toutes ses forces sur l'Adige, et sur la Chiesa; il ne laissa personne dans les Légations, ni en Toscane, si ce n'est un bataillon de dépôt dans la citadelle de Ferrare et deux à Livourne. Il affaiblit, autant que possible, les garnisons de Coni, Tortone et Alexandrie ; il rassembla sous sa main tous les moyens disponibles de l'armée. Le siége de Mantoue commençait à donner des malades; et quelque soin que l'on eût porté à mettre le moins de monde possible devant cette place malsaine, nos pertes ne laissaient pas que d'être considérables.

Le général en chef ne put réunir *en ligne* que trente mille hommes présens sous les armes. C'est avec *cette armée* qu'il allait avoir à lutter contre la principale armée de la maison d'Autriche.

La correspondance des divers pays de l'Italie étant très-active avec le Tyrol, où se réunissaient toutes ces forces ennemies, on pouvait s'apercevoir chaque jour de l'influence funeste de ces grands préparatifs sur les esprits. Les partisans des Français tremblaient; ceux de l'Autriche, au contraire, étaient fiers et menaçans. Mais tous s'étonnaient qu'une puissance comme la France, laissât une armée qui avait si bien mérité d'elle, sans secours et sans appui. Ces observations pénétraient jusqu'aux soldats mêmes, par leur habituelle communication avec les habitans du pays.

A la fin de juillet, le général Soret avait son quartier-général à Salo : il était chargé de couvrir le débouché de la Chiesa, où passe une grande route qui communique de Trente à Brescia. Masséna était à Bussolengo, faisant occuper la Corona et Montebaldo par la brigade Joubert, et campait, avec le reste de sa division, sur le plateau de Rivoli. La brigade de Dallemagne était postée à Vérone; la division d'Augereau occupait Porto-Legnago et le Bas-Adige. Le général Guillaume commandait à Peschiera, où six galères, sous les ordres du capitaine de vaisseau Lallemand, assuraient le lac de Guarda. Enfin Serrurier pressait le siége de Mantoue. Kilmaine commandait la cavalerie de l'armée.

III. *Plan de campagne de Wurmser.* — Wurmser pouvait passer la Brenta, déboucher par Vicence et Padoue, sur l'Adige. Par-là il évitait les montagnes; mais il se trouvait séparé de Mantoue par l'Adige, et obligé de la passer de vive force devant l'armée française; ou bien il pouvait déboucher entre l'Adige et le lac de Guarda; s'emparer de Montebaldo, du plateau de Rivoli, faire venir son artillerie et ses bagages par la chaussée qui suit la rive gauche de l'Adige. Son armée se trouvait alors avoir franchi les montagnes et l'Adige, et n'avoir plus d'obstacle pour arriver jusqu'à Mantoue. Mais son artillerie et sa cavalerie ne pouvaient se joindre à son infanterie qu'après la prise du plateau de Rivoli. Il pouvait donc se trouver attaqué, et obligé de livrer *une bataille décisive*, avant d'être joint par son artillerie et sa cavalerie.

Cependant il ne tint pas compte de cet inconvénient, et adopta ce dernier parti. *Wurmser*, instruit de la prise du camp retranché de Mantoue et des dangers de la place, précipita son mouvement de huit à dix jours. Il divisait son armée en trois corps: le premier et le plus considérable, formant son centre, déboucha par Montebaldo et s'empara de tout le pays entre l'Adige et le lac de Guarda; il était composé de quatre divisions formant quarante mille hommes.

Le second, formant sa gauche, composé d'une division d'infanterie de dix à douze mille hommes avec toute l'artillerie, la cavalerie et les bagages, suivit la chaussée qui de Roveredo conduit à Vérone, le long de la rive gauche de l'Adige, et devait se réunir à l'armée en passant l'Adige, soit au plateau de Rivoli, soit sur les ponts à Vérone. Le troisième, formant sa droite, fort de trois divisions, composant trente à trente-cinq mille hommes, se dirigea sur la rive gauche du lac de Guarda, suivit le débouché de la Chiesa, en côtoyant le lac d'Idro; par cette marche, ce corps avait tourné le Mincio, coupait une des grandes routes de l'armée française à Milan, et tournait tout le siége de Mantoue. Ce plan était, de la part de l'ennemi, le résultat d'une extrême confiance dans ses forces et dans ses succès. Il comptait tellement sur notre défaite, qu'il s'occupait déjà de nous couper toute retraite. Ainsi Wurmser, en perspective, cernait d'avance l'armée française; la croyant enchaînée à la nécessité de défendre le siége de Mantoue, il pensait que cerner ce point fixe, c'était cerner l'armée française, qu'il en regardait comme inséparable.

IV. *Wurmser débouche par Montebaldo, par la chaussée de Roveredo à Vérone, et par celle de la Chiesa, vingt-neuf juillet.* — A la fin de juillet, le quartier-général de l'armée française fut transporté à Brescia. Le vingt-huit, à dix heures du soir, le général français partit de Brescia pour visiter ses avant-postes. Arrivé le vingt-neuf à la pointe du jour à Peschiera, il y apprit que la Corona et Montebaldo étaient attaqués par des forces considérables. Il arriva à huit heures du matin à Vérone. A deux après midi, les troupes légères de l'ennemi se montrèrent sur le sommet des montagnes qui séparent Vérone du Tyrol, et s'engagèrent avec nos troupes. Le général en chef rétrograda toute la soirée, et porta le quartier-général à Castelnovo, entre l'Adige et le Mincio. Il était là plus à portée de recevoir les rapports de toute la ligne.

Dans le courant de la nuit, il apprit que Joubert, attaqué à la Corona par toute une armée, avait résisté tout le jour; mais qu'il venait de se replier sur le plateau de Rivoli, que Masséna occupait en grande force; que des lignes nombreuses de feu couvraient toutes les montagnes entre le lac de Guarda et l'Adige ; que sur les hauteurs de Vérone, les feux indiquaient qu'à la fin du jour les troupes ennemies s'y étaient augmentées ; que du côté de Montebello, Vicence, Bassano, Lignano, il n'y avait ni mouvemens, ni ennemis ; mais que du côté de Brescia, trois divisions ennemies avaient débouché par la vallée de la Chiesa. Une couvrait les hauteurs de Saint-Osetto, semblant se diriger sur Brescia ; l'autre avait pris position à Gavardo, et paraissait se porter sur Ponte-St-Marco et Lonato ; la troisième avait pris sur Salo, où l'on se battait déjà.

Un peu plus tard, il fut instruit que la division *ennemie* de Saint-Osetto avait déjà envoyé son avant-garde à Brescia, où elle n'avait trouvé aucune résistance, puisqu'on n'y avait laissé que trois cents convalescens pour la garde des hôpitaux. Ainsi la communication de l'armée avec Milan, par Brescia, se trouvant interceptée, on ne pouvait plus correspondre avec cette ville que par Crémone.

Des coureurs ennemis se faisaient déjà voir sur toutes les routes qui de Brescia vont sur Milan, Crémone et Mantoue, annonçant partout qu'une armée de quatre-vingt mille hommes avait débouché par Brescia, en même temps qu'une autre de cent mille débouchait par Vérone.

Il apprit aussi que la division ennemie, dirigée sur Salo, en était venue aux mains avec Soret, et que celui-ci, ayant eu connaissance des deux autres divisions qui se portaient sur Brescia et sur Lonato, avait craint de se trouver coupé et de Brescia et de l'armée, et avait jugé à propos de se replier sur les hauteurs de Dezenzano, afin de conserver ses communications; qu'il avait laissé le général Guieux à Salo, avec quinze cents hommes dans un antique château, espèce de forteresse à l'abri d'un coup de main; que la division ennemie de Gavardo avait envoyé quelques coureurs sur Ponte-Saint-Marco; mais qu'ils y *avaient été* contenus par une compagnie de chasseurs qui s'y trouvait.

V. *Grande et prompte résolution que prend le général français. Combat de Salo. Combat de Lonato, trente et un juillet.* — Dès ce moment le plan d'attaque de Wurmser se trouvait dévoilé. Seule contre toutes ces forces, l'armée française ne pouvait rien : on n'était pas un contre trois. Mais seul contre chacun des corps ennemis, il y avait égalité.

Le général français prit son parti sur-le-champ. L'ennemi avait pris l'initiative, qu'il espérait conserver ; le général français résolut de déconcerter ses projets, en prenant lui-même cette initiative. Wurmser supposait l'armée française fixée à la position de Mantoue. Napoléon décida aussitôt de la rendre mobile, en levant le siége de cette place, sacrifiant son équipage de siége, et se portant rapidement, avec toutes les forces réunies de l'armée, sur un des corps de l'armée ennemie, pour revenir successivement contre les autres corps. La droite de l'armée autrichienne, qui avait débouché par la chaussée de la Chiesa et Brescia, étant la plus engagée, il marcha d'abord sur elle.

Serrurier *brûla ses affûts et ses plates-formes, jeta* ses poudres à l'eau, enterra ses projectiles, encloua ses pièces, et leva le siége de *Mantoue* dans la nuit du trente et un juillet au premier août.

Augereau se porta de *Legnago* sur le Mincio à Borghetto. Masséna défendit, toute la journée du trente, les hauteurs entre l'Adige et le lac de Guarda. Dallemagne se dirigea sur Lonato.

Le général en chef se rendit sur les hauteurs, en arrière de Dezenzano. Il fit remarcher Soret sur Salo, pour dégager le général Guieux, qui se trouvait compromis dans la mauvaise position où il l'avait laissé. Cependant ce général s'était battu quarante-huit heures, contre toute une division ennemie; cinq fois on lui avait livré l'assaut, et cinq fois il avait couvert les avenues de cadavres. Soret arriva au moment même où l'ennemi tentait un dernier effort : il tomba sur ses flancs, le défit entièrement, lui prit des drapeaux, et dégagea Guieux.

Dans le même moment, la division autrichienne de Gavardo s'était portée sur Lonato, pour prendre *position sur les hauteurs*, et tâcher d'opérer sa jonction avec Wurmser sur le Mincio. Le général en chef mena lui-même la brigade de Dallemagne contre cette division. *Cette brigade* fit des prodiges de valeur; la 32ᵉ en faisait partie. L'ennemi fut battu, mis en déroute et éprouva une grande perte.

Ces deux divisions ennemies, battues par Soret et Dallemagne, *se rallièrent* à Gavardo. Soret craignit *de se compromettre,* et revint prendre une position intermédiaire entre Salo et Dezenzano.

Pendant ce temps, Wurmser avait fait passer sur les ponts de Vérone, son artillerie et sa cavalerie. Maître de tout le pays entre l'Adige et le lac de Guarda, il plaçait une de ses divisions sur les hauteurs de Peschiera, pour masquer cette place et garder ses communications. Il en dirigeait deux autres, avec une partie de sa cavalerie, sur Borghetto, pour s'emparer du pont sur le Mincio, et déboucher sur la Chiesa, afin de se mettre en communication avec sa droite. Enfin, avec ses deux dernières divisions d'infanterie et le reste de sa cavalerie, il marchait sur Mantoue, pour faire lever le siége de cette place.

Depuis vingt-quatre heures, les troupes françaises avaient tout évacué *de devant Mantoue: Wurmser* y trouva les tranchées et les batteries encore entières, les pièces renversées et enclouées, et partout des débris d'affûts, de plates-formes et de munitions de toute espèce. La précipitation qui semblait avoir présidé à ces mesures, dut le réjouir agréablement ; tout ce qu'il voyait autour de lui semblait bien plus le résultat de l'épouvante, que les suites d'un plan calculé.

Masséna, après avoir contenu l'ennemi toute la journée du trente, passa, dans la nuit, le Mincio à Peschiera, et continua sur Brescia. La division autrichienne qui *se présenta devant* Peschiera, trouva la rive droite du Mincio garnie de tirailleurs fournis *par la garnison et par* une arrière-garde laissée par Masséna, laquelle avait ordre de *disputer le passage du Mincio*, et lorsqu'il serait forcé, de se concentrer sur Lonato.

En se dirigeant sur Brescia, Augereau avait passé le Mincio à Borghetto. Il avait coupé le pont et laissé aussi une arrière-garde pour border la rivière, avec ordre de se concentrer à Castiglione *lorsqu'elle serait forcée.*

Toute la nuit du trente et un juillet au premier août, *le général en chef* marcha avec *les divisions* Augereau et Masséna sur Brescia, où on arriva à dix heures du matin. La division ennemie de Brescia, instruite que toute l'armée française débouchait sur elle par toutes les routes, n'eut garde d'attendre, et se retira en toute hâte. Les Autrichiens en entrant dans Brescia y avaient trouvé tous nos malades et nos convalescens ; mais ils y restèrent si peu, et furent contraints d'en sortir si précipitamment, qu'ils n'eurent pas le temps de reconnaître leurs prisonniers, ni d'en disposer.

Le général Despinois et l'adjudant-général Herbin, chacun avec quelques bataillons, furent mis à la poursuite des ennemis sur Saint-Osetto et *les débouchés de la Chiesa*.

Les deux divisions Augereau et Masséna *retournèrent*, par une contre-marche rapide, du côté du Mincio, d'où elles étaient parties, *pour soutenir leur arrière-garde*.

VI. *Bataille de Lonato, trois août.* — Le deux août, Augereau, formant la droite, occupait Montechiaro ; Masséna, formant le centre, était campé à Ponte-Marco, se liant avec Soret, qui, formant la gauche, occupait une hauteur entre Salo et Dezenzano, faisant face en arrière pour contenir toute la droite de l'ennemi.

Cependant les arrières-gardes qu'Augereau et Masséna avaient laissées sur le

Mincio, s'étaient retirées devant les divisions ennemies, qui avaient passé cette rivière. Celle d'Augereau, qui avait ordre de se réunir à Castiglione, quitta ce poste avant le temps, et revint en désordre joindre son corps.

Napoléon, mécontent du général Valette, qui la commandait, le destitua devant les troupes, pour n'avoir pas montré plus de fermeté dans cette occasion. Quant au général Pigeon, chargé de l'arrière-garde de Masséna, il vint en bon ordre sur Lonato, qui lui avait été indiqué, et s'y établit.

L'ennemi, profitant de la faute du général Valette, s'empara de Castiglione, le deux même, et s'y retrancha.

Le trois, eut lieu la bataille de Lonato : elle fut donnée par les deux divisions de Wurmser, venues de Borghetto, et par une des brigades de la division demeurée sur Peschiera, ce qui, avec la cavalerie, pouvait composer trente mille hommes. Les Français en avaient vingt à vingt-trois mille; aussi le succès ne fut pas douteux. Wurmser, avec les deux divisions d'infanterie et la cavalerie qu'il avait conduite à Mantoue, ne put s'y trouver.

A l'aube du jour, l'ennemi se porta sur Lonato, qu'il attaqua vivement : c'est par là qu'il prétendait faire sa jonction avec sa droite, sur laquelle, du reste, il commençait à concevoir des inquiétudes. L'avant-garde de Masséna fut culbutée; l'ennemi prit Lonato. Le général en chef, qui était à Ponte-Marco, marcha lui-même pour reprendre Lonato. Le général autrichien, s'étant trop étendu, toujours dans l'intention de gagner sur la droite, afin d'ouvrir ses communications avec Salo, fut enfoncé, Lonato repris au pas de charge, et la ligne ennemie coupée. Une partie se replia sur le Mincio, l'autre se jeta sur Salo; mais elle rencontra le général Soret en front, et avait le général Saint-Hilaire en queue.

Tournée de tout côté, elle fut obligée de mettre bas les armes. Si nous fûmes attaqués au centre, ce fut nous qui attaquâmes à la droite. Au jour, Augereau aborda l'ennemi, qui couvrait Castiglione, et l'enfonça, après un combat opiniâtre, où la valeur des troupes suppléa au nombre. L'ennemi éprouva beaucoup de mal, perdit Castiglione, et se retira sur Mantoue, d'où lui arrivèrent les premiers renforts; mais seulement quand la journée était déjà finie. Nous perdîmes beaucoup de braves dans cette affaire opiniâtre; l'armée regretta particulièrement le général Beyrand et le colonel Pourailles, officiers très-distingués.

VII. *Reddition des trois divisions de droite de l'ennemi, et d'une partie de son centre.* — Les trois divisions de droite de l'armée ennemie eurent nouvelle, dans la nuit, de la bataille de Lonato ; elles en entendaient le canon : leur découragement devint extrême. Leur jonction avec le corps principal de l'armée, devenait impossible. Elles avaient vu d'ailleurs sur elles *plusieurs divisions* françaises, et les croyaient toujours manœuvrant contre elles. *L'armée française* leur semblait innombrable, ils la voyaient partout.

Wurmser avait, de Mantoue, dirigé une partie de ses troupes vers Marcaria, pour poursuivre Serrurier. Il lui fallut perdre du temps pour faire revenir ces troupes sur *Castiglione*. Le quatre, il ne se trouvait pas en mesure. Il employa toute la journée à rassembler ses corps, à réorganiser ce qui avait combattu à

Lonato, et à réapprovisionner son artillerie.

Quand le général français, sur les deux ou trois heures après-midi, vint observer sa ligne de bataille, il la trouva formidable; elle présentait encore quarante mille combattans. Il ordonna qu'on se retranchât à Castiglione, et partit lui-même pour Lonato, afin de veiller en personne au mouvement de ses troupes, qu'il devenait de la plus haute importance de rassembler, dans la nuit, autour de Castiglione. Toute la journée, Soret et Herbin d'un côté, Dallemagne et St.-Hilaire de l'autre, avaient marché à la suite des trois divisions ennemies de la droite, *et de celles coupées du centre à la journée de Lonato*, les avaient poursuivies sans relâche, faisant des prisonniers à chaque pas. Des bataillons entiers avaient posé les armes à Saint-Osetto, d'autres à Gavardo, d'autres enfin erraient incertains dans les vallées voisines.

Quatre ou cinq mille de ceux-ci sont instruits par des paysans qu'il n'y avait que douze cents Français dans Lonato; ils y marchent dans l'espoir de s'ouvrir un chemin vers le Mincio. Il était quatre heures après-midi; Napoléon y entrait de son côté, venant de Castiglione. On lui annonce un parlementaire; il apprend en même-temps qu'on prend les armes, que des colonnes ennemies débouchent par Ponte-Saint-Marco, qu'elles veulent entrer dans Lonato, et font sommer cette ville de se rendre.

Cependant nous étions toujours maîtres de Salo et de Gavardo; dès-lors il devenait évident que ce ne pouvait être que des colonnes perdues, qui cherchaient à se frayer un passage. Napoléon fait monter à cheval son nombreux état-major : il se fait amener l'officier parlementaire, et lui fait débander les yeux au milieu de tout le mouvement d'un grand quartier-général. « Allez dire à » votre général, lui dit-il, que je lui » donne huit minutes pour poser les » armes. Il se trouve au milieu de l'armée » française; passé ce temps il n'aurait rien » à espérer. »

Harassés depuis trois jours, errans, incertains, ne sachant plus que devenir, persuadés qu'ils avaient été trompés par les paysans, ces quatre ou cinq mille hommes posèrent les armes. Ce seul trait peut donner une idée du désordre et de la confusion de ces divisions autrichiennes, qui, battues à Salo, à Lonato, à Gavardo, poursuivies dans toutes les directions, étaient désormais à peu près fondues. Tout le reste du quatre et la nuit entière se passèrent à rallier la totalité des colonnes et à les concentrer sur Castiglione.

VIII. *Bataille de Castiglione, cinq août.* —Le cinq; avant le jour, *l'armée française toute réunie*, forte de vingt-cinq mille hommes y compris la division Serrurier, *occupa les hauteurs de Castiglione*, excellente position. Le général Serrurier avec la division du siége de Mantoue, avait reçu l'ordre de marcher toute la nuit, et de tomber au jour sur les derrières de la gauche de Wurmser : son attaque devait être le signal de la bataille. On attendait un grand succès moral de cette attaque inopinée; et, pour la rendre plus sensible, *l'armée française feignit* de reculer.

Aussitôt qu'on entendit les premiers coups du corps de Serrurier, qui, étant malade, avait été remplacé par le *général* Fiorella, on marcha vivement à l'ennemi, et l'on tomba sur des gens déjà ébranlés dans leur confiance, *et n'ayant plus* leur première ardeur. Un mamelon, au milieu de la plaine, formait un fort appui pour la gauche ennemie. L'adjudant-général Verdier fut chargé de l'attaquer; l'aide-de-camp *du général en chef*, Marmont, s'y dirigea avec vingt pièces d'artillerie : le poste fut enlevé. Masséna attaqua la droite, Augereau le centre, Fiorella prit la gauche à revers; partout on fut victorieux, l'ennemi fut mis dans une déroute complette; l'excessive fatigue des troupes françaises put seule sauver les débris de Wurmser : ils fuirent en désordre au-delà du Mincio, où Wurmser espérait se maintenir : il y eût trouvé l'avantage de rester en communication avec Mantoue. Mais la division Augereau se dirigea sur Borghetto, celle de Masséna sur Peschiera.

Le général Guillaume, commandant de cette dernière place, qui y avait été laissé avec quatre cents hommes seulement, en avait muré les portes pour s'y mieux défendre. Il eût fallu quarante-huit heures pour les désencombrer. Les soldats durent sauter par-dessus les remparts pour aller à l'ennemi. Les troupes autrichiennes qui bloquaient Peschiera, étaient fraîches. Elles soutinrent long-temps le combat contre la 18e de ligne,

Elles furent enfin enfoncées, perdirent dix-huit pièces de canon, et beaucoup de prisonniers.

Le général en chef marcha avec la division Serrurier sur Vérone. Il y arriva le sept dans la nuit; Wurmser en avait fait fermer les portes, voulant gagner la nuit pour faire filer ses bagages; mais on les enfonça à coups de canons et l'on pénétra dans la ville. Les Autrichiens y perdirent beaucoup de monde. La division Augereau éprouvant des difficultés à opérer son passage à Borghetto, revint passer à Peschiera.

Perdant l'espérance de conserver la ligne du Mincio, Wurmser essaya de conserver les positions importantes du Montebaldo et de la Roca d'Anfo. Le général Saint-Hilaire marcha sur la Roca d'Anfo, attaqua l'ennemi dans la vallée de Loudon, et lui fit beaucoup de prisonniers. On s'empara de Riva, et Wurmser fut obligé de brûler sa flotille. Masséna marcha sur le Montebaldo, et reprit la Corona. Augereau remonta la rive gauche de l'Adige, en suivant les crêtes des montagnes, et arriva jusqu'à la hauteur d'Ala. L'ennemi éprouva des pertes considérables dans les tentatives dont il accompagna sa retraite. Ses troupes n'avaient plus de moral.

Après la perte de deux batailles comme celles de Lonato et de Castiglione, Wurmser aurait dû comprendre qu'il ne pouvait plus disputer ce qu'il convenait aux Français d'occuper, pour s'assurer de la ligne de l'Adige. Il se retira à Roveredo et à Trente. L'armée française avait elle-même besoin de repos. Les forces de Wurmser, après ses défaites, étaient encore égales aux nôtres; mais avec cette différence, que désormais un bataillon de l'armée d'Italie en mettait quatre des ennemis en fuite, et que partout on ramassait du canon, des prisonniers et des objets militaires.

Wurmser avait ravitaillé la garnison de Mantoue, il est vrai; mais il ne ramenait pas en ce moment, de toute sa belle armée, y compris sa cavalerie, plus de quarante à quarante-cinq mille hommes. Du reste, rien ne saurait être comparable au découragement et à la démoralisation de cette belle armée, après ses revers, si ce n'est l'extrême confiance dont elle était animée au commencement de la campagne.

Le plan de Wurmser, qui pouvait réussir dans d'autres circonstances, ou contre un autre homme que son adversaire, devait pourtant avoir l'issue funeste qu'il a eu ; et, bien qu'au premier coup d'œil la défaite de cette grande et belle armée, en si peu de jours, semble ne devoir être attribuée qu'à l'habileté du général français, qui improvisa sans cesse ses manœuvres, contre un plan général arrêté à l'avance, il faut convenir que ce plan reposait sur des bases fausses. C'était une faute que de faire agir séparément des corps qui n'avaient entre eux aucune communication, *vis-à-vis d'une armée centralisée*, et dont les communications étaient faciles.

La droite ne pouvait communiquer avec le centre que par Roveredo et Lodron. Ce fut une seconde faute encore que de subdiviser le corps de la droite, et de donner des buts différens à ces différentes divisions. Celle qui fut à Brescia ne trouva personne contre elle, et celle qui atteignit Lonato eut affaire aux troupes qui la veille étaient à Vérone devant la gauche *autrichienne*, laquelle, dans ce moment, n'avait plus rien devant elle. L'armée autrichienne comptait de très-bonnes troupes; mais elle en avait aussi de médiocres: tout ce qui était venu du Rhin, avec Wurmser, était excellent et animé de l'espoir de la victoire; mais tous les cadres de l'ancienne armée de Beaulieu, battue dans tant de circonstances, traînaient avec eux le découragement. Une des dispositions de Wurmser que les circonstances rendirent des plus funestes, c'est que la plus grande partie de sa droite se trouva composée de Hongrois, troupes lourdes, qui, une fois déroutées, ne surent plus comment se tirer de ces montagnes, et qui, à cause de leur langage, ne purent se faire entendre.

IX. *Second siége de Mantoue.* — Les premiers *jours* de la levée du blocus de Mantoue furent employés par la garnison à défaire les ouvrages des assiégeans, faire entrer les pièces et les munitions qu'ils *trouvèrent*. Mais les prompts revers de Wurmser ramenèrent bientôt les Français devant la place. La perte de l'équipage d'artillerie ne laissait plus d'espérance de pouvoir en faire le siége. Cet équipage, formé à grande peine de pièces recueillies dans les différentes places de l'Italie, était presque entièrement perdu. D'ailleurs, la saison devenait trop mauvaise, l'ouverture et le service de la tranchée eussent été trop dangereux pour les troupes, au moment où la malignité du climat allait exercer ses ravages. *Le général français* n'ayant donc pas sous la main un équipage de siége qui pût lui donner l'assurance de prendre Mantoue avant six semaines, ne voulut pas songer à en former un second, qui n'eût été prêt qu'au moment même où de nouveaux événemens pouvaient l'exposer à le perdre de nouveau, en le forçant de lever le siége une seconde fois. Il se contenta donc d'un simple blocus. Le général Sahuguet en fut chargé; il attaqua Governolo; et le général Dallemagne, Borgo-Forte : ils s'en emparèrent ainsi que de tout le Seraglio, rejetèrent l'ennemi dans la place et en resserrèrent étroitement le blocus. On s'occupa de multiplier les redoutes et les fortifications autour de la ville, afin d'y employer le moins de monde possible; car tous les jours les assiégeans diminuaient par le ravage de la fièvre, et l'on prévoyait avec effroi que ce ravage ne ferait qu'accroître avec l'automne. Il était vrai que la garnison était soumise aux mêmes maux et à la même diminution.

X. *Conduite des différens peuples d'Italie durant cette crise.* — Cependant la position de l'Italie, dans le peu de jours qui venaient de s'écouler, avait été une véritable révélation. Toutes les passions s'étaient montrées au grand jour; chacun se démasqua. Le parti ennemi se montra à Crémone, à Casal-Major; et quelques étincelles se laissèrent voir à Pavie. En général, la Lombardie montra un bon esprit; à Milan surtout presque tout le peuple témoigna une grande constance et beaucoup de fortitude : ils gagnèrent notre confiance, et méritèrent les armes qu'ils ne cessaient de demander avec instances. Aussi le général français leur écrivait-il dans sa satisfaction : « Lorsque
» l'armée battait en retraite, que les par-
» tisans de l'Autriche et les ennemis de
» la liberté la croyaient perdue sans
» ressource, lorsqu'il était impossible
» vous-mêmes de soupçonner que cette
» retraite n'était qu'une ruse, vous avez
» montré de l'attachement pour la France,
» de l'amour pour la liberté; vous avez
» déployé un zèle et un caractère qui

» vous ont mérité l'estime de l'armée, » et vous mériteront la protection de la » république française.

» Chaque jour votre peuple se rend » davantage digne de la liberté. Il acquiert » chaque jour de l'énergie. Il paraîtra » sans doute un jour avec gloire sur la » scène du monde. Recevez le témoignage » de ma satisfaction et du vœu sincère » que fait le peuple français pour vous » voir libres et heureux. »

Les peuples de Bologne, Ferrare, Reggio, Modène, montrèrent un véritable intérêt pour notre cause. Parme demeura fidèle à son armistice; mais la régence de Modène se montra ouvertement notre ennemie. A Rome, les Français furent insultés dans les *rues*, on y proclama leur expulsion de l'Italie. On suspendit l'accomplissement des conditions de l'armistice non encore remplies. Le général en chef eût pu punir une pareille conduite; mais d'autres pensées le portaient ailleurs, et l'obligeaient d'ajourner le châtiment, si les négociations n'amenaient le repentir.

» Le cardinal Mattey, archevêque de Ferrare, témoigna sa joie à la nouvelle de la levée du siége de Mantoue. Il appela les peuples à l'insurrection contre les Français. Il prit possession de la *citadelle* de Ferrare, et y arbora les couleurs du Pape. Le Pape y envoya aussitôt un légat, et par là viola l'armistice. Après la bataille de Castiglione, le général français fit arrêter Mattey, et le fit conduire à Brescia. Le cardinal, interdit, ne répondit que par ce seul mot : PECCAVI, ce qui désarma *Napoléon*, qui se contenta de le mettre trois mois dans un séminaire à Brescia. Depuis ce cardinal a été plénipotentiaire du Pape à Tolentino. Le cardinal Mattey était d'une famille princière à Rome : c'était un homme borné, de peu de talent; mais qui passait pour être d'une dévotion sincère. Il était minutieusement attaché aux pratiques du culte. Après la mort du Pape Pie VI, la cour de Vienne s'agita beaucoup, au conclave de Venise, pour le faire nommer Pape; mais elle ne réussit point. *Chiaramonti*, évêque *d'Imola*, l'emporta, et prit le nom de Pie VII.

———

N. B. de l'éditeur écrit sous dictée. — Le rapport ne donne que vingt mille hommes amenés du Rhin par Wurmser,

Le chapitre dit trente, et celui-ci a raison. L'inégalité des forces a toujours été telle entre les deux armées, que le général français, dans ses rapports, croyait être obligé souvent de diminuer les forces de l'ennemi, pour ne pas décourager sa propre armée. C'est ce qui explique la différence des nombres qu'on rencontre parfois entre l'Ouvrage et les pièces officielles.

BATAILLE D'ARCOLE.

De l'offensive d'Alvinzi, le 2 novembre 1796, jusqu'à l'entière expulsion de son armée, le 21 du même mois : espace de dix-neuf jours. (*Voyez la Carte.*)

1. *Le maréchal Alvinzi prend le commandement de la nouvelle armée autrichienne; sa force.* — Les armées françaises du Rhin et de Sambre-et-Meuse avaient été battues en Allemagne; elles avaient repassé le Rhin. Ces succès consolaient la Cour de Vienne de ses pertes en Italie. Ils lui donnaient la facilité d'humilier l'orgueil des Français dans cette partie. Elle donna des ordres pour former une armée, dégager Mantoue;

délivrer Wurmser, et réparer les affronts qu'elle avait reçus de ce côté. Elle assembla quatre divisions *d'infanterie et une de cavalerie* dans le Frioul, et deux dans le Tyrol, faisant ensemble soixante mille hommes. Ces troupes se composaient de forts détachemens des armées victorieuses d'Allemagne, des cadres recrutés de l'armée de Wurmser, et d'une levée extraordinaire de quinze mille Croates. Le commandement général fut donné au maréchal Alvinzi, et l'on confia le corps particulier du Tyrol, d'environ dix-huit mille hommes, au général Davidowich. Le sénat de Venise secondait en secret les Autrichiens. Il lui demeurait démontré que les succès de la cause française seraient la ruine de son aristocratie. Il voyait chaque jour l'esprit de ses peuples de terre-ferme se détériorer, et appeler à grands cris une révolution. La Cour de Rome avait levé le masque : se trouvant compromise depuis les affaires de Wurmser, elle n'espérait plus son salut que dans les succès de l'Autriche. Elle n'exécutait aucune des conditions de l'armistice de Bologne; elle s'apercevait avec effroi que le général français temporisait, et que, par une feinte modération et des négociations prolongées, il ajournait l'instant du châtiment. Elle était exaltée d'ailleurs par les succès d'Allemagne, et instruite à point du petit nombre de Français, et du grand nombre de leurs malades; elle mettait en mouvement ses moyens physiques en levant des troupes, et ses moyens moraux en persuadant les esprits, à l'aide des couvens et des prêtres, de la faiblesse des Français, et de la force irrésistible des Autrichiens.

II. *Bon état de l'armée française; l'opinion des peuples d'Italie appelle ses succès.* — Le général français s'était flatté long-temps de recevoir de nouveaux renforts. Il avait fortement représenté au Directoire, ou que les armées du Nord devaient repasser le Rhin, ou qu'il fallait qu'on lui envoyât cinquante mille hommes. On lui fit des promesses qu'on ne réalisa pas; et tous les secours qu'on lui donna se réduisirent à quatre régimens, détachés de la Vendée: l'esprit de cette province s'était amélioré. Ces régimens, composant environ huit mille hommes, arrivèrent successivement dans un intervalle de deux mois. Ils furent d'un grand secours; compensè-

-rent les pertes éprouvées *les mois précédens*, et maintinrent l'armée active à son nombre habituel de trente mille combattans. Les lettres du Tyrol, du Frioul, de Venise, de Rome, ne cessaient *de parler* des grands préparatifs qui se faisaient contre les Français; mais cette fois l'esprit plus prononcé des peuples, et d'autres circonstances, donnaient une toute autre physionomie à l'Italie et aux affaires. Ce n'était plus *comme* avant Lonato et Castiglione. Les prodiges accomplis par les Français, les nombreuses défaites éprouvées par les Autrichiens, avaient tourné l'opinion. Alors les trois quarts de l'Italie pensaient qu'il était impossible que les Français pussent conserver leur conquête. Aujourd'hui les trois quarts de cette même Italie ne croyaient pas qu'il fût au pouvoir des Autrichiens de jamais la leur arracher. On fit sonner bien haut l'arrivée de quatre régimens venant de France. Leur mouvement se fit par bataillons, ce qui composa douze colonnes. On prit toutes les mesures pour que le pays et une partie de l'armée crussent qu'on s'était renforcé de douze régimens.

On croyait que les vivres manquaient dans Mantoue, et que cette place tomberait infailliblement avant que l'armée autrichienne pût recommencer la lutte; de sorte que nos troupes *entendaient parler* des préparatifs de l'*Autriche* avec confiance : *elles semblaient sûres* de la *victoire*. L'armée était bien nourrie, bien payée, bien vêtue; son artillerie était nombreuse et bien attelée; sa cavalerie faible en nombre, à la vérité, mais ne manquant de rien, et en aussi bon état que possible.

La population de tous les pays occupés par nos armées, faisait à présent cause commune avec nous. Elle appelait nos succès de tous ses vœux. La disposition des pays au-delà du Pô était telle, qu'ils pouvaient même suffire à contenir les levées que le cardinal secrétaire d'état de Rome appelait l'armée du Pape. Cette misérable Cour, sans esprit, sans courage, sans talens, sans bonne foi, n'était pas autrement redoutable.

III. *Combat de la Brenta.* — *Vaubois chasse le Tyrol en désordre.* — Au commencement de novembre, le quartier-général de l'armée autrichienne était à

Conegliano, et de nombreux *postes* garnissaient la rive *gauche* de la Piave. Dans le Tyrol, des corps opposés à chacun des nôtres se formaient sur la ligne du Lavisio; partout l'ennemi se montrait en force. Le projet d'Alvinzi n'était pas douteux; il ne voulait pas, comme Wurmser, attaquer par le Tyrol; il craignait de s'engager dans les montagnes. Il attribuait à l'intelligence du soldat français, à sa plus grande dextérité, les succès de *Lonato et de Castiglione*. Il résolut donc de faire sa principale attaque par la plaine, et d'arriver sur l'Adige par le Véronais, le Vicentain, et le Padouan. Le deux novembre, ce général jeta deux ponts sur la Piave, et se porta sur Bassano avec quarante-neuf à cinquante mille hommes. Masséna, en observation, contint toutes ses colonnes, l'obligea de déployer toutes ses forces, gagna quelques jours, et se replia sur Vicence, où il fut joint par le général français, qui amenait avec lui la division Augereau, une brigade de Mantoue, et se trouvait dès-lors avoir sous sa main vingt à vingt-deux mille hommes. Le projet de Napoléon était de battre Alvinzi, et de se porter ensuite sur Trente, par un mouvement inverse à celui qu'il avait fait il y avait peu de temps, et de prendre à dos l'armée qui opérait dans le Tyrol. Alvinzi, qui avait passé la Brenta, fut attaqué le cinq, et culbuté. Toutes ses divisions furent jetées au-delà de cette *rivière*.

Mais Vaubois, qui était aux mains avec l'ennemi, depuis le deux novembre, n'avait pu se maintenir ni à Trente, ni dans aucune position intermédiaire. Sa division ne disputant plus le terrain, revenait en désordre sur Vérone. Tout paraissait faire craindre que la position de la Corona et du Montebaldo *ne pourrait arrêter l'ennemi. On craignit pour le siége de* Mantoue. Le général en chef *fut donc obligé* de rétrograder sur Vérone, et d'y arriver assez à temps pour rallier Vaubois, et *assurer* les positions de Montebaldo et de Rivoli. Il passa la revue de la division Vaubois sur le plateau de Rivoli. « Soldats, leur dit-il d'un ton
» sévère, je ne suis pas content de vous.
» Vous n'avez marqué ni discipline, ni
» constance. Vous avez cédé au premier
» échec. Aucune position n'a pu vous ral-
» lier. Il en était dans votre retraite qui
» étaient inexpugnables. Soldats du 85^e

» et du 39ᵉ, vous n'êtes pas des soldats
» français. Que l'on me donne ces dra-
» peaux, et que l'on écrive dessus : Ils
» ne sont plus de l'armée d'Italie ! » Un morne silence régnait dans tous les rangs; la consternation était peinte sur toutes les figures. Des sanglots se font entendre; de grosses larmes coulent de tous les yeux, et l'on voit ces vieux soldats, dans leur émotion, déranger leurs armes pour essuyer leurs pleurs. Le général en chef fut obligé de leur adresser quelques paroles de consolation. Général, lui criaient-ils, *mets-nous à l'avant-garde*, et tu verras si nous sommes de l'armée d'Italie !!! Effectivement, ces régimens qui avaient été le plus grondés, furent mis à l'avant-garde, et s'y couvrirent de gloire.

IV. *Bataille de Caldiero, douze novembre.* — Les opérations d'Alvinzi se trouvèrent couronnées des plus heureux succès : déjà il était maître de tout le Tyrol et de tout le pays entre la Brenta et l'Adige; mais le plus difficile lui restait encore *à faire*; c'était de passer l'Adige de vive force, devant l'armée française. Le chemin de Vérone à Vicence longe l'Adige pendant trois lieues, et ne quitte la direction du *fleuve qu'à* Ronco, où il tourne perpendiculairement à gauche pour *se diriger* sur Vicence; à Villa-Nova, la petite rivière de l'Alpon coupe la grande route, et se jette, après avoir traversé Arcole, dans l'Adige, entre Ronco et Albaredo. Sur la gauche de Villa-Nova se trouvent des hauteurs offrant de très-belles positions, connues sous le nom de Caldiero. En occupant ces positions, on garde une partie de l'Adige, on couvre Vérone, et l'on se trouve en mesure de tomber sur les derrières de l'ennemi, si celui-ci se dirigeait sur le Bas-Adige.

Le général français eut à peine *assuré* la défense de Montebaldo, et raffermi les troupes de Vaubois, qu'il voulut occuper Caldiero comme donnant plus de chances à la défensive, et plus d'énergie à son attitude. Il déboucha le onze de Vérone, la brigade de Verdier en tête, culbuta l'avant-garde ennemie, et parvint bientôt aux pieds de Caldiero : mais Alvinzi lui-même avait occupé cette position, qui est *bonne* également contre Vérone. Le douze, à la pointe du jour, on vit toute son armée couronner ces hauteurs, qu'il avait couvertes de formidables batteries. Le terrain reconnu, Masséna dut attaquer la hauteur, et forcer la droite de l'ennemi; cette hauteur enlevée, et l'ennemi la gardait mal, la bataille se trouvait décidée. Le général Launay marcha avec sa demi-brigade et s'empara de la hauteur; mais il ne put s'y maintenir, et fut fait prisonnier. Cependant la pluie tombait par torrens, le chemin devint bientôt impraticable pour notre artillerie, pendant que nous étions écrasés par celle de l'ennemi. Nous avions trop de désavantage à gravir contre un ennemi en position. L'attaque fut contremandée, et l'on se contenta de soutenir la bataille tout le reste du jour. Comme la pluie dura toute la journée et celle du lendemain, le général français prit le parti de retourner au camp de Vérone.

Les pertes dans cette affaire avaient été égales, cependant l'ennemi s'attribua avec raison la victoire, ses avant-postes s'approchèrent de Saint-Michel, et la situation des Français devint critique.

V. *Murmures et sentimens divers qui agitent l'armée française.* — Vaubois, battu en Tyrol, avait fait des pertes considérables; il n'avait plus que six mille hommes. Les deux autres divisions, après s'être vaillamment battues sur la Brenta, s'étaient vues en retraite sur Vérone, ayant manqué leur opération sur Caldiero. Le sentiment des forces de l'ennemi était dans toutes les têtes. Les soldats de Vaubois, pour justifier leur retraite dans le Tyrol, disaient s'y être battus un contre trois. Les soldats mêmes demeurés sous les yeux de Napoléon, trouvaient les ennemis trop nombreux. Les deux divisions, après leurs pertes, ne comptaient pas plus de treize mille hommes sous les armes.

L'ennemi avait perdu aussi sans doute: mais il avait eu l'avantage; il avait acquis le sentiment de sa supériorité, il avait pu compter à son aise le petit nombre des Français; aussi ne doutait-il déjà plus de la délivrance de Mantoue, ni de la conquête de l'Italie. Il avait fait ramasser une grande quantité d'échelles, et en faisait faire beaucoup d'autres, voulant enlever Vérone d'assaut. A Mantoue la garnison s'était réveillée; elle faisait de fréquentes sorties, qui harcelaient sans cesse les assiégeans; et les troupes se trouvaient trop faibles pour contenir une si forte garnison. Tous les jours on était instruit que quelque nouveau secours arrivait à l'ennemi; nous ne pouvions en espérer aucun. Enfin les agens de l'Autriche, ceux de Venise et du Pape faisaient sonner très-haut les avantages obtenus par Alvinzi, et sa supériorité sur nous. Nous n'étions plus en position de prendre l'offensive nulle part : d'un côté la position de Caldiero, que nous n'avions pu enlever; de l'autre, les gorges du Tyrol, qui venaient d'être le théâtre de la défaite de Vaubois. Mais eussions nous occupé des positions qui eussent permis d'entreprendre sur Alvinzi, il avait trop de supériorité par le nombre. Tout interdisait pour l'instant toute offensive; il fallait donc laisser l'initiative à l'ennemi, et attendre froidement ce qu'il voudrait entreprendre. La saison était extrêmement mauvaise; la pluie tombait par torrens, et tous les mouvemens se faisaient dans la boue. L'affaire de Caldiero, celle du Tyrol, avaient sensiblement baissé le moral de l'armée. On avait bien encore le sentiment de la supériorité sur l'ennemi à nombre égal, mais on ne croyait pas pouvoir lui résister, dans l'infériorité où l'on se trouvait. Un grand nombre de braves avaient été blessés deux ou trois fois à différentes batailles, depuis l'entrée en Italie. La mauvaise humeur s'en mêlait.

« Nous ne pouvons pas seuls, disaient-ils, remplir la tâche de tous, l'armée d'Alvinzi qui se trouve ici, est celle devant laquelle les armées du Rhin et de Sambre-et-Meuse se sont retirées; et elles son oisives dans ce moment; pourquoi est-ce à nous à remplir leur tâche? On ne nous envoie aucun secours; si nous sommes battus, nous regagnerons les Alpes, en fuyards et sans honneur. Si au contraire nous sommes vainqueurs, à quoi aboutira cette nouvelle victoire, on nous opposera une autre armée semblable à celle d'Alvinzi, comme Alvinzi lui-même a succédé à Wurmser; et, dans cette lutte constamment inégale, il faudra bien que nous finissions par être écrasés. »

Napoléon faisait *répondre :* « Nous n'avons plus qu'un effort à faire, et l'Italie est à nous. Alvinzi est sans doute plus nombreux que nous; mais la moitié de ses troupes sont de véritables recrues; et lui battu, Mantoue succombe; nous demeurons maîtres de l'Italie, nous

» voyons finir nos travaux, car non-seu-
» lement l'Italie, mais encore la paix
» générale sont dans Mantoue. Vous vou-
» lez aller sur les Alpes, vous n'en êtes
» plus capables. De la vie dure et fati-
» gante de ses stériles rochers, vous avez
» bien pu venir conquérir les délices de
» la Lombardie; mais des bivouacs rians
» et fleuris de l'Italie, vous ne vous élè-
» veriez plus aux rigueurs de ces âpres
» sommets, vous ne supporteriez plus
» long-temps, sans murmurer, les neiges
» ni les glaces des Alpes. Des secours
» nous sont arrivés; nous en attendons
» encore; beaucoup sont en route. Que
» ceux qui ne veulent plus se battre, qui
» sont assez riches, ne nous parlent pas
» de l'avenir. Battez Alvinzi, et je vous
» réponds du reste!!! » Ces paroles, ré-
pétées par tout ce qu'il y avait de cœurs
généreux, relevaient les âmes, et faisaient passer successivement à des sentimens opposés. Ainsi, tantôt l'armée,
dans son découragement, eût voulu se
retirer; tantôt, remplie d'enthousiasme,
elle parlait de courir aux armes.

Lorsque l'on apprit à Brescia, Bergame, Milan, Crémone, Lodi, Pavie,
Bologne, que l'armée avait essuyé un

échec, les blessés, les malades sortirent des hôpitaux encore mal guéris, et vinrent se ranger dans les rangs, la blessure encore sanglante. Ce spectacle était touchant, et remplit l'armée des plus vives émotions.

VI. *Marche de nuit de l'armée sur Ronco; elle y passe l'Adige sur un pont de bateaux.* — Enfin le quatorze novembre, à la nuit tombante, *le camp de Vérone* prit les armes. Les colonnes se mettent en marche dans le plus grand silence : on traverse la ville, et l'on vient se former sur la rive droite. L'heure à laquelle on part, la direction, qui est celle de la retraite, le silence qu'on garde, contre l'habitude constante d'apprendre, par l'ordre du jour, qu'on va se battre ; la situation des affaires, tout enfin ne laisse aucun doute qu'on se retire. Ce premier pas de retraite, qui entraîne nécessairement la levée du siége de Mantoue, *présage* la perte de toute l'Italie. Ceux des habitans qui plaçaient dans nos victoires l'espoir de leurs nouvelles destinées, suivent inquiets, et le cœur serré, les mouvemens de cette armée qui emporte toutes leurs espérances.

Cependant l'armée, au lieu de suivre la route de Peschiera, prend tout-à-coup à gauche, et longe l'Adige : on arrive avant le jour à Ronco. Andréossy achevait d'y jeter un pont ; et l'armée, aux premiers rayons du soleil, se voit avec étonnement, par un simple à gauche, sur l'autre rive. Alors les officiers et les soldats, qui du temps qu'ils poursuivaient Wurmser, avaient traversé ces lieux, commencèrent à deviner l'intention du général. Ils voyent que ne pouvant enlever Caldiero, il le tourne. Qu'avec douze mille hommes, ne pouvant rien en plaine contre quarante-cinq mille, il les attire sur de simples chaussées, dans de vastes marais, où le nombre ne sera plus rien, mais où le courage des têtes de colonne sera tout. Alors l'espoir de la victoire ranime tous les cœurs, et chacun promet de se surpasser, pour seconder un plan si beau et si hardi.

Kilmaine était resté dans Vérone avec quinze cents hommes de toutes armes, les portes étroitement fermées, les communications sévèrement interdites. L'ennemi ignorait parfaitement notre mouvement.

Le pont de Ronco fut jeté sur la droite de l'Alpon, à peu près à un quart de lieue de son embouchure. S'il l'eût été sur la rive gauche, du côté d'Albaredo, on se fût trouvé en plaine, tandis qu'on voulait se placer dans des marais, où le nombre demeurait sans effet. D'un autre côté on craignait qu'Alvinzi, instruit, ne marchât subitement à Vérone, et ne s'en emparât; ce qui eût obligé le corps de Rivoli de se retirer à Peschiera, et eût compromis celui de Ronco. Il fallut donc se placer sur la rive droite de l'Alpon, de manière à pouvoir tomber sur les derrières de l'ennemi qui attaquerait Vérone, et par-là soutenir cette place par la rive gauche, ce que l'on n'eût pu faire si l'on eût jeté le pont sur la rive gauche de l'Alpon, parce que l'ennemi aurait pu border la rive droite de cette rivière, et, sous cette protection, enlever Vérone. Cette double raison avait donc déterminé le placement du pont. Or, trois chaussées partaient de Ronco, où ce pont avait été jeté; et toutes étaient environnées de marais. La première se dirige sur Vérone en remontant l'Adige; la deuxième conduit à Villa-Nova, et passe devant Arcole, qui a un pont à une lieue et demie de l'Adige, sur la petite rivière de l'Alpon. La troisième descend l'Adige, et va sur Albaredo.

VII. *Bataille d'Arcole, première journée, quinze novembre.* — Trois colonnes se dirigèrent sur ces trois chaussées. L'une, à gauche, *remonta l'Adige* jusqu'à l'extrémité des marais ; *de là* l'on communiquait sans obstacle avec Vérone : ce point était des plus importans. Par là plus de craintes de voir l'ennemi attaquer Vérone, puisqu'on se fût trouvé sur ses derrières. La colonne de droite prit vers Albaredo, et occupa jusqu'à l'Alpon. Celle du centre se porta sur Arcole, où nos tirailleurs parvinrent jusqu'au pont sans être aperçus. Il était cinq heures du matin, et l'ennemi ignorait tout. Les premiers coups de fusils se tirèrent sur le pont d'Arcole, où deux bataillons de Croates, avec deux pièces de canon, bivouaquaient comme corps d'observation, pour garder les derrières de l'armée où étaient tous les parcs, et surveiller les partis que la garnison de Legnago aurait pu jeter dans la campagne. Cette place n'était qu'à trois lieues : l'ennemi avait eu la négligence de ne pas pousser des postes jusqu'à l'Adige ;

il regardait cette espace comme des marais impraticables. L'intervalle d'Arcole à l'Adige n'était point gardé ; on s'était contenté d'ordonner des patrouilles de housards, qui, trois fois par jour, parcouraient les digues et éclairaient l'Adige. La route de Ronco à Arcole rencontre l'Alpon à deux milles, et de là remonte pendant un mille la rive droite de ce petit ruisseau, jusqu'au pont, qui tourne perpendiculairement à droite, et entre dans le village d'Arcole. Des Croates étaient bivouaqués, *la droite* appuyée au village, et la gauche vers l'embouchure. Par ce bivouac ils avaient devant leur front *la digue*, dont ils n'étaient séparés que par le ruisseau; tirant devant eux, ils prirent en flanc la colonne dont la tête était sur Arcole. Il fallut se replier en toute hâte jusqu'au point de la chaussée, qui ne prêtait plus son flanc à la rive gauche. On instruisit Alvinzi que quelques coups de fusils avaient été tirés au pont d'Arcole; il y fit peu d'attention. Cependant à la pointe du jour on put observer de Caldiéro et des clochers voisins, le mouvement des Français. D'ailleurs les reconnaissances des housards, qui tous les matins longeaient l'Adige pour s'assurer des événemens de la nuit, furent reçus à coups de fusils de toutes les digues, et poursuivis par la cavalerie française. Alvinzi acquit donc de tout côté la certitude que les Français avaient passé l'Adige, et se trouvaient en force sur toutes les digues. Il lui parut insensé d'imaginer qu'on pût jeter ainsi toute une armée dans des marais impraticables. Il pensa plutôt que c'était un détachement posté de ce côté pour l'inquiéter, lorsqu'on l'attaquerait en force du côté de Vérone. Cependant ses reconnaissances du côté de Vérone lui ayant rapporté que tout y était tranquille, Alvinzi crut important de rejeter ces troupes françaises au-delà de l'Adige, pour tranquilliser ses derrières. Il dirigea une division sur la digue d'Arcole, et une autre vers la digue qui *longe* l'Adige, avec ordre de tomber tête baissée sur ce qu'elles rencontreraient, et de *tout* jeter dans *la rivière*. Vers les neuf heures *du matin*, ces deux divisions attaquèrent en effet vivement. Masséna, qui était chargé de la digue de gauche, ayant laissé engager l'ennemi, courut sur lui au pas de charge, l'enfonça, lui causa beaucoup de perte, et lui fit un grand nombre de prisonniers. On en fit autant sur la digue d'Arcole : on attendit que l'ennemi eût dépassé le coude du pont. On l'attaqua au pas de charge; on le mit en déroute, et on lui fit beaucoup de prisonniers. Il devenait de la plus haute importance de s'emparer d'Arcole, puisque de là on débouchait sur les derrières de l'ennemi, et qu'on pouvait s'y établir avant que l'ennemi pût être formé. Mais ce pont d'Arcole, par sa situation, résistait à toutes nos attaques. Napoléon essaya un dernier effort de sa personne : il saisit un drapeau, s'élança vers le pont, et *l'y plaça.* La colonne qu'il conduisait l'avait à moitié franchi, lorsque le feu de flanc fit manquer l'attaque. Les grenadiers de la tête abandonnés par la queue hésitent, ils sont entraînés dans la fuite, mais ils ne veulent pas se dessaisir de leur général; ils le prennent par le bras, les cheveux, les habits, et l'entraînent dans leur fuite, au milieu des morts, des mourans et de la fumée. *Le général en chef* est précipité dans un marais; il y enfonce jusqu'à la moitié du corps; *il est au milieu des ennemis;* mais les Français s'aperçoivent que leur général n'est

point avec eux. Un cri se fait entendre :
« Soldats, en avant pour sauver le gé-
» néral. » Les braves reviennent aussitôt
au pas de course sur l'ennemi, le repous-
sent jusqu'au-*delà du pont*, et Napoléon
est sauvé. Cette journée fut celle du
dévouement militaire. Le général Lannes était accouru de Milan; il avait été
blessé à *Governolo*; il était encore souffrant dans ce moment : il se plaça entre l'ennemi et Napoléon, le couvrit de
son corps et reçut trois blessures, ne
voulant jamais le quitter. Muiron, aide-
de-camp du général en chef, fut tué
couvrant de son corps son général.....
Mort héroïque et touchante!... Belliard,
Vignoles, furent blessés en ramenant les
troupes en *avant*. Le brave *général* Ro-
bert y fut tué.

On fit jeter un pont à l'embouchure
de l'Alpon, afin de prendre Arcole à
revers; mais pendant ce temps, Alvinzi,
instruit du véritable état des choses, et
concevant les plus vives alarmes sur le
danger de sa position, avait abandonné
Caldiéro, défait ses batteries, et fait
repasser l'Alpon à tous ses parcs, ses
bagages et ses réserves. Les Français,
du haut du clocher de Ronco, virent

avec douleur cette proie leur échapper; et c'est alors, et dans les mouvemens précipités de l'ennemi, qu'on put juger toute l'étendue et les conséquences du plan du général français. Chacun vit quels auraient pu être les résultats d'une combinaison si profonde et si hardie : l'armée ennemie échappait à sa destruction. Ce ne fut que vers les quatre heures, que le général Guyeux put marcher sur Arcole par la rive gauche *de l'Alpon*. Le village fut enlevé sans coup férir; mais alors il n'y avait plus rien d'utile; il était six heures trop tard; l'ennemi s'était mis en position naturelle. Arcole n'était plus qu'un poste intermédiaire entre le front des deux armées. Le matin, ce village était sur les derrières de l'ennemi.

Toutefois de grands résultats avaient couronné cette journée : Caldiéro était évacué, et Vérone ne courait plus de dangers. Deux divisions d'Alvinzi avaient été défaites avec des pertes considérables. De nombreuses colonnes de prisonniers et grand nombre de trophées qui défilèrent *au travers du camp*, remplirent d'enthousiasme les soldats et les officiers, et chacun reprit la confiance et le sentiment de la victoire.

VIII. *Seconde journée, seize novembre.* — Cependant Davidowich avec son corps du Tyrol, avait attaqué, dès la veille, les hauteurs de Rivoli. Il en avait chassé Vaubois, et l'avait contraint de se retirer sur Castel-Novo. Déjà les coureurs ennemis paraissent aux portes de Vérone. Kilmaine, débarrassé d'Alvinzi et de toutes craintes sur la rive gauche, par l'évacuation de Caldiéro, avait dirigé toute *son attention* sur la rive droite; mais il était à craindre que si l'ennemi marchait vigoureusement sur Castel-Novo, il ne forçât Vaubois, n'arrivât à Mantoue, ne surprît l'armée assiégeante, ne se joignît à la garnison, ne coupât la retraite au quartier-général et à l'armée qui était à Ronco. Il fallait donc être, à la pointe du jour, en mesure de soutenir Vaubois, protéger Mantoue et ses communications, et battre Davidowich, s'il s'était avancé dans la journée. Il était nécessaire, pour la réussite de ce projet, de calculer les heures. Il se résolut donc, dans l'incertitude de ce qui se serait passé dans la journée, de supposer que tout avait été mal du côté de Vaubois. Il fit évacuer Arcole, qui avait coûté tant de sang; replia toute son armée sur la rive droite de l'Adige, ne laissant sur la rive gauche qu'une brigade et quelques pièces de canon. Il ordonna, dans cette position, qu'on fît la soupe, en attendant ce qui se serait passé du côté de Vaubois, pendant cette journée. Si l'ennemi avait marché sur Castel-Novo, il fallait lever le pont de l'Adige, disparaître de devant Alvinzi, se trouver à dix heures derrière Vaubois à *Castel-Novo, et culbuter l'ennemi sur Rivoli.* On avait laissé à Arcole des bivouacs allumés, ainsi que des piquets de grand'garde, pour qu'Alvinzi ne s'aperçût de rien. A quatre heures après minuit, l'on battit pour prendre les armes, afin d'être prêt à marcher. Mais dans le même moment, on apprit que Vaubois *était encore en position à moitié chemin de Rivoli à Castel-Novo,* et qu'il garantissait de tenir toute la journée. Davidowich était le même général qui avait commandé une des divisions que Wurmser avait fait déboucher par la Chiesa : il se souvenait des résultats; il n'avait garde de se compromettre. Cependant vers trois heures du matin, Alvinzi, instruit de la marche rétrograde des Français, fit occuper Arcole sur-le-champ, dirigea au jour deux colonnes sur les digues de l'Adige et d'Arcole pour marcher sur nous. La fusillade s'engagea à deux cents toises de notre pont; les troupes le repassèrent au pas de charge, tombèrent sur l'ennemi, le rompirent, le poursuivirent vivement jusqu'aux débouchés des marais qu'ils remplirent de leurs morts. Des drapeaux, du canon et des prisonniers furent les trophées de cette journée, où deux nouvelles divisions d'Alvinzi furent défaites.

Sur le soir, le *général français*, par les mêmes motifs et les mêmes combinaisons, fit le même mouvement que la veille. Il concentra toutes ses troupes sur la rive droite de l'Adige, ne laissant qu'une avant-garde sur la rive gauche.

IX. *Troisième journée, dix-sept novembre.* — Cependant Alvinzi, induit en erreur par un espion qui assurait que le général français avait repassé l'Adige, marché sur Mantoue, et n'avait laissé qu'une arrière-garde à Ronco, déboucha à la pointe du jour, avec l'intention d'enlever le pont de Ronco. Un moment avant le jour, on apprit que rien n'avait bougé du côté de Vaubois, que Davidowich n'avait point fait de mouvemens. On revint sur l'autre bord de l'Adige. Les têtes de nos colonnes se rencontrèrent à moitié des digues avec deux autres divisions d'Alvinzi. Il se livra un combat opiniâtre, nos troupes furent *alternativement en avant et en arrière. Pendant un moment,* les balles arrivaient sur le pont. La 75ᵉ avait été rompue; le général en chef plaça la 32ᵉ en embuscade, ventre à terre dans un petit bois de saules, le long *de la digue* d'Arcole. Cette demi-brigade se releva, fit une décharge, marcha à la baïonnette, et culbuta dans les marais une colonne ennemie, épaisse de toute sa longueur; c'était trois mille Croates; et ils y périrent tous. Masséna, sur la gauche, éprouvait des vicissitudes; mais il marcha *à la tête de sa division,* son chapeau au bout de son épée, en signe de drapeau, et fit un horrible carnage de la division *qui lui était* opposée.

Après midi, *le général français* jugea qu'enfin le moment d'en finir était venu. Car si Vaubois *avait* été battu le *jour encore* par Davidowich, il serait obligé de se porter, *la nuit prochaine*, à son secours et à celui de Mantoue. Dès-lors Alvinzi se porterait sur Vérone, il recueillerait l'honneur et les résultats de la victoire ; tant d'avantages remportés dans trois journées seraient perdus. Il fit compter soigneusement le nombre des prisonniers, récapitula les pertes de l'ennemi ; il conclut qu'il s'était affaibli *dans ces trois jours* de plus de vingt mille hommes, qu'ainsi désormais ses forces en bataille ne seraient pas *beaucoup plus d'un tiers au-dessus des nôtres. Il donna ordre de sortir des marais et d'aller attaquer l'ennemi en plaine.*

Les circonstances de ces trois journées avaient tellement changé le moral des deux armées, que la victoire nous était assurée. L'armée passa le pont jeté à l'embouchure de l'Alpon. Elliot, *aide-de-camp* du général en chef, chargé d'en construire un second, y fut tué. A deux heures *après midi*, l'armée française était en bataille, sa gauche à Arcole et sa droite dans la direction de Porto-Lignano ; elle avait en face l'ennemi, dont la droite s'appuyait sur l'Alpon, et la gauche à des marais. *L'ennemi était à cheval sur* la route de Montébello. L'adjudant Lorcet était parti de Lignano avec six à sept cents hommes, quatre pièces de canon et deux cents chevaux, pour tourner les marais auxquels l'ennemi appuyait sa gauche.

Vers les trois heures, au moment où ce détachement de la garnison de Lignano se portait sur l'ennemi, que la canonnade était vive sur toute la ligne, et que les tirailleurs en étaient aux mains, *le général français* ordonna au chef d'escadron Hercule de se porter, avec cinquante guides, et quatre ou cinq trompettes, au travers des roseaux, et de charger sur l'extrémité de la gauche de l'ennemi, au même moment que la garnison de Lignano commencerait à la canonner par derrière; ce qu'il exécuta avec intelligence, et contribua beaucoup au succès de la journée. L'ennemi fut culbuté partout; sa ligne fut rompue, il laissa beaucoup de prisonniers. Alvinzi avait échelonné sept à huit mille hommes sur ses derrières, pour assurer sa retraite, et pour escorter ses parcs; et par-là sa ligne de bataille ne se trouva pas plus forte que la nôtre. Il fut mené battant tout le reste de la soirée. Toute la nuit il continua sa retraite sur Vicence. Notre cavalerie le poursuivit au-delà de Montébello.

Arrivé à Villa-Nova, Napoléon s'arrêta pour avoir les rapports de la poursuite de l'ennemi, et de la contenance que faisait son arrière-garde. Il entra dans le couvent de Saint-Boniface; l'église avait servi d'ambulance. Il y trouva quatre ou cinq cents blessés, la plus grande partie morts; *il en sortait une odeur de cadavre*, il recula d'horreur! Il s'entendit appeler par son nom : deux malheureux soldats français blessés étaient depuis trois jours au milieu des morts, sans avoir mangé; ils n'avaient point été pansés, ils désespéraient d'eux-mêmes; mais ils furent rappelés à la vie par la vue de leur général : tous les secours leur furent prodigués.

Le général français visita les hauteurs de Caldiéro, et se remit en marche vers Vérone. A mi-chemin, il rencontra un officier d'état-major autrichien, que Davidowich envoyait à Alvinzi. Ce jeune homme se croyait au milieu des siens. D'après ses dépêches, il y avait trois jours que les deux armées ne s'étaient communiquées. Davidowich ignorait tout.

X. *L'armée française rentre triom-*

phante dans Vérone par la rive gauche. — Napoléon entra triomphant dans Vérone, par la porte de Venise, trois jours après en être sorti mystérieusement par la porte de Milan. On se peindrait difficilement l'étonnement et l'enthousiasme des habitans; nos ennemis même les plus déclarés ne purent rester froids, et joignirent leurs hommages à ceux de nos amis. Le général français passe *sur la rive droite de l'Adige,* et court sur Davidowich qui était encore à Rivoli. Il est chassé de poste en poste et poursuivi l'épée dans les reins jusqu'à Roveredo. De ses soixante à soixante-dix mille hommes, on calcule qu'Alvinzi en perdit de trente à trente-cinq mille dans ces affaires, et que ce fut l'élite de ses troupes.

Cependant de si grands résultats ne s'étaient pas obtenus sans pertes, et l'armée avait plus que jamais besoin de repos. Le général français ne jugea pas devoir reprendre le Tyrol, et s'étendre jusqu'à Trente. Il se contenta de faire occuper Montébello, la Corona, les gorges de la Chiusa et de l'Adige, Alvinzi se rallia à Bassano, et Davidowich à Trente. Cependant on devait croire qu'on obtiendrait bientôt Mantoue, avant que le général autrichien ne pût recevoir une nouvelle armée. Les fréquentes sorties de Wurmser, pour obtenir quelques vivres, le grand nombre de déserteurs qui étaient maigres, et depuis un mois à la demi-ration, le dénûment de ses hôpitaux et le grand nombre de ses malades, tout dut donner l'espoir d'une prompte reddition.

BATAILLE DE RIVOLI.

Depuis l'offensive de Provéra, le 1ᵉʳ janvier 1797, jusqu'à la reddition de Mantoue, le 1ᵉʳ février suivant : espace d'un mois. (*Voyez la Carte.*)

I. *État de l'Italie.* — Venise faisait de nouvelles levées d'Esclavons, il arrivait tous les jours de nouveaux bataillons dans les lagunes ; les partis étaient en présence dans toutes les villes du pays Vénitien. Les citadelles de Vérone et de Brescia étaient dans les mains des troupes françaises. Des troubles survenus à Bergame firent sentir la nécessité d'occuper la citadelle ; le général Baraguey-d'Hilliers en prit possession.

Les négociations avec Rome continuaient, *mais elles ne marchaient pas : l'expérience avait prouvé qu'on ne pouvait rien obtenir de cette Cour que par les menaces et la présence de la force.*

Le général en chef annonça à Milan son départ pour Rome; il fit partir *le général Lahosse avec* quatre mille *Italiens* pour Bologne, y dirigea une colonne de trois mille français, et fit prévenir le Grand-Duc de Toscane que ses troupes traverseraient ses Etats pour se rendre à Perrugia; il partit effectivement lui-même, et *se rendit à Bologne.* Manfredini vint l'y trouver, pour ménager les intérêts de son maître, et s'en retourna convaincu que le général français marchait sur Rome. Pour cette fois, cette Cour ne fut point dupe de toutes ces apparences; elle resta immobile. Elle était au fait des plans adoptés à Vienne, et en espérait le succès. Cependant, lorsqu'elle apprit que le général français était à Bologne, le secrétaire d'Etat fut étonné; mais le ministre d'Autriche soutint son courage, en lui faisant comprendre que rien n'était plus heureux pour leurs vues, que d'attirer le général français dans le fond de l'Italie;

et que fallût-il quitter Rome, ce serait encore un bonheur, puisque la défaite des Français, sur l'Adige, en serait d'autant plus assurée.

II. *Situation de l'armée autrichienne.* —Alvinzi recevait *tous les jours* des renforts considérables. Le Padouan, le Trévisan et tout le Bassanais étaient *couverts* de troupes autrichiennes. Il s'était écoulé deux mois depuis la bataille d'Arcole; l'Autriche les avait *mis à profit*, pour faire arriver dans le *Frioul les divisions* tirées des rives du Rhin, où les armées françaises étaient inactives, et en plein quartier d'hiver. Un mouvement avait été imprimé à toute la monarchie autrichienne. On leva dans le Tyrol plusieurs bataillons d'excellens tireurs; il *fut* aisé de leur persuader qu'il fallait défendre leur territoire et aider à reconquérir l'Italie, si essentielle à la prospérité du Tyrol. Les succès de l'Autriche, dans la campagne dernière, en Allemagne, et ses humiliations en Italie, avaient remué *l'esprit public.* Les grandes villes offraient des bataillons de volontaires; Vienne en fournit quatre: on leva ainsi *un renfort* de dix à douze mille volontaires. Les bataillons de Vienne reçurent de l'Impératrice des drapeaux brodés de ses propres mains. *Ils les perdirent, mais les défendirent avec honneur.* L'armée d'Autriche se composait de huit divisions de forces inégales, de plusieurs brigades de cavalerie incorporées avec ces divisions ; et de deux divisions de cavalerie. On évaluait cette armée à plus de quatre-vingt mille combattans.

III. *Situation de l'armée française.* — L'armée française avait *été renforcée*, depuis Arcole, de deux régimens d'infanterie tirés des côtes de la Provence, la 57e en faisait partie, et d'un régiment de cavalerie. *Cela faisait environ* cinq à six mille hommes, et *compensait* les pertes d'Arcole et du blocus de Mantoue. Joubert, avec une forte division, occupait Montebaldo, Rivoli et Busselengo. Rey, avec une division moins forte, était en réserve à Dezenzano. Masséna était à Vérone, avec une avant-garde à Saint-Michel. Augereau à Legnago, avec une avant-garde à Bevilaqua. Serrurier bloquait Mantoue. La Corona était couverte de retranchemens. Les châteaux de Vérone et de Legnago étaient en bon état, ainsi que Peschiera et Pizzighettone. On occupait les citadelles de Brescia, Bergame, le fort de Fuente, la citadelle de Ferrare, et le fort Urbin. Des forces navales sur le lac de Guarda nous assuraient la possession de ce lac. Des barques armées, placées sur le lac majeur et le lac de Come, y exerçaient une sévère police.

IV. *Plan d'opérations adopté par la Cour de Vienne.* — Wurmser avait débouché sur trois colonnes; sa droite par la chaussée de Chiusa, au-delà du lac de Guarda; son centre par Montebaldo, entre le lac de Guarda; son centre par Montebaldo, entre le lac de Guarda et l'Adige; sa gauche par la rive gauche de l'Adige. Quelques mois après, Alvinzi avait attaqué sur deux colonnes; l'une opérant dans le Tyrol, l'autre sur la Piave, la Brenta et l'Adige. Mais *la bataille de Lonato, celles de Castiglione, d'Arcole,* avaient fait échouer ces deux plans de campagne. *La Cour de Vienne adopta cette fois un nouveau plan*, qui se liait avec les opérations de Rome. Il fut arrêté que l'armée autrichienne ferait deux grandes attaques : la première par le Montebaldo, comme avait fait Wurmser; la seconde sur l'Adige, par les plaines du Padouan; que les deux corps qui exécuteraient ces deux attaques, n'auraient rien de commun entre eux; qu'ils marcheraient indépendamment l'un de l'autre; de sorte que si l'un réussissait, le premier but serait rempli; et Mantoue débloquée. Le corps principal devait déboucher par le Tyrol; et, s'il battait l'armée française, il arriverait sous les murs de Mantoue, y ferait sa jonction avec le deuxième corps qui agissait sur l'Adige. Si au contraire la principale attaque échouait, et que le second corps réussît, le siége de Mantoue serait également levé, et la place réapprovisionnée. Alors ce corps d'armée se jetterait dans le Séraglio, et établirait ses communications avec Rome. Le Maréchal Wurmser prendrait le commandement de l'armée qui était dans la Romagne. La grande quantité de généraux, d'officiers et de cavalerie démontée qui se trouvait dans Mantoue, servirait à discipliner l'armée du Pape, et ferait une diversion qui obligerait le général français à avoir aussi deux corps d'armée, l'un sur la rive gauche, l'autre sur la rive droite du Pô.

Un agent secret *envoyé* de Vienne, fort intelligent, fut arrêté par une sentinelle, comme il franchissait le dernier poste de l'armée française devant Mantoue. On lui fit rendre sa dépêche qu'il avait avalée, renfermée dans une petite boule de cire à cacheter. Cette dépêche était une petite lettre écrite en caractères très-fins, signée de l'Empereur François. Il annonçait à Wurmser qu'il allait être incessamment dégagé. Dans tous les cas, il lui ordonnait de ne pas se rendre prisonnier; d'évacuer la place; de passer le Pô, ce qu'il pouvait faire puisqu'il était maître du Séraglio; de se rendre dans les États du Pape, où il prendrait le commandement de son armée. L'Empereur d'Autriche, supposait, comme on le voit, que Wurmser était maître du Séraglio; il état mal informé.

V. *Combat de Saint-Michel.* — En exécution du plan adopté par la Cour de Vienne, Provera eut le commandement du corps d'armée qui devait agir sur l'Adige, pour passer cette rivière et se porter sur Mantoue. Les bataillons volontaires de Vienne faisaient partie du corps d'armée, qui était composé de trois divisions formant vingt-cinq mille hommes. Aux premiers jours de janvier, Provera porta son quartier-général à

Padoue. Le douze il se dirigea, avec deux divisions, sur Montagna, où était l'avant-garde d'Augereau, commandée par le brave général Duphot. Au même moment la troisième division autrichienne, qui avait pris position sur les hauteurs de Caldiéro, marcha sur Saint-Michel pour y attaquer l'avant-garde de Masséna, dont le quartier-général était à Vérone; c'était une fausse attaque. Le général Duphot, attaqué à la pointe du jour par l'avant-garde de Provera, composée des volontaires de Vienne, la contint facilement et la repoussa. Mais sur midi, toute l'armée autrichienne s'étant déployée, Duphot fit retraite, et repassa l'Adige à Legnago. La division qui formait la droite de Provera, et qui attaqua Saint-Michel, était la plus faible. Le général Masséna marcha de Vérone au secours de son avant-garde. La division autrichienne fut rompue, dispersée et poursuivie l'épée dans les reins jusqu'au-delà de l'Alpon.

Ce fut dans ce moment que le général français arriva en poste de Bologne. Il avait été instruit, par ses agens de Venise, du mouvement de l'armée autrichienne sur Padoue. Il avait fait camper les troupes italiennes sur la frontière de la Transpadane, pour s'opposer au Pape, dirigé les deux mille Français de Bologne sur Ferrare, où ils avaient passé le Pô à Ponte-di-Lagoscuro, et rejoint l'armée sur l'Adige. De sa personne, il passa le Pô à Borgoforte, se rendit au quartier-général de Roverbella, et arriva à Vérone au plus fort du feu du combat de Saint-Michel. Il ordonna sur-le-champ à Masséna de reployer, dans la nuit toutes ses troupes sur Vérone.

L'ennemi paraissait être en opération, et il fallait tenir toutes les troupes disponibles, pour pouvoir se porter où serait la véritable attaque. Dans la nuit on reçut des nouvelles du quartier-général de Legnago, qui disaient que toute l'armée autrichienne était en mouvement sur le Bas-Adige; que le grand état-major de l'ennemi y était, ainsi que deux équipages de pont. Le rapport du général Duphot officier de confiance, ne laissait aucun doute sur les nombreuses forces déployées devant lui : il les portait à vingt mille hommes, et supposait que c'était la première ligne de l'ennemi. On fut confirmé dans l'opinion que l'ennemi opérait sur le Bas-

Adige, par la nouvelle de ce qui s'était passé à la Corona. Joubert manda que pendant toute la journée du douze, il avait été attaqué par l'ennemi, qu'il l'avait contenu, et que la division autrichienne avait été repoussée dans toutes ses tentatives.

VI. *Le général Alvinzi occupe la Corona et jette un pont sur l'Adige.* — Le général français ordonna à la division Masséna de repasser l'Adige, et de se réunir sur la rive droite. Il attendit ainsi toute la journée du treize, ce qui se serait passé ce même jour à Legnano, sur l'Adige et la Corona. Les troupes furent prévenues d'être prêtes à faire une marche de nuit, et d'être sous les armes à dix heures du soir. La division qui était à Dezenzano, se porta le onze à Castel-Novo, et attendit là de nouveaux ordres.

Il pleuvait à grands flots. Les troupes étaient sous les armes; mais le général en chef ignorait encore de quel côté il la dirigerait. A dix heures du soir les rapports du Montébaldo et du Bas-Adige arrivèrent. Joubert mandait que le treize à neuf heures du matin, l'ennemi avait déployé de grandes forces; qu'il s'était battu toute la journée ; que sa position étant très-resserrée, il avait eu le bonheur de se maintenir; mais qu'à deux heures après midi, s'étant aperçu qu'il était débordé par la gauche, par la marche d'une division autrichienne qui longeait le lac de Guarda et menaçait de se placer entre Peschiera et lui, et par sa droite, par une autre division ennemie qui avait longé la rive gauche de l'Adige, jeté un pont à une lieue au-dessus de Rivoli, passé ce fleuve, et filait par la rive droite, longeant le pied du Montémagone, pour enlever le plateau de Rivoli, il avait jugé indispensable d'envoyer une brigade pour s'assurer le plateau de Rivoli, la clef de toute la position, et que sur les quatre heures il avait jugé lui-même nécessaire d'abandonner la Corona, afin d'arriver de jour sur le plateau de Rivoli, qu'il serait obligé d'évacuer le lendemain avant neuf heures. Sur le Bas-Adige, l'ennemi avait bordé la rive gauche. Nous étions sur la rive droite. Le projet de l'ennemi se trouva dès-lors démasqué. Il fut évident qu'il opérait avec deux grandes armées sur le Montébaldo et sur le Bas-Adige. La division Augereau parut suffisante pour disputer et défendre le passage de la rivière. Sur le Montébaldo il n'y avait pas un moment à perdre, puisque l'ennemi allait faire sa jonction avec son artillerie et sa cavalerie, en s'emparant du plateau de Rivoli; et que si on pouvait l'attaquer avant qu'il ne se fût emparé de ce point important, il serait obligé de combattre sans son artillerie et sans cavalerie. Il ne fut plus douteux que la principale attaque de l'ennemi ne fût par le Montébaldo. Toutes les troupes furent donc dirigées sur le plateau de Rivoli. Le général en chef s'y rendit lui-même à deux heures du matin.

VII. *Bataille de Rivoli* — Le temps s'était éclairci, il faisait un clair de lune superbe. Napoléon monta sur différentes hauteurs et observa les diverses lignes des feux ennemis. Elles remplissaient le pays entre l'Adige et le lac de Guarda; l'atmosphère en était embrasé. On distingua fort bien cinq corps qui paraissaient formés par cinq divisions *qui avaient déjà commencé leur* mouvement la veille. Les feux des bivouacs annonçaient quarante ou cinquante mille hommes. Les Français devaient être à six heures du matin à Rivoli, avec vingt-deux mille hommes : c'était encore une très-grande disproportion ; mais nous avions sur l'ennemi l'avantage d'avoir soixante pièces de canon et plusieurs milliers de chevaux. Il fut évident, par la position des cinq bivouacs ennemis, qu'ils voulaient nous attaquer vers neuf ou dix heures du matin. La colonne de droite, qui était fort éloignée, avait pour but de venir cerner le plateau de Rivoli par derrière : elle ne pouvait être arrivée avant dix heures ; la première division du centre devait avoir la destination d'attaquer notre position de gauche. La seconde, qui était sur la crête supérieure du Montébaldo, près Saint-Marco, avait pour but de s'emparer de la chapelle de Saint-Marco, de descendre par le plateau de Rivoli, et d'ouvrir le chemin à la colonne de gauche, qui avait longé le pied du Montébaldo, et se trouvait bivouaquée au bord du plateau le long de l'Adige, au fond de la vallée. Le cinquième bivouac paraissait une division de réserve ; il était en arrière.

Sur ces données, Napoléon établit son plan. Il ordonna à Joubert, qui avait évacué la chapelle Saint-Marco, et qui n'occupait plus le plateau de Rivoli que par une arrière-garde, de reprendre *de suite* l'offensive, de se réemparer de la chapelle, et à l'aube du jour, de pousser la deuxième division du centre de l'ennemi, qui était sur la crête supérieure, aussi loin que possible. Cent Croates, instruits par un prisonnier, de l'évacuation de Saint-Marco, venaient d'en prendre possession, lorsque Joubert remonta sur cette chapelle à quatre heures du matin, et reprit sa position en avant.

La fusillade s'engagea avec un régiment de Croates. Au jour, Joubert attaqua la division qui était devant lui, et la poussa de hauteurs en hauteurs sur la crête supérieure de Montébaldo, qui domine la vallée de l'Adige. La première division autrichienne du centre pressa alors sa marche, et un peu avant neuf heures *elle arriva* sur les hauteurs de gauche du plateau de Rivoli. Elle n'avait point d'artillerie. La 14ᵉ et la 85ᵉ, qui garnissaient ce plateau, avaient chacune une batterie. La 14ᵉ, qui occupait la droite, repoussa les attaques de l'ennemi; la 85ᵉ fut débordée et rompue. Mais le général français courut à la division Masséna, qui, ayant marché toute la nuit, prenait un peu de repos, *la mena à l'ennemi;* et, en moins d'une *demi-heure*, la première division autrichienne du centre fut battue et mise en déroute; il était dix heures et demie. La division autrichienne de la gauche, composée de trois mille hommes d'infanterie, de cinq à six mille hommes de cavalerie, de toute l'ambulance et le gros bagage de l'armée, qui était au fond de la vallée, entendant la fusillade près du plateau, et s'étant aperçue que Joubert, qui était à une lieue en avant, n'avait plus personne à la chapelle Saint-Marco, fit monter quelques bataillons de troupes légères pour l'occuper, et prendre Joubert à dos. Lorsque ses bataillons furent à demi-hauteur, l'ennemi se hasarda à faire déboucher douze pièces de canon, deux à trois bataillons d'infanterie et mille chevaux. Cette opération était difficile; c'était une véritable escalade. Joubert *s'en étant aperçu* envoya au pas de course trois bataillons qui arrivèrent à la chapelle avant l'ennemi, et le précipitèrent au fond de la vallée. Une batterie de quinze pièces placée au plateau de Rivoli, mitrailla la partie de la colonne de gauche, qui *commençait* à déboucher. Le colonel Leclerc chargea par peloton avec trois cents chevaux. Le chef d'escadron Lasalle était à la tête du premier peloton, et, par son intrépidité, décida du succès. L'ennemi fut culbuté dans le ravin; on prit tout ce qui avait débouché, infanterie, cavalerie, artillerie.

A onze heures, la colonne de droite de l'armée autrichienne arriva à la position qui lui était indiquée. Elle y trouva notre division de réserve de Dezenzano. Elle plaça une brigade pour la tenir en échec. L'autre brigade, forte de quatre mille hommes, *se plaça* sur la hauteur, à cheval sur le chemin de Vérone au plateau de Rivoli. Elle n'avait point d'artillerie; elle croyait avoir tourné l'armée française; mais il était trop tard. A peine arrivée sur la hauteur, elle put voir la déroute de trois divisions autrichiennes *du centre et de la gauche*. On dirigea contre elle douze à quinze *pièces de la réserve. Après une vive canonnade, elle fut attaquée,* cernée et entièrement prise. La deuxième brigade, qui était plus en arrière, en position contre la réserve de Dezenzano, se mit en retraite. Elle fut vivement poursuivie ; une grande partie fut tuée ou prise. Il était une heure après midi ; l'ennemi était partout en retraite et vivement poursuivi.

Joubert avança avec tant de rapidité qu'un moment nous crûmes toute l'armée d'Alvinzi prise. Joubert arrivait à l'escalier, seule retraite de l'ennemi ; mais Alvinzi sentant le danger où il était, marcha avec ses troupes de réserve, contint Joubert, et même lui fit perdre un peu de terrain. La bataille était gagnée. Nous avions du canon, des drapeaux et un grand nombre de prisonniers. Deux de nos détachemens qui venaient rejoindre l'armée, *donnèrent dans la division qui nous avait coupé le chemin de Vérone*. Le bruit se répandit aussitôt *sur les derrières* que l'armée française était cernée *et perdue*...

Dans cette journée, le *général en chef* fut plusieurs fois entouré par l'ennemi. Il eut plusieurs chevaux tués ou blessés. Chabot occupait Vérone avec une poignée de monde ; mais la division de Caldiéro avait été si bien battue le douze à Saint-Michel, qu'elle n'avait pu rien entreprendre. Elle se contenta de garder sa position.

VIII. *Passage de l'Adige par Provera. — Il marche sur Mantoue.* — Le quatorze, Provera jeta un pont à Anghiari; et le quinze, à la pointe du jour, il passa l'Adige et se mit en marche sur Mantoue. Augereau se porta sur le pont de l'ennemi, fit prisonnier quinze cents hommes que Provera avait laissés pour sa garde, et s'empara du pont pendant la journée du quinze; mais Provera avait *gagné une marche* sur lui : *Mantoue était compromise.*

Il est difficile d'empêcher un ennemi qui a plusieurs équipages de pont, de passer une rivière, lorsque l'armée qui défend le passage a pour but de couvrir un siége. Le général doit avoir pris ses mesures pour *arriver à une* position intermédiaire, entre la rivière qu'il défend, et la place qu'il couvre, avant l'ennemi. Le général français avait donné des ordres en conséquence. Aussitôt que l'ennemi *aurait* passé, il fallait se diriger sur la Molinella, y arriver avant lui, et, après avoir couvert la place, marcher à sa rencontre. L'oubli de ce principe et de ces instructions compromit Mantoue.

Napoléon ayant appris, trois lieues

après midi, que Provera jetait un pont à Anghiari, prévit sur-le-champ ce qui allait arriver. Il laissa à Masséna, à Murat et à Joubert, le soin de suivre le lendemain Alvinzi, et partit à l'heure même avec quatre régimens pour se rendre devant Mantoue. Il arriva à Roverbello comme Provera arrivait devant Saint-Georges. Hohenzollern, qui commandait l'avant-garde de Provera, parut le seize à l'aube du jour. Il arrivait à la tête d'un régiment couvert de manteaux blancs à la porte de Saint-Georges. Il savait que ce faubourg n'était point fortifié, qu'il n'était couvert que par un simple retranchement de campagne; il espérait le surprendre. Miolis, qui y commandait, ne se gardait que du côté de la ville. Il savait qu'il était couvert par une division qui était sur l'Adige, et que l'ennemi était très-loin. Les housards de Hohenzollern ressemblaient au 1er de housards français. Cependant un vieux sergent de la garnison de Saint-Georges, qui faisait du bois à deux cents pas de la place, fixa cette cavalerie arrivant sur la ville; il conçut des doutes qu'il communiqua à un de ses camarades; il leur parut que les manteaux blancs étaient bien neufs pour être Berchigni. Ces braves gens, dans l'incertitude, se jettent dans Saint-Georges, crient aux armes, et poussent la barrière. La cavalerie se mit au galop; mais il n'était plus temps : elle fut reconnue et mitraillée. Toutes les troupes furent bientôt sur les remparts. A midi Provera cerna la place. Le brave Miolis avec quinze cents hommes se défendit toute la journée.

IX. *Bataille de la Favorite.* — Cependant Provera communiqua avec Wurmser par une barque au travers du lac. Le dix-sept, à la pointe du jour, Wurmser sort avec la garnison, et prend position à La Favorite. A une heure du matin Napoléon plaça les quatre régimens entre La Favorite et Saint-Georges, et empêcha la garnison de Mantoue de se joindre à Provera. Serrurier attaqua à la pointe du jour la garnison de Mantoue avec les troupes du blocus. Le général en chef attaqua Provera. C'est à cette bataille que la 57ᵉ mérita le nom de terrible. Seule elle aborda la ligne autrichienne à la baïonnette, et renversa tout ce qui voulut résister. A deux heures après midi la garnison de Mantoue ayant été rejetée, Provera capitula et posa les armes, nous laissant beaucoup de drapeaux, de bagages, plusieurs équipages de pont. Six mille prisonniers et plusieurs généraux restèrent en notre pouvoir. Il ne s'échappa des vingt-deux mille hommes de Provera, que ce qui était resté de la division qui, le douze, avait attaqué Saint-Michel, et qui continua de rester dans sa position de Caldiéro, et quinze cents hommes que Provera avait laissés sur la rive gauche de l'Adige, à la garde de ses parcs et magasins; tout le reste fut pris ou tué. Cette bataille fut appelée de La Favorite.

Le quinze, Joubert poussa toute la journée Alvinzi devant lui, et arriva si rapidement sur l'escalier, que six à sept mille hommes furent coupés. Murat, avec une colonne, se porta sur la Corona, et entra dans le Tyrol. La division Masséna se rendit à Bassano. Une divison d'Alvinzi commençait à se rallier sur la Brenta; on la défit et on la jeta au-delà de la Piave. Le général Augereau marcha à Castel-Franco et delà à Trévise. Il eut aussi à soutenir quelques légères affaires d'avant-garde.

Toutes les troupes autrichiennes repassèrent la Piave. Les neiges remplissaient toutes les gorges du Tyrol; ce fut le plus grand obstacle que Joubert eut à surmonter; l'infanterie française triompha de tout. Joubert entra dans Trente. Le général Victor fut envoyé sur le Laviso, et par les gorges de la Brenta, se remit en communication avec Masséna, dont le quartier-général était à Bassano.

On ramassa beaucoup de prisonniers dans divers petits combats; on trouva partout des malades autrichiens et beaucoup de magasins. L'armée se trouva dans la même position qu'après les batailles de Roveredo, de Bassano, et avant celle d'Arcole, et Bessières fut envoyé porter de nouveaux trophées à Paris. Les combats de Saint-Michel, de Rivoli, d'Anguiari et de La Favorite, firent perdre à Alvinzi plus des deux tiers de son armée. De ses quatre-vingt mille hommes, il n'en ramena que vingt-cinq mille en Autriche.

X. *Reddition de Mantoue.* — Désormais nous n'avions plus d'inquiétude sur Mantoue. Depuis long-temps la garnison avait été mise à la demi-ration; tous les chevaux étaient mangés. On fit connaître à Wurmser les résultats de la bataille de Rivoli; il n'avait plus rien à espérer. On le somma de se rendre; il répondit fièrement qu'il avait des vivres pour un an. Cependant, à quelques jours de là, Klenau, son premier aide-de-camp, se rendit au quartier-général de Serrurier : il protesta que la *garnison* avait encore pour trois mois de vivres; mais que le maréchal, ne croyant pas que l'Autriche pût dégager la place à temps, sa conduite serait réglée par les conditions qu'on lui ferait. Serrurier répondit qu'il allait prendre les ordres du général en chef à ce sujet.

Napoléon se rendit à Roverbello; Serrurier fit appeler Klenau. Le général français resta inconnu, enveloppé dans sa capote. La conversation s'engagea entre Serrurier et Klenau ; Klenau employait tous les moyens d'usage, et diversait longuement sur les grands moyens qui restaient à Wurmser, et à la grande quantité de vivres *qu'il avait dans ses magasins de réserve*. Le général français s'approcha de la table et écrivit près d'une demi-heure ses décisions en marge des propositions de Wurmser, pendant que la discussion durait toujours avec

Serrurier. *Quand il eut fini :* « Si Wurm-
» ser, dit-il à Klenau, avait seulement
» pour dix-huit à vingt jours de vivres et
» qu'il parlât de se rendre, il ne méri-
» terait aucune capitulation *honorable.*
» Voici les conditions que je lui accorde,
» ajouta-t-il, en rendant le papier à Ser-
» rurier ; vous y lirez surtout qu'il sera
» libre de sa personne, parce que j'ho-
» nore son grand âge et ses mérites, et
» que je ne veux pas qu'il devienne la
» victime des intrigans qui voudraient
» le perdre à Vienne. *S'il ouvre ses portes*
» *demain, il aura les conditions que je*
» *viens d'écrire ; s'il tarde quinze jours,*
» *un mois, deux, il aura encore les mêmes*
» *conditions. Il peut donc désormais at-*
» *tendre jusqu'au dernier morceau de pain.*
» *Je pars à l'instant pour passer le Pô ;*
» *je marche sur Rome.* Vous connaissez
» mes intentions, allez les dire à votre
» général. »

Klenau, qui n'avait rien conçu aux
premières paroles, ne tarda pas à juger
à qui il avait affaire. Il prit connaissance
des décisions, dont la lecture le pénétra
de reconnaissance et d'admiration pour
un procédé aussi généreux et aussi peu
attendu. Il ne fut plus question de dis-

simuler, et il convint qu'il n'avait plus de vivres que pour trois jours. Wurmser fit solliciter *le général français*, puisqu'il devait traverser le Pô, de venir le passer à Mantoue, ce qui lui éviterait beaucoup de détours et de difficultés. Mais déjà tous les arrangemens de voyage étaient disposés. Wurmser lui écrivit pour lui exprimer toute sa reconnaissance. Peu de jours après il lui expédia un aide-de-camp à Bologne, pour l'instruire d'une trame d'empoisonnement qui devait avoir lieu dans la Romagne, et lui donna des renseignemens nécessaires pour s'en garantir; cet avis fut utile. Le général Sérurier présida donc aux détails de la reddition de Mantoue, et vit défiler devant lui le vieux maréchal et tout l'état-major de son armée. Déjà Napoléon était dans la Romagne. L'indifférence avec laquelle il se dérobait au spectacle si flatteur d'un maréchal de grande réputation, généralissime des forces autrichiennes, à la tête de tout son état-major, lui remettant son épée, fut un sujet d'étonnement *qui retentit dans toute l'Europe.*

N. B. de l'éditeur écrit sous dictée.

1° Alvinzi, quoiqu'on trouve dans les

divers rapports, avait quatre-vingt mille hommes, Provera compris. Les forces du Tyrol étaient de plus de cinquante mille hommes. Provera en avait vingt-cinq, dont sept mille combattaient à Saint-Michel, et dix-huit mille, formant deux divisions, avaient marché sur Mantoue. De ces dix-huit mille hommes, trois mille restèrent sur ses derrières, dix mille arrivèrent à Saint-Georges, et cinq mille restèrent en arrière sur la Molinella pour parer le mouvement d'Augereau qui suivait : tout cela fut pris. S'il ne se trouva que sept mille prisonniers dans la colonne de Provera, c'est qu'il avait livré deux combats, l'un à Anguiari, un autre à Saint-Georges, et donné la bataille de La Favorite, qui lui avait coûté du monde; et que beaucoup de soldats autrichiens entrés dans les hôpitaux ne sont pas compris dans le nombre des prisonniers. Les rapports ne marquent que vingt-trois mille prisonniers : le vrai est que les Français en firent plus de trente mille; c'est que, en général, l'armée gardait mal ses prisonniers; elle en laissait échapper un grand nombre. Le cabinet de Vienne avait organisé des administrations en

Suisse et sur les routes pour favoriser leur désertion. On peut calculer qu'un quart des prisonniers se sauvait avant d'être arrivé au quartier-général central; un autre quart, avant de parvenir en France, où il n'en arrivait guère qu'une moitié. Beaucoup aussi s'encombraient dans les hôpitaux.

2° Si dans le rapport officiel, Bessières ne présenta au Directoire que soixante et onze drapeaux, c'est que les méprises communes dans les mouvemens d'un grand état-major en retinrent treize en arrière. On les trouvera dans le nombre de ceux que présenta Augereau après la prise de Mantoue.

3° Des soixante drapeaux qu'Augereau présenta au Directoire, treize étaient un reste des trophées de Rivoli et de la Favorite, qu'aurait dû présenter Bessières. Les quarante-sept autres furent trouvés dans Mantoue, et font connaître les nombreux cadres de l'armée de Wurmser, qui s'étaient renfermés dans cette place. Le choix d'Augereau pour porter ces drapeaux, fut la récompense des services qu'il avait rendus à l'armée, surtout à la journée de Castiglione. Cependant il eût été plus naturel encore de les envoyer par Masséna, qui avait des titres bien supérieurs. Mais le général en chef comptait beaucoup plus sur celui-ci pour sa campagne d'Allemagne, et ne voulut point s'en séparer. Il en est qui ont cru que Napoléon s'apercevant qu'on affectait d'élever outre mesure le général Augereau, fut bien aise, en l'envoyant à Paris, de mettre chacun à même d'apprécier justement le caractère et les talens de cet officier, qui ne pouvait que perdre à l'épreuve. D'autres ont pensé, au contraire, que le général en chef avait eu pour but de fixer les regards de Paris sur un de ses lieutenans. Augereau était Parisien.

Mercredi 1ᵉʳ Mai.

Troisième jour de réclusion. — Beau résumé de l'histoire de l'Empereur.

L'Empereur n'est pas plus sorti de sa chambre que la veille. Je me suis trouvé malade de la course de Briars; j'ai eu un peu de fièvre et une forte courbature. Sur les sept heures du soir l'Empereur m'a fait venir dans sa chambre : il lisait Rollin, que, selon sa coutume, il disait beaucoup trop bonhomme. Il ne semblait pas avoir souffert, et me disait même qu'il était très-bien; mais je n'en étais que plus inquiet de sa réclusion et de son calme. Il a voulu dîner plus tard que de coutume, et m'a retenu; il a demandé un verre de vin de Constance quelque temps avant son dîner; c'est ce qu'il fait d'ordinaire quand il se sent le besoin d'être réveillé.

Après le dîner il a parcouru quelques-unes des adresses, des proclamations ou actes du recueil de Goldsmith, d'ailleurs si incomplet : quelques-unes l'ont remué; alors posant le livre et se mettant à marcher, il a dit : « Après tout, ils au-
» ront beau retrancher, supprimer, mu-
» tiler, il leur sera bien difficile de me
» faire disparaître tout à fait. Un histo-
» rien français sera pourtant bien obligé
» d'aborder l'empire; et, s'il a du cœur,
» il faudra bien qu'il me restitue quelque
» chose, qu'il me fasse ma part, et sa
» tâche sera aisée, car les faits parlent,
» ils brillent comme le soleil.

» J'ai refermé le gouffre anarchique
» et débrouillé le chaos. J'ai dessouillé
» la révolution, ennobli les peuples et
» raffermi les Rois. J'ai excité toutes les
» émulations, récompensé tous les mé-

» rites, et reculé les limites de la gloire!
» Tout cela est bien quelque chose! Et
» puis sur quoi pourrait-on m'attaquer,
» qu'un historien ne puisse me défendre?
» Serait-ce mes intentions? mais il est
» en fond pour m'absoudre. Mon despo-
» tisme? mais il démontrera que la dic-
» tature était de toute nécessité. Dira-t-
» on que j'ai gêné la liberté? mais il
» prouvera que la licence, l'anarchie,
» les grands désordres, étaient encore
» au seuil de la porte. M'accusera-t-on
» d'avoir trop aimé la guerre? mais il
» montrera que j'ai toujours été attaqué;
» d'avoir voulu la monarchie universelle?
» mais il fera voir qu'elle ne fut que
» l'œuvre fortuite des circonstances, que
» ce furent nos ennemis eux-mêmes qui
» m'y conduisirent pas à pas; enfin, sera-
» ce mon ambition? ah! sans doute il m'en
» trouvera, et beaucoup; mais de la plus
» grande et de la plus haute qui fut peut-
» être jamais! celle d'établir, de consa-
» crer enfin l'empire de la raison, et le
» plein exercice, l'entière jouissance de
» toutes les facultés humaines! Et ici
» l'historien peut-être se trouvera réduit
» à devoir regretter qu'une telle ambi-
» tion n'ait pas été accomplie, satisfaite! »

Et après quelques secondes de silence et de réflexion : « Mon cher, a dit l'Em- » pereur, en bien peu de mots, voilà » pourtant toute mon histoire. »

Jeudi 2.

Quatrième jour de réclusion absolue. — Le Moniteur favorable à l'Empereur, etc.

L'Empereur a encore gardé la chambre comme les jours précédens. Il m'a fait appeler le soir après mon dîner, sur les neuf heures. Il avait passé la journée sans voir personne ; je suis demeuré avec lui jusqu'à onze heures ; il était gai et sem- blait bien portant. Je l'assurai que les journées nous étaient bien longues quand on ne le voyait pas ; qu'il était difficile qu'il ne sentît pas bientôt les effets funestes de sa stricte réclusion, et du manque de respirer l'air du dehors. Pour moi j'en étais fort inquiet et très-affligé. En effet, une demi-heure au moins avant que de me renvoyer, il s'est mis dans son lit ; les jambes lui refusaient, di- sait-il, le service ; il se sentait fatigué d'avoir tant marché avec moi, bien qu'il n'eut fait que quelques tours dans sa chambre.

Il avait beaucoup parlé de la Légion

d'honneur, du recueil de Goldsmith, et du Moniteur. Il disait, à l'occasion de celui-ci, qu'assurément c'était une chose bien remarquable et dont bien peu d'autres pourraient se vanter, que d'avoir traversé la révolution si jeune et avec tant de fracas, sans avoir à redouter le Moniteur. « Il n'est pas une phrase, disait-il, que j'aye à en faire effacer. Au contraire, il demeurera infailliblement ma justification toutes les fois que je pourrai en avoir besoin. »

Sur la Légion d'honneur il a dit, entre autres choses, que la diversité des ordres de chevalerie et leur spécialité de récompense consacraient les castes, tandis que l'unique décoration de la Légion d'honneur, avec l'universalité de son application, était au contraire le type de l'égalité. L'une entretenait l'éloignement parmi les classes, tandis que l'autre devait amener la cohésion des citoyens; et son influence, ses résultats dans la grande famille pouvaient devenir incalculables: c'était le centre commun, le moteur universel de toutes les ambitions diverses, le véhicule de tous les lustres, la récompense et l'aiguillon de tous les efforts généreux, etc., etc.

..... Notre éducation et nos mœurs passées nous faisaient bien plus vaniteux que forts penseurs; aussi bien des officiers se trouvaient-ils choqués de voir leur même décoration descendre jusqu'au tambour, et embrasser également le prêtre, le juge, l'écrivain et l'artiste, mais ce travers se fût passé; nous marchions vite, et bientôt les militaires se seraient trouvés honorés de se voir en confraternité avec les premiers savans et les plus distingués de toutes les professions, tandis que ceux-ci se seraient sentis honorés, ennoblis de se trouver en ligne avec ce qu'il y avait de plus vaillant, et l'ensemble eût composé vraiment la réunion de tout ce qu'il y avait de plus *honorable* dans l'État.

.... Et il termina par ces paroles remarquables : « Le jour où l'on s'éloi» gnera de l'organisation première, on » aura détruit une grande pensée, et ma » *Légion d'honneur* cessera d'exister. »

Vendredi 3.

Cinquième jour de réclusion.

L'Empereur n'est pas sorti davantage; c'était son cinquième jour de réclusion; il continuait à ne voir personne. Nous ignorions au dehors ce qui se passait dans son intérieur. Il me faisait appeler pour ainsi dire à la dérobée. J'y suis entré sur les six heures du soir.

Je lui ai renouvelé notre inquiétude et notre peine de le voir ainsi renfermé. Il m'a dit qu'il supportait fort bien la chose. Mais les journées étaient longues, les nuits encore davantage. Il n'avait rien fait de tout le jour; il s'était trouvé de mauvaise humeur, disait-il; encore en ce moment il était silencieux, sombre, appesanti. Il s'est mis au bain; je l'y ai suivi, et ne l'ai quitté que pour le laisser essuyer. Il a fini la soirée par des objets ou des récits bien importans. . . .
. . . .

Samedi 4.

Sixième jour de réclusion.

L'Empereur n'est pas sorti encore. Il avait dit pourtant qu'il monterait à cheval sur les quatre heures; mais la pluie est venu déranger son intention. Il a reçu le Grand-Maréchal.

Sur les huit heures il m'a fait appeler pour dîner avec lui. Il a dit que le Gouverneur était venu chez le Grand-Maréchal, qu'il y était demeuré plus d'une heure. Il y avait tenu une conversation souvent pénible, même parfois offensante. Il avait parcouru divers objets avec beaucoup d'humeur et très-peu d'égards, d'une manière très-vague et sans résultats, nous reprochant surtout, à ce qu'il paraissait, de nous plaindre beaucoup et sans raison, disait-il; il soutenait que nous étions très-bien, et devrions être contens; que nous semblions nous abuser étrangement sur nos personnes et nos situations, etc., etc. Que du reste (du moins cela a été compris ainsi), il voulait être assuré chaque jour, par témoignage évident, de l'existence et de la présence de l'Empereur.

Il est certain que ce point était la véritable cause de son humeur et de son agitation. Plusieurs jours venaient de s'écouler sans qu'il eût pu recevoir de rapport de son officier ou de ses espions, l'Empereur n'étant point sorti, et personne n'étant censé avoir été admis chez lui.

Mais comment s'y prendrait-il? C'est ce qui nous a fort occupés à notre tour. L'Empereur ne se soumettrait jamais, fût-ce au péril de sa vie, à une visite régulière, qui pourrait au fait se renouveler capricieusement à toute heure du jour et de la nuit. Le Gouverneur emploiera-t-il la force et la violence pour disputer à l'Empereur un dernier asile de quelques pieds en carré, et quelques heures de repos? Ses instructions doivent avoir prévu le cas; aucun outrage, aucun manque d'égards, aucune barbarie ne me surprendraient dans les ordres donnés.

Quant aux expressions du Gouverneur sur ce que nous nous abusions sur nos personnes et notre situation, nous savons fort bien qu'au lieu d'être aux Tuileries, nous sommes à Sainte-Hélène, qu'au lieu d'être maîtres, nous sommes captifs: en quoi dès lors pourrions-nous donc nous abuser?

Dimanche 5.

Sur la Chine et la Russie. — Rapprochemens des deux grandes révolutions de France et d'Angleterre.

Sur les dix heures du matin, l'Empereur allait monter à cheval; c'était sa première sortie. Le résident de la compagnie des Indes à la Chine se trouvait là, sollicitant depuis long-temps l'honneur de lui être présenté. Il l'a fait appeler, la questionné pendant quelques minutes avec beaucoup de bienveillance. Nous avons fait route ensuite pour aller voir Mme Bertrand. L'Empereur y est resté plus d'une heure. Il est faible et changé; sa conversation traînante. Nous avons regagné Longwood. L'Empereur a voulu déjeûner à l'air.

Il a fait appeler notre hôte de Briars, le bon M. Balcombe, et le résident de la Chine qui se trouvait encore là. Tout le temps du déjeûner s'est passé en questions sur la Chine, sur sa population, ses lois, ses usages, son commerce, etc.

Le résident racontait qu'il y avait peu d'années, il était arrivé un incident entre les Russes et les Chinois, qui eût pu avoir des suites, si les affaires d'Europe n'eussent entièrement absorbé la Russie.

Le voyageur russe Krusenstern, dans son voyage autour du monde, relâcha à Canton avec ses deux bâtimens. On le reçut provisoirement, et on lui permit, tout en attendant les ordres de la Cour, de vendre des fourrures dont étaient chargés ses vaisseaux, et de les remplacer par du thé. Ces ordres se firent attendre plus d'un mois; M. de Krusenstern était déjà parti depuis deux jours, quand ils arrivèrent. Ils portaient que les deux vaisseaux eussent à sortir à l'instant; que tout commerce avec les Russes, dans cette partie, demeurait interdit; qu'on avait assez accordé à leur Empereur, par terre, dans le Nord de l'empire; qu'il était inouï qu'il eût tenté de l'accroître encore dans le Midi par mer; qu'on montrerait un vif mécontentement à ceux qui leur auraient appris cette route. L'ordre portait encore que si les bâtimens étaient partis avant l'arrivée du rescrit de Pékin, la factorerie anglaise serait chargée de le faire parvenir, par la voie de l'Europe, à l'Empereur des Russes.

Napoléon s'était trouvé très-fatigué de sa courte sortie; il y avait sept jours qu'il n'avait pas quitté la chambre; c'était la première fois qu'il reparaissait au milieu de nous. Nous avons trouvé ses traits visiblement altérés.

Sur les cinq heures il m'a fait appeler; le Grand-Maréchal était auprès de lui. J'ai trouvé l'Empereur déshabillé; il avait essayé vainement de reposer; il se croyait un peu de fièvre; c'était de la courbature. Il avait fait allumer du feu, et n'avait pas voulu de lumière dans sa chambre. Nous avons causé ainsi dans l'obscurité, à conversation perdue, jusqu'à huit heures, qu'il nous a renvoyés pour dîner.

Il avait été question, dans le jour, du rapprochement des deux grandes révolutions d'Angleterre et de France. « Elles » ont beaucoup de similitude et de dif- » férence, observait l'Empereur : elles » sont inépuisables pour la méditation. » Et il a dit des choses fort remarquables et fort curieuses. Je vais réunir ici ce qui a été dit en cet instant, ou bien encore dans d'autres momens.

« Dans les deux pays la tempête se forme sous les deux règnes indolens et faibles de Jacques Ier et de Louis XV; elle éclate sous les deux infortunés Charles Ier et Louis XVI.

» Tous deux tombent victimes ; tous deux périssent sur l'échafaud, et leurs deux familles sont proscrites et bannies.

» Les deux monarchies deviennent deux républiques et durant cette période, les deux nations se plongent dans tous les excès qui peuvent dégrader l'esprit et le cœur. Elle se déshonorent par des scènes de fureur, de sang et de folie; elles brisent tous les liens, et renversent tous les principes.

» Alors dans les deux pays deux hommes, d'une main vigoureuse, arrêtent le torrent et règnent avec lustre. Après eux les deux familles héréditaires sont rappelées; mais toutes deux prennent une mauvaise direction. Elles font des fautes; une nouvelle tempête éclate inopinément dans les deux endroits, et rejette en dehors du territoire les deux dynasties rétablies, sans qu'elles aient pu venir à bout de faire opposer la moindre résistance aux deux adversaires qui les renversent.

» Dans ce parallèle singulier, *Napoléon* se trouve avoir été en France tout à la fois le *Cromwell* et le *Guillaume III* de l'Angleterre. Mais comme tout rapprochement avec Cromwell a quelque chose d'odieux, je me hâte d'ajouter que si ces deux hommes célèbres coïncident dans une seule circonstance, il est difficile de différer davantage sur toutes les autres.

» Cromwell paraît sur la scène dans un âge mûr. Il n'arrive au premier rang qu'à force de duplicité, d'adresse et d'hypocrisie.

» Napoléon s'élance à peine au sortir de l'enfance, et ses premiers pas brillent d'une gloire pure.

» C'est en opposition et en haine de tous les partis, en imprimant une souillure éternelle à la révolution anglaise, que Cromwell arrive au pouvoir suprême.

» C'est au contraire en effaçant les taches de la révolution française, et par le concours de tous les partis qui s'efforcent tour à tour de l'avoir pour chef, que Napoléon monte sur le trône.

» Toute la gloire militaire de Cromwell fut acquise sur le sang anglais; tous ses triomphes durent être autant de deuils nationaux. Ceux de Napoléon ne frappèrent jamais que l'étranger, et remplirent d'ivresse la nation française.

» Enfin la mort de Cromwell fut la joie de toute l'Angleterre; elle devint une délivrance publique. On ne saurait en dire précisément autant de Napoléon.

» En Angleterre, la révolution fut le soulèvement de toute la nation contre le Roi. Il avait violé les lois, usurpé le pouvoir absolu : elle voulut rentrer dans ses droits.

» En France, la révolution fut le soulèvement d'une partie de la nation contre une autre partie ; celui du tiers-état contre la noblesse ; la réaction des Gaulois contre les Francs. Le Roi fut moins attaqué comme souverain que comme chef de la féodalité ; on ne lui reprocha point d'avoir violé les lois ; mais on prétendit s'affranchir et se reconstituer à neuf.

» En Angleterre, si Charles Ier avait cédé de bonne foi, s'il avait eu le caractère modéré, incertain de Louis XVI, il eût survécu.

» En France au contraire, si Louis XVI avait résisté franchement, s'il avait eu le courage, l'activité, l'ardeur de Charles Ier, il eût triomphé.

» Durant tout le conflit, Charles Ier, isolé dans son île, n'eut autour de lui que des partisans, des amis ; jamais aucune branche constitutionnelle.

» Louis XVI avait une armée régulière ; les secours de l'étranger, deux parties constitutionnelles de la nation, la noblesse et le clergé. Il se présentait en outre à Louis XVI un second parti décisif que n'eut pas Charles Ier, celui de renoncer à être le chef de la *féodalité*, pour le devenir de la *nation* : malheureusement il ne sut prendre ni l'un ni l'autre.

» Charles Ier périt donc pour avoir résisté, et Louis XVI pour n'avoir pas résisté. L'un était intimement convaincu des droits de sa prérogative : il est douteux, assure-t-on, que l'autre en fût bien persuadé, non plus que de sa nécessité.

» En Angleterre, la mort de Charles Ier fut l'ouvrage de l'ambition astucieuse, atroce, d'un seul homme.

» En France, ce fut l'ouvrage de la multitude aveuglée, celui d'une assemblée populaire et désordonnée.

» En Angleterre, les représentans du peuple, par une teinte de pudeur, s'abstinrent d'être juges et parties dans le meurtre qu'ils commandaient ; ils nommèrent un tribunal pour juger le Roi.

» En France, ils ont osé être tout à la fois accusateurs et juges.

» C'est qu'en Angleterre l'affaire était conduite par une main invisible ; elle avait plus de réflexion et de calme. En France, elle le fut par la multitude, dont la fougue est sans bornes.

» En Angleterre, la mort du Roi donna naissance à la république. En France, au contraire, ce fut la naissance de la république qui causa la mort du Roi.

» En Angleterre, l'explosion politique s'opéra par les efforts du fanatisme religieux le plus ardent. En France, elle se fit aux acclamations d'une cynique impiété : chacun selon son siècle et ses mœurs.

» En Angleterre, c'étaient les excès de la sombre école de Calvin. En France, c'étaient ceux des doctrines trop relâchées de l'école moderne.

» En Angleterre, la révolution se trouva mêlée avec une guerre civile. En France, elle le fut avec des guerres étrangères; et c'est à ces efforts, à cette contradiction des étrangers, que les Français attribuent, avec raison, la faute de leurs excès. Les Anglais n'ont aucune excuse de ce genre.

» C'est l'armée, en Angleterre, qui fut coupable de toutes les fureurs, de toutes les extravagances; elle fut le fléau des citoyens.

» En France, au contraire, c'est à l'armée qu'on dut tout. Ce furent ses triomphes au dehors qui affaiblirent ou firent oublier les horreurs du dedans ; c'est elle qui donna à la patrie l'indépendance, la gloire, les trophées.

» En Angleterre, la restauration fut l'ouvrage des Anglais mêmes ; elle fut reçue avec la plus vive exaltation : la nation échappait à l'esclavage, et crut retrouver la liberté... En France, ce ne fut pas précisément de même.

» Enfin, en Angleterre un gendre renverse son beau-père du trône : il est appuyé de toute l'Europe, et l'ouvrage demeure impérissable et révéré.

» En France, au contraire, l'élu d'un peuple qu'il a déjà gouverné quinze ans avec l'assentiment du dedans et du dehors, ressaisit une couronne qu'il prétend lui appartenir. L'Europe entière se lève en masse ; elle le met hors la loi. Onze cent mille hommes marchent contre sa seule personne ; il succombe ; on le jette dans les fers et l'on prétend flétrir sa mémoire !!! »

Lundi.

Docteur O'Méara ; explication. — Consulat. — Opinion de l'émigration sur le Consul. — Idées de l'Empereur sur les biens des émigrés. — Syndicat projeté. — Circonstances heureuses qui concourent à la carrière de l'Empereur. — Opinion des Italiens. — Couronnement par le Pape. — Les mécontens séduits lors de Tilsit. — Bourbons d'Espagne. — Arrivée du fameux palais de bois.

L'Empereur m'a fait appeler sur les neuf heures. Il était tracassé des dispositions du nouveau Gouverneur, surtout de l'idée qu'on osât violer le dernier sanctuaire de son intérieur; il préférait la mort à ce dernier outrage, et était résolu à en courir les risques. Une catastrophe lui semblait inévitable, il supposait qu'elle était ordonnée, que l'on ne cherchait que les prétextes; il était décidé à ne pas les éviter.

« Je m'attends à tout, me disait-il
» dans un certain moment d'abandon; ils
» me tueront ici, c'est certain..... »

Il a fait venir le docteur O'Méara pour connaître son opinion personnelle, et m'a chargé de lui traduire qu'il ne se plaignait nullement de lui jusqu'à présent, bien au contraire, qu'il le regardait comme un honnête homme, et la preuve en était qu'il allait s'en rapporter à ses réponses. Il s'agissait de s'entendre: se considérait-il comme son médecin, à lui personnellement, ou comme le médecin d'une prison, et imposé par son gouvernement; était-il son confesseur ou son surveillant; faisait-il des rapports sur lui, ou en ferait-il au besoin. Dans l'un des deux cas, l'Empereur continuait de recevoir volontiers ses services, était reconnaissant de ceux qu'il avait déjà reçus; dans l'autre, il le remerciait, et le priait de les discontinuer.

Le docteur a répondu bien positivement et avec affection. Il a dit que son ministère étant tout de profession, et entièrement étranger à la politique, il se considérait comme le médecin de sa personne, et demeurait étranger à toute autre considération; qu'il ne faisait aucun rapport, qu'on ne lui en avait pas encore demandé; qu'il n'imaginait de cas qui pût le porter à en faire, que celui de maladie grave où il aurait besoin d'appeler les secours d'autres gens de l'art, etc., etc.

Sur les trois heures, l'Empereur est sorti dans le jardin, se préparant à monter à cheval. Il venait de dicter longuement à Gourgaud, et avait à peu près complété son époque de 1815; il était content de son travail.

J'ai osé lui recommander ensuite celle du consulat; cette époque si brillante, où une nation en dissolution se trouva magiquement recomposée, en peu d'instans, dans ses lois, sa religion, sa morale, dans les vrais principes, les préjugés honnêtes et brillans; le tout aux applaudissemens et à l'admiration universelle de l'Europe étonnée.

J'étais en Angleterre à cette époque; la masse de l'émigration, lui disais-je, avait été vivement frappée de tous ces actes : le rappel des prêtres, celui des émigrés, avaient été reçus comme un bienfait; la grande foule s'était empressée d'en profiter.

L'Empereur me demandait alors si ce mot d'amnistie, ne nous avait pas choqués. « Non, disais-je, nous savions
» toutes les difficultés que le Premier
» Consul avait éprouvées à notre égard;
» nous savions que tout le bon de cette
» mesure n'était dû qu'à lui, que lui seul
» était pour nous, que tout ce qu'il y
» avait de mauvais venait de ceux qu'il

» avait été obligé de combattre en notre
» faveur. Plus tard, ajoutai-je, et ren-
» trés en France, nous trouvions, il est
» vrai, que le Consul eût pu nous traiter
» mieux à l'égard de nos biens, et sans
» beaucoup de peine, par sa seule atti-
» tude silencieuse et passive; c'en eût été
» assez pour amener partout des arran-
» gemens à l'amiable entre les dépouillés
» et les acheteurs.

» Sans doute je l'eusse pu, disait l'Em-
» pereur; mais pouvais-je me fier assez
» à vous autres pour cela?... Répondez.

» Sire, disais-je, à présent que je suis
» plus habitué aux affaires, que je vois
» plus en grand, je comprends facile-
» ment que la politique le voulait ainsi.
» Les dernières circonstances ont mon-
» tré combien c'était sage; il ne fallait
» point désintéresser ainsi la nation.
» L'affaire des biens nationaux est un des
» premiers arcs-boutans de l'esprit et du
» parti national.

» Vous y êtes, observait l'Empereur;
» toutefois j'eusse pu accorder toutes
» choses; j'en ai eu un moment la pen-
» sée, et j'ai fait une faute de ne pas
» l'accomplir. C'était de composer une
» masse, un *syndicat* de tous les biens

» restans des émigrés, et de leur distri-
» buer à leur retour, dans une échelle
» proportionnelle. Au lieu de cela,
» quand je me suis mis à rendre indivi-
» duellement, je n'ai pas tardé à m'aper-
» cevoir que je les rendais trop riches,
» et ne faisais que des insolens. Tel à
» qui, grâces à ses mille sollicitations et
» à ses mille courbettes, on rendait cin-
» quante mille écus, cent mille écus de
» rente, ne nous tirait plus le chapeau
» le lendemain ; et loin d'avoir la moindre
» reconnaissance, ce n'était plus qu'un
» impertinent qui prétendait même avoir
» payé sous main la faveur qu'il avait ob-
» tenue. Tout le faubourg St-Germain
» allait prendre cette direction. Il se
» trouva que j'allais recréer sa fortune,
» et qu'il n'en fût pas moins demeuré
» ennemi et anti-national. Alors j'arrêtai,
» en opposition à l'acte d'amnistie, la
» restitution des bois non vendus, toutes
» les fois qu'ils dépasseraient une cer-
» taine valeur. C'était une injustice, d'a-
» près la lettre de la loi, sans doute ;
» mais la politique le voulait impérieuse-
» ment : la faute en avait été à la rédac-
» tion et à l'imprévoyance. Cette réac-
» tion de ma part détruisit le bon effet

» du rappel des émigrés, et m'aliéna
» toutes les grandes familles. J'eusse
» pourvu à cet inconvénient, ou j'en
» eusse neutralisé les effets par mon
» syndicat. Pour une grande famille
» mécontente, j'eusse attaché cent no-
» bles de la province, et satisfait au fond
» à la stricte justice, qui voulait que
» l'émigration entière, qui avait couru
» une même chance, embarqué sa for-
» tune en commun sur le même vais-
» seau, éprouvé le même naufrage, en-
» couru une même peine, obtînt un
» même résultat. C'est une faute de ma
» part, ajoutait l'Empereur, d'autant
» plus grande que j'en ai eu l'idée; mais
» j'étais seul, entouré d'oppositions et
» d'épines; tous étaient contre vous au-
» tres; vous vous le peindriez difficile-
» ment; et cependant les grandes affaires
» me talonnaient, le temps courait, j'é-
» tais obligé de voir ailleurs.

» Encore aussi tard que mon retour
» de l'île d'Elbe, a continué l'Empereur,
» j'ai été sur le point d'exécuter quelque
» chose de la sorte. Si l'on m'en eût
» donné le temps, j'allais m'occuper des
» pauvres émigrés de province que la
» Cour avait délaissés. Et ce qu'il y a

» d'assez singulier, c'est que l'idée en
» avait été réveillée en moi précisément
» par un ancien ex-ministre de Louis XVI,
» que les princes avaient laissé fort mal
» récompensé, et qui me présentait les
» moyens de réparer, avec beaucoup
» d'avantages, bien des choses de ce
» genre. »

Je répondais à l'Empereur : « Les gens
» raisonnables, parmi l'émigration, sa-
» vaient bien que le peu d'idées géné-
» reuses et libérales à leur égard, ne
» venaient que de vous ; ils ne se dissi-
» mulaient pas que tout votre entourage
» les eût détruits. Ils savaient que toute
» idée de la noblesse lui était odieuse ;
» ils vous tenaient grand compte de ne
» pas penser ainsi. Leur amour-propre,
» le croirez-vous, trouvait même par-
» fois quelques consolations à se dire que
» vous étiez de leur classe, etc., etc. »

Alors l'Empereur m'a demandé ce que
nous disions donc, dans l'émigration,
de sa naissance et de sa personne, etc.
Je répondais qu'il nous avait apparu
pour la première fois à la tête de l'armée d'Italie : aucun de nous ne savait
ce qui précédait ; il nous était tout à
fait inconnu. Nous ne pouvions jamais

prononcer son nom *de Buonaparte*. Cela l'a beaucoup fait rire, etc., etc.

La conversation alors l'a conduit à dire qu'il s'était souvent arrêté, et avait réfléchi maintes fois sur le concours singulier des circonstances secondaires qui avaient amené sa prodigieuse carrière.

« 1°. Si mon père, disait-il, qui est
» mort avant quarante ans, eût vécu,
» il eût été nommé député de la noblesse
» de Corse à l'Assemblée constituante.
» Il tenait fort à la noblesse et à l'aris-
» tocratie; d'un autre côté, il était très-
» chaud dans les idées généreuses et li-
» bérales; il eût donc été ou tout à fait
» du côté droit, ou au moins dans la
» minorité de la noblesse. Dans tous les
» cas, quelqu'eussent été mes opinions
» personnelles, j'aurais suivi sa trace, et
» voilà ma carrière entièrement dérangée
» et perdue.

» 2° Si je m'étais trouvé plus âgé au
» moment de la révolution, j'eusse été
» peut-être moi-même nommé député.
» Ardent et chaud, j'eusse marqué infail-
» liblement, quelqu'opinion que j'eusse
» suivie; mais dans tous les cas, je me
» serais fermé la route militaire, et alors
» encore voilà ma carrière perdue.

« 3° Si même ma famille eût été plus connue, si nous eussions été plus riches, plus en évidence, ma qualité de noble, même en suivant la route de la révolution, m'eût frappé de nullité ou de proscription. Jamais je n'eusse obtenu la confiance; jamais je n'eusse commandé une armée; ou si je l'eusse commandée, je n'eusse jamais osé tout ce que j'ai fait. Supposant même tous mes succès, je n'aurais pu suivre le penchant de mes idées libérales à l'égard des prêtres et des nobles; et je ne fusse jamais parvenu à la tête du gouvernement.

» 4° Il n'est pas jusqu'au grand nombre de mes frères et de mes sœurs qui ne m'ait été grandement utile, en multipliant mes rapports et mes moyens d'influence.

» 5° La circonstance de mon mariage avec Mme de Beauharnais m'a mis en point de contact avec tout un parti qui m'était nécessaire pour concourir à mon système de fusion, un des principes les plus grands de mon administration, et qui la caractérisera spécialement. Sans ma femme, je n'aurais

»jamais pu avoir avec ce parti aucun
»rapport naturel.

» 6° Il n'y a pas jusqu'à mon origine
»étrangère, contre laquelle on a essayé
»de crier en France, qui ne m'ait été
»bien précieuse. Elle m'a fait regarder
»comme un compatriote par tous les
»Italiens; elle a grandement facilité mes
»succès en Italie. Ces succès, une fois
»obtenus, ont fait rechercher partout
»les circonstances de notre famille,
»tombée depuis long-temps dans l'obs-
»curité. Elle s'est trouvée, au su de
»tous les Italiens, avoir joué long-temps
»un grand rôle au milieu d'eux. Elle est
»devenue, à leurs yeux et à leurs sen-
»timens, une famille italienne; si bien
»que quand il a été question du mariage
»de ma sœur Pauline avec le prince
»Borghèse, il n'y a eu qu'une voix à
»Rome et en Toscane, dans cette fa-
»mille et tous ses alliés : *c'est bien*, ont-
»ils tous dit, *c'est entre nous, c'est une*
»*de nos familles*. Plus tard, lorsqu'il a
»été question du couronnement par le
»Pape à Paris; cet acte, de la plus haute
»importance, ainsi que l'ont prouvé les
»événemens, essuya de grandes difficul-

» tés ; le parti autrichien, dans le con-
» clave, y était violemment opposé ; le
» parti italien l'emporta, en ajoutant
» aux considérations politiques cette pe-
» tite considération de l'amour-propre
» national ; *Après tout, c'est une famille
» italienne que nous imposons aux bar-
» bares pour les gouverner ; nous serons
» vengés des Gaulois.* »

De là l'Empereur est passé naturellement au Pape, qui n'était pas sans quelque penchant pour lui, disait-il. Le Pape ne lui imputait pas d'avoir ordonné sa translation en France. Il s'était indigné de lire dans certains ouvrages que l'Empereur s'était porté à des excès sur sa personne. Il avait reçu à Fontainebleau tous les traitemens qu'il avait désirés : aussi, revenu à Rome, il était bien loin de lui conserver du fiel. Quand il avait appris le retour de l'île d'Elbe en France, il avait dit à Lucien, d'un air qui marquait sa confiance et sa partialité, *è sbarcato, è arrivato* (il est débarqué, il est arrivé). Il lui avait ajouté plus tard : « Vous allez à Paris, c'est
» bien ; faites ma paix avec lui. Je suis à
» Rome : il n'aura jamais aucun désagré-
» ment de moi. »

» Aussi, est-il bien sûr, disait l'Em-
» pereur, que Rome sera un asile natu-
» rel et très-favorable pour ma famille;
» on y croira qu'elle est chez elle. Enfin,
» terminait-il en riant, il n'est pas même
» jusqu'au nom de *Napoléon*, peu connu,
» poétique, redondant, qui ne soit venu
» ajouter quelque petites choses à la
» grande circonstance. »

Je répétais alors à l'Empereur que la masse de l'émigration était loin d'être injuste à son égard. L'opposition sensée de la vieille aristocratie avait de la haine contre lui, il est vrai; mais uniquement parce qu'elle le rencontrait un obstacle. Elle était loin de ne pas apprécier justement ses actions et ses talens; elle les admirait malgré elle. Les mystiques mêmes ne trouvaient en lui qu'un défaut: « *Ah! que n'est-il légitime!* » leur est-il arrivé de dire plus d'une fois. Austerlitz nous ébranla, mais ne nous vainquit pas; Tilsit subjugua tout. « Votre
» Majesté, disais-je, a dû juger elle-
» même, et jouir, à son retour, de l'uni-
» versalité des hommages, des acclama-
» tions et des vœux. »

» C'est donc à dire, reprenait l'Empe-
» reur en riant, que si, à cette époque,

« j'eusse pu, ou j'eusse voulu m'en tenir
« au repos et au plaisir; si j'eusse adopté
« le rôle des fainéans; si tout eût repris
« son ancien cours, vous m'eussiez adoré.
« Mais, mon cher, si j'en eusse eu le
« goût et la volonté, ce qui n'était pas
« dans ma nature assurément, les cir-
« constances mêmes encore ne m'en eus-
« sent pas laissé le maître. »

De là l'Empereur est passé aux difficultés sans nombre qui l'ont entouré et
maîtrisé sans cesse; et, arrivé à la guerre
d'Espagne, il a dit : «Cette malheureuse
« guerre m'a perdu; elle a divisé mes
« forces, multiplié mes efforts, attaqué
« ma moralité; et pourtant on ne pouvait
« laisser la péninsule aux machinations
« des Anglais; aux intrigues, à l'espoir,
« au prétexte des Bourbons. Du reste,
« ceux d'Espagne méritaient bien peu
« qu'on les craignît : nationalement, ils
« nous étaient et nous leur étions tout
« à fait étrangers : au château de Mar-
« rach, à Bayonne, j'ai vu Charles IV et
« la Reine ne pas savoir la différence de
« Mme de Montmorency aux dames nou-
« velles; les derniers noms leur étaient
« même plus familiers, à cause des ga-
« zettes et des actes publics. L'Impéra-

» trice Joséphine, qui avait le tact le
» plus exquis sur tout cela, n'en revenait
» point. Quoi qu'il en soit, cette famille
» était à mes pieds pour que j'adoptasse
» une fille quelconque, et que j'en fisse
» une princesse des Asturies. Ils me de-
» mandèrent nommément Melle de *Tas-*
» *cher*, depuis duchesse d'Aremberg; des
» raisons personnelles à moi s'y oppo-
» sèrent. Un instant, je m'étais fixé sur
» Melle de la *Rochefoucault*, depuis prin-
» cesse Aldobrandini; mais il me fallait
» quelqu'un qui me fût vraiment atta-
» ché, une femme qui fût uniquement
» Française, qui eût la tête, les talens,
» la hauteur d'une telle destinée, et je
» craignais de ne pas trouver tout cela.»

Puis, revenant à la guerre d'Espagne,
l'Empereur a repris : « Cette combinai-
» son m'a perdu. Toutes les circonstances
» de mes désastres viennent se rattacher
» à ce nœud fatal; elle a détruit ma
» moralité en Europe, compliqué mes
» embarras, ouvert une école aux soldats
» anglais. C'est moi qui ai formé l'armée
» anglaise dans la Péninsule.

« Les événemens ont prouvé que j'ai
» fait une grande faute dans le choix
» mes moyens; car la faute est dans le

» moyens bien plus que dans les prin-
» cipes. Il est hors de doute que, dans
» la crise où se trouvait la France, dans
» la lutte des idées nouvelles, dans la
» grande cause du siècle contre le reste
» de l'Europe, nous ne pouvions laisser
» l'Espagne en arrière, à la disposition
» de nos ennemis : il fallait l'enchaîner,
» de gré ou de force, dans notre système.
» Le destin de la France le demandait
» ainsi, et le code du salut des nations
» n'est pas toujours celui des particu-
» liers. D'ailleurs, à la nécessité de la
» politique, se joignait ici, pour moi, la
» force du droit. L'Espagne, quand elle
» m'avait cru en péril, l'Espagne, quand
» elle me sut aux prises à Iéna, m'avait
» à peu près déclaré la guerre. L'injure
» ne devait pas passer impunie; je pou-
» vais la lui déclarer à mon tour; et certes
» le succès ne pouvait point être douteux.
» C'est cette facilité même qui m'égara.
» La nation méprisait son gouvernement;
» elle appelait à grands cris une régéné-
» ration. De la hauteur à laquelle le sort
» m'avait élevé, je me crus appelé, je
» crus digne de moi d'accomplir en paix
» un si grand événement. Je voulus épar-
» gner le sang; que pas une goutte ne

» souillât l'émancipation castillane. Je
» délivrai donc les Espagnols de leurs
» hideuses institutions; je leur donnai
» une constitution libérale; je crus né-
» cessaire, trop légèrement peut-être,
» de changer leur dynastie. Je plaçai un
» de mes frères à leur tête; mais il fut
» le seul étranger au milieu d'eux. Je
» respectai l'intégrité de leur territoire,
» leur indépendance, leurs mœurs, le
» reste de leurs lois. Le nouveau monar-
» que gagna la capitale, n'ayant d'autres
» ministres, d'autres conseillers, d'autres
» courtisans que ceux de la dernière
» Cour. Mes troupes allaient se retirer;
» j'accomplissais le plus grand bienfait
» qui ait jamais été répandu sur un peu-
» ple, me disais-je, et je me le dis en-
» core. Les Espagnols eux-mêmes, m'a-
» t-on assuré, le pensaient au fond, et
» ne se sont plaints que des formes.
» J'attendais leurs bénédictions; il en
» fut autrement: ils dédaignèrent l'inté-
» rêt, pour ne s'occuper que de l'injure;
» ils s'indignèrent à l'idée de l'offense,
» se révoltèrent à la vue de la force, tous
» coururent aux armes. Les Espagnols
» en masse se conduisirent comme un
» homme d'honneur. Je n'ai rien à dire

» à cela, sinon qu'ils ont triomphé,
» qu'ils en ont été cruellement punis!
» qu'ils en sont peut-être à regretter!...
» Ils méritaient mieux!.... »

Aujourd'hui l'Empereur a dîné avec nous; il y avait long-temps que nous en étions privés. Après le dîner il nous a lu Claudine, nouvelle de Florian, et des morceaux de Paul et Virginie, qu'il aime beaucoup par des ressouvenirs de ses premiers ans, disait-il.

Le transport l'Adamante est arrivé : ce vaisseau avait manqué l'île; il faisait parti d'un convoi dont les autres bâtimens étaient arrivés depuis près d'un mois. Sur ces bâtimens était le fameux palais de bois qui avait rempli toutes les gazettes d'Angleterre et probablement celles de toute l'Europe. Là, étaient aussi les meubles magnifiques, les envois splendides que ces mêmes gazettes ont tant annoncés. Le palais de bois s'est trouvé n'être qu'un certain nombre de madriers bruts dont on ne sait que faire ici, et qui demanderaient plusieurs années pour être employés convenablement; le reste s'est trouvé à l'avenant. L'ostentation, la pompe, le luxe, ont été pour l'Europe; la vérité et les misères, pour Sainte-Hélène.

Mardi 7.

Iliade; Homère.

Le Gouverneur est venu vers les quatre heures, a fait le tour de l'établissement, et n'a demandé aucun de nous. Sa mauvaise humeur s'accroît visiblement, ses manières deviennent farouches et brutales.

Sur les cinq heures, l'Empereur m'a fait demander; le Grand-Maréchal y était depuis long-temps. Après son départ nous avons causé littérature; nous avons passé en revue tous les poëmes épiques anciens et modernes. Il s'est arrêté sur l'Iliade, en a pris un volume et en a lu tout haut plusieurs chants. Cet ouvrage lui plaisait infiniment. «Il était, disait-il, » ainsi que la Genèse et la Bible, le signe » et le gage du temps. Homère, dans sa » production, était poëte, orateur, historien, législateur, géographe, théologien : c'était l'encyclopédiste de son » époque.»

L'Empereur estimait Homère inimitable. Le père Hardouin avait osé attaquer cette antiquité sacrée, et l'attribuer à un moine du dixième siècle. C'était une imbécillité, disait Napoléon. Du reste, ajoutait-il, jamais il n'avait été aussi frappé de ses beautés qu'en cet instant; et les sensations qu'il lui faisait éprouver, lui confirmaient tout à fait la justesse de l'approbation universelle. Ce qui le frappait surtout, observait-il, c'était la grossièreté des manières, avec la perfection des idées. On voyait les héros tuer leur viande, la préparer de leurs propres mains, et prononcer pourtant des discours d'une rare éloquence et d'une grande civilisation.

L'Empereur m'a retenu à dîner, « quoique, m'a-t-il dit, vous feriez peut-» être mieux d'aller à la table de service; » vous mourrez de faim avec moi.

» Sire, ai-je répondu, il est sûr que » vous êtes bien mal; mais j'aimerai » toujours ce mal au-dessus de toutes » choses. »

Il avait souffert de la tête dans la journée; nous nous en plaignions tous aussi. Je regrettais fort qu'il ne fût pas sorti; le temps avait été très-beau.

Après son dîner il a fait entrer tout

le monde dans sa chambre et nous a gardés jusqu'à dix heures.

Mercredi 8.

L'Empereur est sorti vers cinq heures, et a fait un tour en calèche. Au retour, l'Empereur a reçu plusieurs Anglais; il leur a fait une foule de questions, suivant sa coutume. Leur vaisseau était le *Cornwall*, se rendant à la Chine et devant repasser au mois de janvier prochain, dans son retour pour l'Europe.

Le dîner fini, l'un de nous disait à l'Empereur qu'il avait souffert vivement dans la journée en mettant au net sa dictée sur la bataille de Waterloo, voyant que les résultats n'avaient tenus qu'à un cheveu. L'Empereur, pour toute réponse, avec un accent qui venait de loin, a dit à mon fils : « *My son* (mon fils), » c'était son expression d'habitude, allez » nous chercher Iphigénie en Aulide, » cela nous fera plus de bien. » Et il nous a lu cette belle pièce, qu'on aime toujours davantage.

Jeudi 9.

Paroles caractéristiques de l'Empereur.

Je suis allé dîner à Briars avec mon

fils et le général Gourgaud; nous y sommes demeurés à un petit bal. J'y rencontrai l'Amiral, et jamais je ne le trouvai mieux. C'était la première fois que je le voyais depuis l'aventure de *Noverraz*; je savais combien il devait l'avoir sur le cœur : il allait retourner en Europe, et je connaissais les sentimens de l'Empereur; je fus tenté vingt fois d'aborder franchement le sujet, et de le rapprocher ainsi de Napoléon. La vérité, la justice, notre intérêt, le demandaient; je fus arrêté par de trop petites considérations, sans doute : que de fois je m'en suis blâmé depuis !... mais je n'avais pas reçu cette mission délicate, et je n'osais la prendre tout à fait sur moi. L'Amiral pouvait lui donner de la publicité et une tournure qui eussent fort déplu à l'Empereur, et m'auraient exposé à des désagrémens très-possibles. A ce sujet, je vais citer le trait suivant; il caractérise trop Napoléon pour être omis.

Il me peignait un jour tous les vices de la faiblesse et de la crédulité dans le souverain, les intrigues qu'elles alimentaient dans le palais, l'instabilité dont elles étaient les sources; il prouvait très-bien qu'il ne pouvait échapper à l'adresse

des courtisans ni à celle de la calomnie :
« Et je vais vous en donner une preuve,
» disait-il ; vous voilà, vous, qui avez
» tout quitté pour me suivre ; vous, dont
» le dévouement est noble et touchant ;
» eh bien ! que pensez-vous avoir fait ?...
» Qui croyez-vous être ?... Rien qu'un
» ancien noble, qu'un émigré, agent des
» Bourbons, et d'intelligence avec les
» Anglais ; qui avez concouru à me livrer
» à eux, et ne m'avez suivi ici que pour
» m'observer et me vendre. Votre plus
» grand éloignement contre le Gouver-
» neur, sa plus grande animosité contre
» vous, ne sont que des apparences con-
» venues pour mieux cacher votre jeu. »
Et comme je riais de la tournure spiri-
tuelle qu'il créait, et de la volubilité
avec laquelle il l'exprimait : « Vous riez,
» a-t-il repris ; mais je vous assure qu'ici
» je n'improvise pas, je ne suis que l'é-
» cho de ce qu'on a essayé de faire par-
» venir jusqu'ici.... Et comment voulez-
» vous, continua-t-il, qu'une tête sans
» sagacité, faible et crédule, ne soit pas
» ébranlée par de tels rapprochemens et
» de telles combinaisons. Allez, mon
» cher, si je n'étais supérieur à la plupart
» des légitimes, j'aurais pu déjà me pri-

» ver de vos soins ici, et votre cœur droit
» serait peut-être réduit aujourd'hui à
» dévorer au loin les cruels tourmens
» que cause l'ingratitude. » Et il finit disant : « Pauvre et triste humanité !.....
» L'homme n'est pas plus à l'abri sur la
» pointe d'un rocher que sous les lambris d'un palais ! Il est le même partout !
» L'homme et toujours l'homme !... »

Vendredi 10.

Hoche. — Divers généraux.

Le temps a été affreux; il était impossible de sortir. L'Empereur a été contraint de marcher dans la salle à manger; il a fait allumer du feu dans le salon, et s'est mis à jouer aux échecs avec le Grand-Maréchal. Après dîner il nous a lu l'histoire de Joseph, dans la Bible, et ensuite l'Andromaque de Racine.

Plusieurs bâtimens étaient entrés la veille au soir : c'était la flotte du Bengale. Lady Loudon, femme de lord Moira, gouverneur-général de l'Inde, était au nombre des passagers.

Aujourd'hui, dans le cours de la conversation, le nom de *Hoche* ayant été prononcé, quelqu'un a dit qu'il était bien jeune encore, mais qu'il don-

nait beaucoup d'espérance. « C'est bien
» mieux que cela, a repris Napoléon ;
» dites qu'il les avait déjà beaucoup rem-
» plies. » Ils s'étaient vus tous les deux,
continuait-il, et avaient causé deux ou
trois fois. Hoche avait pour lui de l'estime jusqu'à l'admiration. Napoléon n'a
pas fait difficulté de dire qu'il avait sur
Hoche l'avantage d'une profonde instruction et les principes d'une éducation
distinguée. Du reste, il établissait cette
grande différence entre eux. « Hoche,
» disait-il, cherchait toujours à se faire
» un parti, et n'obtenait que des créa-
» tures ; moi, je m'étais créé une immen-
» sité de partisans, sans rechercher nul-
» lement la popularité. De plus, Hoche
» était d'une ambition hostile, provo-
» quante ; il était homme à venir de
» Strasbourg avec vingt-cinq mille hom-
» mes, saisir le gouvernement par force ;
» tandis que moi, je n'avais jamais eu
» qu'une politique patiente, conduite
» toujours par l'esprit du temps et les
» circonstances du moment. »

L'Empereur ajoutait que Hoche, plus
tard, ou se serait rangé, ou se serait fait
casser par lui ; et comme il aimait l'argent, les plaisirs, il ne doutait pas qu'il

ne se fût rangé. Moreau, dans cette même circonstance, observait-il, n'avait su faire ni l'un ni l'autre; aussi Napoléon n'en faisait aucun cas, et le regardait comme tout à fait incapable, n'entendant pourtant pas en cela parler de son mérite militaire. « Mais c'était un homme
» faible, disait-il, mené par ses alentours,
» et servilement soumis à sa femme : c'é-
» tait un général de vieille monarchie.

» Hoche, continuait l'Empereur, pé-
» rit subitement et avec des circonstances
» singulières qui donnèrent lieu à beau-
» coup de conjectures; et comme il
» existait un parti avec lequel tous les
» crimes me revenait de droit, l'on es-
» saya de répandre que je l'avais fait
» empoisonner. Il fut un temps où rien
» de mauvais ne pouvait arriver que je
» n'en fusse l'auteur; ainsi, de Paris je
» faisais assassiner Kléber en Egypte; à
» Marengo je brûlais la cervelle à Desaix;
» j'étranglais, je coupais la gorge dans
» les prisons; je prenais le Pape aux che-
» veux, et cent absurdités pareilles; tou-
» tefois, comme je n'y faisais pas la moin-
» dre attention, la mode en était passée,
» et je ne vois pas que ceux qui m'ont
» succédé se soient empressés de la ré-

» veiller; et pourtant s'il eût existé un
» seul de ces crimes, ils ont à leur dis-
» position les documens, les exécuteurs,
» les complices, etc., etc....

» Néanmoins, tel est l'empire des
» bruits, quelque absurdes qu'ils soient,
» qu'il est probable que tout cela a été
» cru du vulgaire, et qu'une bonne partie
» le croit peut-être encore; heureuse-
» ment qu'il n'en est pas ainsi de l'his-
» toire; elle raisonne.

Puis revenant: « C'est une chose bien
» remarquable, a-t-il dit, que le nom-
» bre de grands généraux qui ont surgi
» tout à coup dans la révolution. Piche-
» gru, Kléber, Masséna, Marceau, De-
» saix, Hoche, etc.; et presque tous de
» simples soldats; mais aussi, là semblent
» s'être épuisés les efforts de la nature;
» elle n'a plus rien produit depuis, je
» veux dire du moins d'une telle force.
» C'est qu'à cette époque tout fut donné
» au concours parmi trente millions
» d'hommes, et la nature doit prendre
» ses droits; tandis que plus tard on était
» rentré dans les bornes plus resserrées
» de l'ordre et de la société. On a été
» jusqu'à m'accuser de ne m'être en-
» touré, au militaire et au civil, que de

» gens médiocres, pour mieux me con-
» server la supériorité ; mais aujourd'hui,
» qu'on ne r'ouvrira sûrement pas le con-
» cours, à eux de mieux choisir ; on verra
» ce qu'ils trouveront.

» Une autre chose non moins remar-
» quable, continuait-il, c'est l'extrême
» jeunesse de plusieurs de ces généraux
» qui semblent sortir tout faits des mains
» de la nature. Leur caractère est à l'a-
» venant ; à l'exception de Hoche, qui
» donnait le scandale des mœurs, les
» autres ne connaissaient uniquement
» que leur affaire : la *gloire* et la *patrie*,
» voilà tout leur cercle de rotation ; ils
» tiennent tout à fait de l'antique.

» C'est Desaix, que les Arabes nom-
» ment *le Sultan juste*; c'est Marceau,
» pour les obsèques duquel les Autri-
» chiens observent une armistice, par la
» vénération qu'il leur avait inspirée ;
» c'est le jeune Duphot, qui était la vertu
» même.

» Mais on ne peut pas dire qu'il en fût
» ainsi de tous ceux qui étaient plus
» avancés en âge ; c'est qu'ils tenaient du
» temps qui venait de disparaître ; M***,
» A***, B***, et beaucoup d'autres étaient
» des déprédateurs intrépides.

» L'un d'eux, en outre, était d'une
» avarice sordide, et l'on a prétendu que
» je lui avais joué un tour pendable; que,
» révolté un jour de ses dernières dépré-
» dations, j'avais tiré sur son banquier
» pour deux ou trois millions. Grand em-
» barras! car enfin, mon nom était bien
» quelque chose. Le banquier écrivit
» qu'il ne pouvait payer sans autorisa-
» tion; il lui fut répondu de payer tout
» de même, que le plaignant aurait les
» tribunaux pour se faire rendre justice;
» mais l'intéressé n'en fit rien et laissa
» payer.

» O***, M***, N***, n'avaient que de
» la bravoure personnelle.

» Moncey était un honnête homme;
» Macdonald avait une grande loyauté;
» B*** est une de mes erreurs.

» S*** avait bien aussi ses défauts et
» ses qualités; toute sa campagne du midi
» de la France est très-belle; et ce qu'on
» aura de la peine à croire, c'est qu'avec
» son attitude et sa tenue, qui indiquent
» un grand caractère, il n'était pas le
» maître dans son ménage. Quand j'ap-
» pris à Dresde la défaite de Vittoria et
» la perte de toute l'Espagne due à ce
» pauvre Joseph, dont les plans, les me-

» sures et les combinaisons n'étaient pas
» de notre temps, mais semblaient tenir
» bien plutôt d'un Soubise que de moi ;
» je cherchai quelqu'un propre à réparer
» tant de désastres, je jetai les yeux sur
» S***, qui était auprès de moi ; il était
» tout prêt, me disait-il ; mais il me sup-
» pliait de parler à sa femme, qui allait
» fortement s'y opposer ; je lui dis de
» me l'envoyer. Elle parut avec l'attitude
» hostile, et le verbe haut, me disant que
» son mari ne retournerait certainement
» pas en Espagne ; qu'il avait déjà beau-
» coup fait, et méritait après tout du
» repos. Madame, lui dis-je, je ne vous
» ai pas mandée pour subir vos algarades;
» je ne suis pas votre mari, moi ; et si
» je l'étais ce serait encore tout de même.
» Ce peu de paroles la confondit ; elle
» devint souple, obséquieuse, et ne s'oc-
» cupa plus que de gagner quelques
» conditions : je n'y pris seulement pas
» garde, et me contentai de la féliciter
» de ce qu'elle savait entendre raison.
» Dans les grandes crises, lui dis-je,
» Madame, le lot des femmes est d'a-
» doucir nos traverses ; retournez à votre
» mari et ne le tourmentez pas. »

Samedi 11.

Invitation ridicule de sir Hudson Lowe.

A quatre heures j'étais chez l'Empereur. Le Grand-Maréchal y est entré; il lui a donné un billet. L'Empereur, après l'avoir parcouru des yeux, l'a rendu en levant les épaules et disant : « C'est trop sot, point de réponse. Passez-le à Las Cases. »

Le croira-t-on ? c'était un billet du Gouverneur au Grand-Maréchal, invitant *le général Bonaparte* à venir rencontrer à dîner, à Plantation-House, ladi Loudon, femme de lord Moira. Je suis devenu rouge de l'inconvenance. Pouvais-je imaginer rien au monde de plus souverainement ridicule. Sir Hudson Lowe ne trouvait sans doute rien de plus simple; et pourtant il a été long-temps dans les quartiers-généraux du continent ; il s'est trouvé mêlé aux transactions diplomatiques du temps !!!

M. Skelton, sous-gouverneur de l'île, et sa femme, qui partaient pour l'Europe, sont venus prendre congé de l'Empereur; ils ont été retenus à dîner.

Ce digne ménage, auquel, sans notre gré à la vérité, nous avions enlevé Longwood, eux dont nous avions détruit toute l'existence en faisant supprimer leur place par notre arrivée; ce digne ménage, auquel nous avons causé de vrais maux personnels, est pourtant le seul de l'île qui ait eu pour nous des égards constans et des politesses non-interrompues. Aussi avons-nous accompagné leur départ des vœux les plus sincères : notre souvenir les suivra toujours avec un véritable intérêt.

Dimanche 12.

Napoléon à l'Institut — Au Conseil d'État.— Code civil. — Mot pour lord Saint-Vincent. — Sur l'intérieur de l'Afrique. — Ministère de la marine. — Decrès.

L'Empereur se promenant au jardin et causant sur divers objets, s'est arrêté sur l'Institut, sa composition, son esprit. Lorsqu'il y parut à son retour de l'armée d'Italie, dans sa classe, composée d'environ cinquante membres, il pouvait s'y considérer, disait-il, comme le dixième. Lagrange, Laplace, Monge en étaient la tête. C'était un spectacle assez remarquable, ajoutait-il, et qui occupait fort les cercles, que de voir le jeune général de l'armée d'Italie dans les rangs de l'Institut, discutant en public, avec ses collègues, des objets très-profonds et fort métaphysiques. On l'appela alors le *Géomètre* des batailles, le *Mécanicien* de la victoire, etc., etc.

Napoléon, devenu Premier Consul, ne causa pas moins de sensation au Conseil d'Etat. Il présida constamment les séances de la confection du Code Civil. « Tronchet en était l'âme, disait-
» il, et lui, Napoléon, le démonstrateur.
» Tronchet avait un esprit éminemment
» profond et juste ; mais il sautait par-
» dessus les développemens, parlait fort
» mal, et ne savait pas se défendre. »
Tout le Conseil, disait l'Empereur, était d'abord contre ses énoncés ; mais lui, Napoléon, dans son esprit vif et sa grande facilité de saisir et de créer des rapports lumineux et nouveaux, prenait la parole; et, sans autre connaissance de la matière que les bases justes fournies par Tronchet, développait ses idées, écartait les objections et ramenait tout le monde.

En effet, les procès-verbaux du Conseil d'Etat nous ont transmis les improvisations du Premier Consul sur la plupart des articles du Code civil. On est frappé, à chaque ligne, de la justesse de ses observations, de la profondeur de ses vues, et surtout de la libéralité de ses sentimens.

C'est ainsi qu'en dépit de diverses oppositions, on lui doit cet article du Code: *Tout individu né en France est Français.* » En effet, disait-il, je demande quel » inconvénient il y aurait à le reconnaître » pour Français? Il ne peut y avoir que » de l'avantage à étendre les lois civiles » françaises; ainsi, au lieu d'établir que » l'individu né en France d'un père étran- » ger, n'obtiendra les droits civils que » lorsqu'il aura déclaré vouloir en jouir, » on pourrait décider qu'il n'en est privé » que lorsqu'il y renonce formellement.

» Si les individus nés en France d'un » père étranger n'étaient pas considérés » comme étant de plein droit Français, » alors on ne pourrait soumettre à la » conscription et aux autres charges pu- » bliques les fils de ces étrangers qui se » sont mariés en France par suite des » événemens de la guerre.

» Je pense qu'on ne doit envisager la » question que sous le rapport de l'inté- » rêt de la France. Si les individus nés » en France n'ont pas de bien, ils ont du

» moins l'esprit français, les habitudes
» françaises; ils ont l'attachement que
» chacun a naturellement pour le pays
» qui l'a vu naître; enfin, ils supportent
» les charges publiques. »

Le Premier Consul n'est pas moins remarquable dans *la conservation du droit de Français aux enfans nés de Français établis en pays étranger*, qu'il fit étendre de beaucoup, en dépit de fortes oppositions. « La nation française,
» disait-il, nation grande et industrieuse,
» est répandue partout; elle se répandra
» encore davantage par la suite; mais les
» Français ne vont chez l'étranger que
» pour y faire leur fortune. Les actes
» par lesquels ils paraissaient se ratta-
» cher momentanément à un autre gou-
» vernement, ne sont faits que pour
» obtenir une protection nécessaire à
» leurs projets. S'il est dans leur inten-
» tion de rentrer en France quand leur
» fortune sera achevée, faudra-t-il les
» repousser? Se fussent-ils même affiliés
» à des ordres de chevalerie, il serait in-
» juste de les confondre avec les émigrés
» qui ont été prendre les armes contre
» leur patrie.

» Et s'il arrivait un jour qu'une contrée

(Mai 1816) DE SAINTE-HÉLÈNE. 319

»envahie par l'ennemi lui fût cédée par
»un traité, pourrait-on avec justice dire
»à ceux de ses habitans qui viendraient
»s'établir sur le territoire de la républi-
»que, qu'ils ont perdu leur qualité de
»Français, pour n'avoir pas abandonné
»leur ancien pays au moment même où
»il a été cédé, parce qu'ils auraient
»prêté momentanément serment à un
»nouveau souverain, pour se donner le
»temps de dénaturer leur fortune et de
»la transporter en France ?»

Dans une autre séance sur les décès
des militaires, quelques difficultés s'é-
levant sur ceux mourant en terre étrangère, le Premier Consul reprit vivement:
«Le militaire n'est jamais chez l'étran-
»ger, lorsqu'il est sous le drapeau; où
»est le drapeau, là est la France!»

Sur le divorce, le Premier Consul
est pour l'adoption du principe, et parle
longuement sur la cause d'incompatibi-
lité qu'on cherchait à repousser; il dit:
«On prétend qu'elle est contraire à l'in-
»térêt des femmes, des enfans et à l'es-
»prit des familles; mais rien n'est plus
»contraire à l'intérêt des époux, lors-
»que leur humeur est incompatible,
»que de les réduire à l'alternative ou

» de vivre ensemble ou de se séparer
» avec éclat. Rien n'est plus contraire à
» l'esprit de famille qu'une famille divi-
» sée. Les séparations de corps avaient
» autrefois, par rapport à la femme, au
» mari, aux enfans, à peu près les mêmes
» effets que le divorce, et pourtant n'é-
» taient-elles pas aussi multipliées que
» les divorces le sont aujourd'hui; seu-
» lement elles avaient cet inconvénient
» de plus, qu'une femme effrontée con-
» tinuait de déshonorer le nom de son
» mari, parce qu'elle le conservait, etc. »

Plus loin, combattant la rédaction d'un article qui spécifie les causes pour lesquelles le divorce sera admissible :
« Mais quel malheur, dit-il, ne serait-ce
» pas que de se voir forcé à les exposer,
» et à révéler jusqu'aux détails les plus
» minutieux et les plus secrets de l'inté-
» rieur de son ménage?

» D'ailleurs, ces causes, quand elles
» seront réelles, opéreront-elles tou-
» jours le divorce? La cause de l'adul-
» tère, par exemple, ne peut obtenir de
» succès que par des preuves toujours
» très-difficiles, souvent impossibles.
» Cependant le mari qui n'aurait pu les
» faire serait obligé de vivre avec une

» femme qu'il abhorre, qu'il méprise et
» qui introduit dans sa famille des enfans
» étrangers. Sa ressource serait de re-
» courir à la séparation de corps ; mais
» elle n'empêcherait pas que son nom
» ne continuât à être déshonoré. »

Revenant à appuyer de nouveau le principe du divorce, et combattant certaines restrictions, il dit encore, dans un autre moment : « Le mariage n'est
» pas toujours, comme on le suppose,
» la conclusion de l'amour. Une jeune
» personne consent à se marier pour se
» conformer à la mode, pour arriver à
» l'indépendance et à un établissement.
» Elle accepte un mari d'un âge dispro-
» portionné, dont l'imagination, les
» goûts, les habitudes, ne s'accordent
» pas avec les siens ; la loi doit donc lui
» ménager une ressource pour le mo-
» ment où, l'illusion cessant, elle re-
» connaît qu'elle se trouve dans des liens
» mal assortis, et que sa volonté a été
» séduite.

» Le mariage prend sa forme des
» mœurs, des usages, de la religion de
» chaque peuple : c'est par cette raison
» qu'il n'est pas le même partout. Il est
» des contrées où les femmes et les

» concubines vivent sous le même toit; où
» les enfans des esclaves sont traités à
» l'égal des autres; l'organisation des
» familles ne dérive donc pas du droit
» naturel : les mariages des Romains
» n'étaient pas organisés comme ceux
» des Français.

» Les précautions établies par la loi
» pour empêcher qu'à quinze, à dix-
» huit ans on ne contracte avec légèreté
» un engagment qui s'étend à toute la
» vie, sont certainement sages; cepen-
» dant sont-elles suffisantes? Qu'après
» dix ans de mariage le divorce ne soit
» plus admis que pour des raisons très-
» graves, on le conçoit; mais, puisque
» les mariages contractés dans la pre-
» mière jeunesse sont si rarement l'ou-
» vrage des époux, puisque ce sont les
» familles qui les forment d'après cer-
» taines idées de convenances, il faut
» que, si les époux reconnaissent qu'ils
» ne sont pas faits l'un pour l'autre, ils
» puissent rompre une union sur laquelle
» il ne leur a pas été permis de réfléchir.
» Cependant cette facilité ne doit favo-
» riser ni la légèreté ni la passion; qu'on
» l'entoure donc de toutes les précau-
» tions, de toutes les formes propres à

» en prévenir l'abus; qu'on décide, par
» exemple, que les époux seront enten-
» dus par un conseil secret de famille
» formé sous la présidence du magistrat;
» qu'on ajoute encore, si l'on veut,
» qu'une femme ne pourra user qu'une
» seule fois du divorce; qu'on ne lui
» permette de se marier qu'après cinq
» ans, afin que le projet d'un autre ma-
» riage ne la porte pas à dissoudre le
» premier; qu'après dix ans de mariage,
» la dissolution soit rendue très-difficile.

» Vouloir n'admettre le divorce que
» pour cause d'adultère publiquement
» prouvé, c'est le proscrire absolument;
» car d'un côté, peu d'adultères peu-
» vent être prouvés; de l'autre, il est
» peu d'hommes assez éhontés pour pro-
» clamer la turpitude de leurs épouses.
» Il serait d'ailleurs scandaleux et contre
» l'honneur de la nation de révéler ce
» qui se passe dans un certain nombre
» de ménages; on en conclurait, quoi
» qu'à tort, que ce sont là les mœurs
» françaises. »

Les premiers légistes du conseil étaient pour que la mort civile entraînât la dissolution du contrat civil du mariage. La discussion fut très-vive. Le Premier

Consul, dans un beau mouvement, s'y opposa en ces termes : « Il serait donc » défendu à une femme profondément » convaincue de l'innocence de son » mari, de suivre dans sa déportation » l'homme auquel elle est le plus étroi- » tement unie; ou si elle cédait à sa » conviction, à son devoir, elle ne serait » plus qu'une concubine ! Pourquoi ôter » à ces infortunés le droit de vivre l'un » auprès de l'autre, sous le titre hono- » rable d'époux légitimes?

» Si la loi permet à la femme de sui- » vre son mari sans lui accorder le titre » d'épouse, elle permet l'adultère.

» La société est assez vengée par la » condamnation, lorsque le coupable est » privé de ses biens, séparé de ses amis, » de ses habitudes ; faut-il encore éten- » dre la peine jusqu'à la femme, et l'ar- » racher avec violence à une union qui » identifie son existence avec celle de » son époux? Elle vous dirait : Mieux » valait lui ôter la vie, du moins me se- » rait-il permis de chérir sa mémoire ; » mais vous ordonnez qu'il vive, et vous » ne voulez pas que je le console ! Eh ! » combien d'hommes ne sont coupables » qu'à cause de leur faiblesse pour leurs

» femmes! Qu'il soit donc permis à celles
» qui ont causé leurs malheurs, de les
» adoucir en les partageant. Si une femme
» satisfait à ce devoir, vous estimez sa
» vertu, et cependant vous ne mettez
» aucune différence entre elle et l'être
» infâme qui se prostitue; etc., etc. »
On pourrait faire des volumes de pareilles citations.

En 1815, après la restauration, causant avec M. Bertrand de Molleville, ancien ministre de la marine de Louis XVI, homme très-capable et fort distingué à plus d'un titre, il me disait : « Votre Buonaparte, votre Napoléon
» était un homme bien extraordinaire,
» il faut en convenir. Que nous étions
» loin de le connaître, de l'autre côté
» de l'eau! Nous ne pouvions nous refuser à l'évidence de ses victoires et de
» ses invasions, il est vrai; mais Gense-
» ric, Attila, Alaric en avait fait autant.
» Aussi me laissait-il l'impression de la
» terreur bien plus que celle de l'admi-
» ration. Mais depuis que je suis ici, je
» me suis avisé de mettre le nez dans
» les discussions du Code civil, et dès
» cet instant ce n'a plus été que de la
» profonde vénération. Mais où diable

» avait-il appris tout cela !...... Et puis
» voilà que chaque jour je découvre
» quelque chose de nouveau. Ah! Mon-
» sieur, quel homme vous aviez-là!
» Vraiment, il faut que ce soit un pro-
» dige !.... »

Sur les cinq heures l'Empereur a reçu le capitaine Bowen, de la frégate la Salcete, qui part demain. Il a été fort gracieux pour lui, et comme la conversation a amené le nom de lord Saint-Vincent, qu'il disait être son protecteur, l'Empereur lui a dit : « Vous le verrez. » Eh bien, je vous charge de lui faire » mes complimens comme à un bon ma- » telot, à un brave et digne vétéran. »

Sur les sept heures l'Empereur s'est mis au bain; il m'a fait venir, et nous avons beaucoup parlé des affaires du jour, puis de littérature et enfin de géographie. Il s'étonnait qu'on n'eût pas de notions certaines sur l'intérieur de l'Afrique. Je lui disais que j'avais eu l'idée, il y a quelques années, de présenter à son ministre de la marine un projet de voyage dans l'intérieur de l'Afrique; non pas une excursion furtive et aventureuse, mais une véritable expédition militaire, digne en tout du temps et du faire de l'Empereur. Le ministre me rit au nez lors de ma première conversation à ce sujet, et traita mon idée de folie.

J'avais voulu disais-je, attaquer l'Afrique par les quatre points cardinaux, soit que de ces quatre points on fût venu se réunir au centre, soit que débarquées à l'Est et à l'Ouest, vers son milieu, les deux parties de l'expédition fussent venues au-devant l'une de l'autre, pour se séparer de nouveau et aller l'une vers le Nord, l'autre vers le Sud. Il est à croire, pensais-je, qu'en exigeant de la Cour de Portugal tous les renseignemens qu'elle eût pu procurer, on eût trouvé que la communication de l'Est à l'Ouest existait déjà, où que ce qui restait à faire était peu de chose. Avec nos idées du jour, notre enthousiasme, nos entreprises, nos prodiges, on eût facilement trouvé cinq à six cents bons soldats, des chirurgiens, des médecins, des botanistes, des chimistes, des astronomes, des naturalistes, tous de bonne volonté, qui eussent indubitablement accompli quelque chose digne du temps.

L'attirail nécessaire en bêtes de somme,

en petites nacelles de cuir pour traverser les rivières, en outres pour porter de l'eau à travers les déserts, en petite artillerie très-maniable, etc., en eût assuré une entière et facile exécution.

« Nul doute, disait l'Empereur, que
» votre idée ne m'eût plu. Je m'en serais
» saisi, je l'aurais fait passer dans les
» mains de quelque commission, et j'au-
» rais marché au résultat. »

Il regrettait fort, disait-il, de n'avoir pas eu lui-même le temps, durant son séjour en Égypte, d'accomplir quelque chose de cette espèce. Il avait des soldats tout propres à braver le désert. Il avait reçu des présens de la Reine du Darfour, et lui en avait envoyé. S'il fût demeuré plus long-temps, il allait pousser fort loin nos vérifications géographiques dans les parties septentrionales de l'Afrique, et cela avec la plus grande simplicité d'exécution, en plaçant seulement dans chaque caravane quelques officiers intelligens, pour lesquels il se serait fait donner des otages, etc., etc.

La conversation est passée de là à la marine et à son département. L'Empereur l'a traitée à fond. Il ne pouvait pas dire qu'il fût content de *Decrès*; et l'on pouvait, pensait-il, lui reprocher peut-être sa constance à son égard. Mais le manque de sujets avait dû le maintenir; car après tout, assurait-il, Decrès était encore ce qu'il avait pu trouver de mieux. *Gantheaume* n'était qu'un matelot nul et sans moyen, qui avait perdu trois fois, disait-il, la conservation de l'Égypte. *Cafarelli* avait été perdu dans son esprit, parce qu'on s'était artificieusement étudié à lui peindre sa femme comme une faiseuse d'affaires*, ce qu'on savait équivaloir pour lui à une proscription certaine. M*** était un homme peu sûr;

---

* Des amis m'ont assuré que ces expressions avaient été bien pénibles à ceux qui en étaient l'objet; cependant je puis assurer qu'elles avaient été prononcées dans des intentions tout à fait bienveillantes pour Cafarelli, et faites même pour le flatter. L'Empereur, en mentionnant les causes que l'intrigue avait mises en avant pour écarter du ministère cet administrateur distingué, avait été bien loin de prononcer qu'elles étaient réelles; si bien que si l'article présente en effet quelque chose de pénible, la faute en est toute à ma rédaction, et j'aurais été d'autant plus malencontreux en cela que toute la famille est de ma connaissance particulière, et que je lui suis fort attaché.

sa famille avait livré Toulon. L'Empereur avait eu un moment l'idée d'E***; mais il ne le trouva pas à cette hauteur. Il se demandait si T*** n'eût pas réussi; il le croyait fort peu capable, bon administrateur pourtant; mais il avait été trop chaud, disait-il, dans la révolution.

« Du reste observait l'Empereur en
» passant, j'avais rendu tous mes minis-
» tères si faciles, que je les avais mis à la
» portée de tout le monde, pour peu
» qu'on possédât du dévouement, du
» zèle, de l'activité, du travail. Il fallait
» en excepter tout au plus celui des re-
» lations extérieures, parce qu'il s'agissait
» souvent, disait-il, dans celui-là, d'im-
» proviser et de séduire. Au vrai, con-
» cluait-il, dans la marine la stérilité était
» réelle, et Decrès, après tout, était peut-
» être encore le meilleur. Il avait du com-
» mandement; son administration était
» rigoureuse et pure. Il avait de l'esprit,
» et beaucoup, mais seulement pour sa
» conversation. Il ne créait rien, exécu-
» tait mesquinement, marchait et ne
» voulait pas courir. Il eût dû passer la
» moitié de son temps dans les ports et
» sur les flottes d'exercice; je lui en
» eusse tenu compte; mais, en courtisan,

» il craignait de s'éloigner de son porte-
» feuille. Il me connaissait mal; il eût été
» bien mieux défendu là que dans ma
» Cour : son éloignement eût été son
» meilleur avocat. »

L'Empereur regrettait fort, disait-il, *Latouche-Tréville*; lui seul lui avait présenté l'idée d'un vrai talent : il pensait que cet amiral eût pu donner une autre impulsion aux affaires. L'attaque sur l'Inde, celle de l'Angleterre, eussent été du moins entreprises, disait-il, et se fussent peut-être accomplies.

L'Empereur se blâmait touchant les péniches de Boulogne. Il eût mieux fait d'employer, disait-il, de vrais vaisseaux à Cherbourg. Toutefois *Villeneuve*, avec plus de vigueur, au cap Finistère, eût pu rendre l'attaque praticable. « J'avais
» combiné cette apparition de Villeneuve
» de très-loin, avec beaucoup d'art et de
» calcul, en opposition à la routine des
» marins qui m'entouraient. Et tout réus-
» sit comme je l'avais prévu, jusqu'au
» moment décisif; alors la molesse de
» Villeneuve vint tout perdre. Et Dieu
» sait, d'ailleurs, ajoutait l'Empereur,
» les instructions que lui avait données
» Decrès. Dieu sait les lettres particu-

» lières qu'ils se sont écrites et que je
» n'ai jamais pu éclaircir *; car j'étais
» bien puissant, bien fureteur, et ne
» croyez pourtant pas que je vinsse à
» bout de vérifier tout ce que je voulais
» autour de moi.

» Le Grand-Maréchal disait l'autre jour
» qu'il était reconnu parmi vous autres,
» au salon de service, que je n'étais
» plus abordable sitôt que j'avais reçu le
» ministre de la marine. Le moyen qu'il
» n'en fût pas ainsi? il n'avait jamais que
» de mauvaises nouvelles à me donner.
» Moi-même j'ai jeté le manche après la
» coignée lors du désastre de Trafalgar.

---

* En lisant cette réflexion de Napoléon, un officier de confiance de l'amiral Villeneuve m'a écrit que la lettre du ministre Decrès à cet amiral, avant l'arrivée de M. de Rosily, chargé de lui enlever son commandement, se terminait ainsi : « Sortez dès que vous en trouverez
» l'occasion favorable, n'évitez pas l'ennemi,
» au contraire, attaquez-le partout où vous le
» rencontrerez, attendu que l'Empereur s'em-
» barrasse peu de perdre des vaisseaux, pourvu
» qu'il les perde avec honneur. » Conseils honorables du reste; et cette lettre a été la seule que l'officier de confiance a retirée du portefeuille de l'amiral avant de le jeter à la mer, au moment d'amener le pavillon.

» Je ne pouvais pas être partout, j'avais
» trop à faire avec les armées du Con-
» tinent.

» Long-temps j'ai rêvé une expédition
» décisive sur l'Inde, mais j'ai été cons-
» tamment déjoué. J'envoyais seize mille
» soldats, tous sur des vaisseaux de ligne ;
» chaque soixante-quatorze en eût porté
» cinq cents, ce qui eût demandé trente-
» deux vaisseaux. Je leur faisais prendre
» de l'eau pour quatre mois ; on l'eût
» renouvelée à l'île de France ou dans
» tout autre endroit habité du désert de
» l'Afrique, du Brésil ou de la mer des
» Indes ; on eût, au besoin, fait la con-
» quête de cette eau partout où on eût
» voulu relâcher. Arrivés sur les lieux, les
» vaisseaux jetaient les soldats à terre, et
» repartaient aussitôt, complétant leurs
» équipages par le sacrifice de sept ou
» huit de ces vaisseaux, dont la vétusté
» avait déjà marqué la condamnation ; si
» bien qu'une escadre anglaise, arrivant
» d'Europe à la suite de la nôtre, n'eût
» plus rien trouvé.

» Quant à l'armée, abandonnée à elle-
» même, mise aux mains d'un chef sûr
» et capable, elle eût renouvelé les pro-
» diges qui nous étaient familiers, et

» l'Europe eût appris la conquête de
» l'Inde comme elle avait appris celle de
» l'Egypte. »

J'avais beaucoup connu Decrès; nous avions commencé ensemble dans la marine. Il avait pour moi, je le crois, toute l'amitié dont il était susceptible; quant à moi, je lui étais tendrement attaché. C'était une passion malheureuse, répondais-je à ceux qui m'en plaisantaient, ce qui arrivait souvent, car son impopularité était extrême; et j'ai pensé plus d'une fois qu'il s'y complaisait par calcul. J'étais à Sainte-Hélène, comme ailleurs, presque toujours seul à le défendre. Or je disais à l'Empereur que j'avais beaucoup vu Decrès pendant le séjour à l'île d'Elbe, qu'il avait été parfait pour lui. Nous nous étions parlé alors à cœur ouvert, et j'ai lieu de croire que depuis il aurait eu en moi une confiance pleine et entière.

« A peine Votre Majesté rentrait aux
» Tuileries, disais-je, que Decrès et moi
» nous nous sautions au cou, nous écriant:
» Nous le tenons, nous le tenons! Ses
» yeux étaient remplis de larmes, je lui
» dois ce témoignage. Tiens, me dit-il

» encore tout ému, et sa femme pré-
» sente, tu me prouves en cet instant que
» j'ai eu des torts avec toi, et je t'en dois
» la réparation; mais tes anciens titres
» te rapprochaient si naturellement de
» ceux qui nous quittent aujourd'hui,
» que je ne doutais pas que tôt ou tard
» tu ne fusses très-bien auprès d'eux,
» si bien que tu as gêné plus d'une fois
» peut-être mes expressions et mes vrais
» sentimens. — Et vous l'aurez cru, pauvre
» niais ! s'est écrié l'Empereur en riant
» aux éclats; n'était-ce pas là plutôt
» l'admirable finesse de Cour, une tou-
» che pour La Bruyère, un vrai trait
» d'esprit, de reste; car s'il lui était ar-
» rivé pendant mon absence de laisser
» échapper quelque drôlerie contre moi,
» vous voyez que par-là il remédiait à
» tout, et une fois pour toutes. — Eh !
» bien, Sire, ai-je continué, ce que je
» viens de dire peut n'être que plaisant;
» mais voici ce qui est plus essentiel :
» Au plus fort de la crise de 1814,
» avant la prise de Paris, Decrès fut
» sondé de la manière la plus délicate
» pour conspirer contre Votre Majesté,
» et il s'y refusa franchement. Decrès
» murmurait facilement et souvent; il

» avait une certaine autorité d'expres-
» sions et de manières; c'était une acqui-
» sition à ne pas dédaigner dans un parti.
» Il se trouva, à cette époque de dou-
» leur, faire visite à un personnage fa-
» meux, le héros des machinations du
» jour. Celui-ci, qui s'était avancé au-
» devant de Decrès, le ramenant en boi-
» tant à sa cheminée, y prit un livre
» disant : Je lisais tout à l'heure quelque
» chose qui me frappait singulièrement,
» écoutez : Montesquieu, livre tel, cha-
» pitre tel, page telle. Quand le prince
» s'est élevé au-dessus de toutes les lois,
» que la tyrannie est devenue insuppor-
» table, il ne reste plus aux opprimés...
» — C'est assez, s'écria Decrès en lui
» mettant la main sur la bouche, je
» n'écoute plus, fermez votre livre. Et
» l'autre ferma tranquillement son livre
» comme si de rien n'était, et se mit à
» causer de toute autre chose.

» Plus tard, un Maréchal, après sa
» fatale défection, effrayé de ses résul-
» tats sur l'opinion, et cherchant vaine-
» ment autour de lui de l'approbation et
» de l'appui, essaya d'y intéresser Decrès
» en quelque chose. — Je me suis tou-
» jours souvenu, lui disait-il, d'une de

» nos conversations où vous nous pei-
» gniez si énergiquement les maux et les
» embarras de la patrie. Votre souvenir,
» la force de vos argumens, sont pour
» beaucoup dans ce qui m'a porté à y
» remédier. — Oui, mon cher, reprit
» Decrès avec une réprobation marquée;
» mais vous êtes-vous dit aussi que vous
» aviez sauté par-dessus le cheval ? »

« Et pour apprécier justement ces
» anecdotes, disais-je à l'Empereur, il
» faut savoir qu'elles m'étaient racontées
» par Decrès lui-même, pendant l'ab-
» sence de Votre Majesté, et bien assu-
» rément sans le moindre soupçon de
» votre retour. »

La conversation avait duré près de
deux heures dans le bain; l'Empereur
n'a dîné qu'à neuf, il m'a retenu. Nous
avons causé de l'école militaire de Paris.
Comme je n'en étais sorti qu'un an avant
qu'il y arrivât, les mêmes officiers, les
mêmes maîtres, les mêmes camarades
nous avaient été communs. Il trouvait
un charme particulier à repasser, ainsi
de compagnie, ce temps de notre enfance; nos occupations, nos espiègleries, nos jeux, etc.

Dans sa gaîté, il a demandé un verre

de vin de Champagne, ce qu'il fait bien rarement; et sa sobriété est telle qu'il suffit de ce seul verre pour colorer son visage et le porter à parler davantage. On sait qu'il ne passe guère plus d'un quart d'heure ou d'une demi-heure à table : il y avait plus de deux heures que nous y étions. Son étonnement a été grand en apprenant de Marchand qu'il était onze heures. « Comme le temps a » passé! disait-il avec une espèce de sa- » tisfaction. Que ne puis-je avoir souvent » de pareils momens! Mon cher, m'a-t-il » dit en me renvoyant, vous me quittez » heureux!!! »

Lundi 13.

Etat dangereux de mon fils. — Paroles remarquables. — Dictionnaire des Girouettes. — Bertholet.

Le docteur Warden était venu se joindre à deux autres de ses confrères pour former une consultation pour mon fils, dont l'indisposition me donnait de l'inquiétude.

L'Empereur a bien voulu recevoir, à ma requête, cette ancienne connaissance du Northumberland, et a causé près de deux heures, passant familièrement en revue les actes de son administration qui ont accumulé sur lui le plus de haine, de mensonges et de calomnies. Rien n'était plus correct, plus clair, plus simple, plus curieux, plus satisfaisant, me disait plus tard ce docteur.

L'Empereur termina par ces paroles remarquables : « Je m'inquiète peu de » tous les libelles lancés contre moi ; mes » actes et les événemens y répondent » mieux que les plus habiles plaidoyers. » Je me suis assis sur un trône vide. J'y » suis monté vierge de tous les crimes » ordinaires aux chefs de dynasties. Qu'on » aille chercher dans l'histoire, et que » l'on compare ! Si j'ai à craindre un re- » proche de la postérité et de l'histoire, » ce ne sera pas d'avoir été trop méchant, » mais peut-être d'avoir été trop bon. »

Après le dîner, l'Empereur a parcouru le *Dictionnaire des Girouettes*, nouvellement arrivé, dont l'idée est plaisante et l'exécution manquée. C'est le recueil alphabétique des personnes vivantes qui ont paru sur la scène depuis la révolution, et dont les expressions, les sentimens ou les actes avaient suivi la variation du vent. Des girouettes accompagnent leur nom, avec l'extrait des discours en regard, ou les actes qui les leur avaient méritées. En l'ouvrant, l'Empereur a demandé s'il s'y trouvait quelqu'un de nous. Non, Sire, lui a-t-on répondu plaisamment; il n'y a que Votre Majesté. En effet, Napoléon y était pour avoir consacré la république et exercé la royauté.

L'Empereur s'est mis à nous lire divers articles. La transition des discours de chacun était vraiment curieuse; le contraste était parfois exprimé avec tant d'impudeur et d'effronterie, que l'Empereur, tout en lisant, ne pouvait s'empêcher d'en rire de bon cœur. Néanmoins, au bout de quelques pages il a rejeté le livre avec l'expression du dégoût et de la douleur, observant, qu'après tout, ce recueil était la dégradation de la société, le code de la turpitude, le bourbier de notre honneur. Un article lui a été particulièrement sensible, celui de *Bertholet*, qu'il avait tellement comblé, sur lequel il devait tant compter, disait-il.

Tout le monde connaît ce trait charmant : Bertholet ayant éprouvé des pertes et se trouvant gêné, l'Empereur,

qui l'apprit, lui envoya cent mille écus, ajoutant qu'il avait à se plaindre de lui, puisqu'il avait ignoré que lui, Napoléon, était toujours au service de ses amis. Eh bien ! Bertholet, lors des désastres, avait été très-mal pour l'Empereur, qui en fut vraiment affecté dans le temps, répétant plusieurs fois : « Quoi Bertho-
» let ! Mon ami Bertholet !.... Bertholet
» sur lequel j'aurais dû tant compter ! »

Au retour de l'île d'Elbe, Bertholet sentit se réveiller ses sentimens pour son bienfaiteur; il se hasarda à reparaître aux Tuileries, faisant dire par Monge à l'Empereur que s'il n'en obtenait un regard, il se tuerait à la porte en sortant; et l'Empereur ne crut pas pouvoir lui refuser un sourire en passant devant lui.

L'Empereur, durant son règne, avait répété sa noble et généreuse obligeance en faveur de plusieurs gros manufacturiers. Il voulait chercher leur article, mais toutes les voix se sont élevées pour témoigner en leur faveur.

Mardi 14.

Réception des passagers de la flotte du Bengale.

Vers des quatre heures il nous est arrivé un très-grand nombre de visiteurs ; c'étaient les passagers de la flotte des Indes, que l'Empereur avait agréé de recevoir. On comptait parmi eux un M. *Strange*, beau-frère de lord Melvil, ministre de la marine d'Angleterre ; un M. *Arbuthnot* ; sir *Williams Burough*, un des juges de la Cour suprême de Calcuta ; deux aides-de-camp de lord Moira, d'autres encore, parmi lesquels plusieurs femmes. Nous étions tous à causer dans la salle d'attente ; l'Empereur, sortant de sa chambre pour gagner le jardin, a excité parmi nos visiteurs un empressement extrême ; ils se sont précipités aux fenêtres pour le voir passer ; cela nous rappelait tout à fait Plymouth. Le Grand-Maréchal a conduit toutes ces personnes à l'Empereur, qui les a reçues avec une grâce parfaite et ce sourire qui exerce tant d'empire. L'avidité était dans les regards de tous, l'émotion sur la figure de plusieurs.

L'Empereur a parlé à chacun d'eux,

connaissant, suivant sa coutume, ce qui se rattachait à certains noms à mesure qu'il les entendait. Il a beaucoup parlé législation et justice avec le juge suprême; commerce et administration avec les officiers de la compagnie; a questionné les militaires sur leurs années de service et leurs blessures; a dit à deux de ces dames des choses fort aimables sur leur figure et leur teint respecté par les rigueurs du Bengale. Puis s'adressant à l'un des aides-de-camp de lord Moira, il lui a dit que son Grand-Maréchal lui avait appris que lady Loudon était dans l'île, que si elle eût été en dedans de ses limites, il se fût fait un vrai plaisir de lui faire sa cour; mais qu'étant en dehors de son enceinte, c'était pour lui comme si elle était encore au Bengale.

Durant ces conversations, dont j'ai été l'interprète, M. Strange, avec qui j'avais déjà causé auparavant, ne put s'empêcher de m'attirer à lui par le pan de mon habit, pour me dire, avec l'accent de la surprise et de la satisfaction : « Ah! » combien d'esprit et de grâce dans la » manière dont votre Empereur tient un » lever! — Monsieur, c'est qu'il n'est » pas sans quelque habitude là-dessus, »

Nous les avons reconduits à notre salon, d'où la curiosité les a fait pénétrer jusqu'à la seconde pièce, le salon de l'Empereur. Sir Williams Burough, que son emploi rend marquant dans le gouvernement, m'a demandé si c'était la salle à manger. Je lui ai dit que c'était le salon, et pour mieux dire, le tout. Il a été fort étonné. Je lui ai montré alors par la fenêtre les deux petites pièces qui composent tout l'intérieur de l'Empereur; sa figure était peinée, son esprit semblait faire des comparaisons avec le passé; et considérant les meubles misérables et la petitesse de l'espace, il m'a dit d'un air pénétré : « Mais bientôt vous » serez mieux. — Comment donc, quit- » terions-nous cette île? — Non, mais il » vous arrive de fort beaux meubles, et » une belle maison. — Le vice n'est point » dans les meubles et dans la maison qui » sont ici; il est dans le roc sur lequel » elle repose, dans la latitude qu'elle » occupe. Tant qu'on ne changera pas » cette latitude, nous ne serons jamais » bien. »

Je lui ai répété littéralement ce que l'Empereur avait dit peu de jours auparavant au Gouverneur sur le même sujet.

Cet homme s'est ému, et me serrant la main, m'a dit avec chaleur : « Mon cher » Monsieur, c'est un trop grand homme, » il a trop de grands talens, il s'est rendu » trop redoutable; il est trop à craindre » pour nous. — Mais, lui ai-je dit à mon » tour, pourquoi n'avoir pas tiré ensemble » le char de front, au lieu de se tuer » réciproquement à le tirer en sens op- » posé? Quelle n'eût pas pu être sa course » alors? » Il m'a regardé, et me serrant de nouveau la main d'un air pensif, il m'a dit : « Oui, cela vaudrait bien mieux » sans doute; mais. . . . . »

Du reste, tous étaient également frappés surtout de la liberté des manières de l'Empereur et du calme de sa figure. Je ne sais ce qu'ils s'attendaient à trouver. L'un d'eux me disait qu'il ne pouvait pas se faire une juste idée de la force d'âme qui avait été nécessaire à Napoléon pour supporter de pareilles secousses. « C'est que personne ne connaît » encore bien l'Empereur, ai-je repris. » Il nous disait l'autre jour qu'il avait été » de marbre pour tous les grands événe- » mens, qu'ils avaient glissé sur lui sans » mordre sur son moral ni sur ses facultés. »

Après dîner, l'Empereur a demandé,

ce qui lui arrive souvent, ce que nous lirions. Quelqu'un ayant proposé de reprendre la lecture de la veille, le Dictionnaire des Girouettes, l'Empereur l'a repoussée comme rendant ses nuits plus pénibles. Occupons-nous plutôt aujourd'hui de chimères, a-t-il dit, et il a demandé la Jérusalem délivrée, en a parcouru tout haut plusieurs chants, plus souvent en Italien qu'en français. De là il nous a lu la plus grande partie de Phèdre et d'Athalie, toujours en s'extasiant davantage sur Racine.

Mercredi 15.

Égalité des peines. — L'Empereur me commande l'historique minutieusement détaillé de mon Atlas.

L'Empereur, dans la promenade, traitait divers sujets; il s'est arrêté sur celui des délits et des peines. L'Empereur disait que les grands jurisconsultes, même ceux qui avaient été influencés par l'esprit du temps, se partageaient sur le principe de l'égalité des peines. A la consécration du Code, il eût été pour leur inégalité, si les circonstances n'avaient forcé à une décision contraire. Il m'a commandé de donner mon avis.

« J'étais tout à fait pour l'inégalité. Nos
» idées demandaient une hiérarchie dans
» les peines, analogue à celle que nous
» concevions dans les crimes. L'harmonie
» de nos sensations semblait le demander
» aussi. Je ne pouvais prendre sur moi
» de mettre sur la même ligne celui qui
» aurait égorgé son père et celui qui
» n'aurait commis qu'un léger vol avec
» effraction : pouvaient-ils être punis des
» mêmes châtimens?

» Le coupable est celui qui m'occu-
» pait le moins dans la question; la peine
» était son affaire, il l'avait méritée ; et
» puis l'humanité avait bien des moyens
» occultes d'arriver au secours de ses
» souffrances physiques. C'étaient ses
» idées morales avant le crime, c'étaient
» celles des spectateurs, celles de toute
» la société que le législateur devait pré-
» tendre frapper par l'inégalité des pei-
» nes. C'est à tort que l'on prétendrait
» que la mort seule suffit, et que le genre
» de supplice n'influe en rien sur l'esprit
» du criminel, ni sur la préméditation
» du crime; car s'il y avait inégalité, il
» n'y a pas de condamné qui ne fît un
» choix, si on l'en laissait maître. Que
» chaque membre de la société se con-

» sulte, il frémit à l'idée de certains
» supplices, lorsqu'il serait à peu près
» indifférent à certains genres de mort.
» L'inégalité des peines, l'appareil des
» supplices sont donc dans la justice et
» dans la politique de la civilisation, et
» je conçois néanmoins qu'il serait impos-
» sible aujourd'hui de vaincre l'opinion
» sur ce point *. »

L'Empereur était tout à fait de cet avis, et comme on avait parlé du meurtre du souverain, il disait qu'il était en effet au-dessus de tous les autres crimes, à cause de ses grandes conséquences. « Celui qui m'aurait tué en France, a-t-il » dit, aurait bouleversé l'Europe; et que » de fois j'y ai été exposé! etc. »

Lady Loudon, femme de lord Moira, gouverneur-général des Indes, était depuis quelques jours dans l'île et attirait toutes les attentions. C'était une grande

―――――

* Et encore devrais-je confesser que mon opinion pourrait bien être erronée, si, comme on me l'a démontré depuis, le relevé des registres en France depuis l'introduction de l'égalité des peines, comparé à celui fait pendant le même espace de temps sous les anciennes lois pénales, présente un moindre nombre de criminels.

dame, répondant peut-être à nos duchesses dans la vieille monarchie. Les officiers anglais lui prodiguaient les derniers égards. L'Amiral l'avait à bord du Northumberland, ce jour-là, et lui donnait une petite fête. Il envoya une ordonnance à cheval me prier de lui prêter *mon Atlas* pour la soirée, voulant le faire considérer à lady Loudon, dont le mari s'y trouvait indiqué comme le premier représentant des Plantagénet, et conséquemment comme *le légitime* du trône d'Angleterre.

L'Amiral et moi nous étions sur le pied d'une complète indifférence, à peu près étrangers l'un à l'autre, depuis qu'il m'avait débarqué. C'était donc moins une bienveillance pour moi qu'un compliment pour l'ouvrage lui-même. On s'en était entretenu, la dame avait désiré le voir, et l'on avait eu envie de le lui montrer. Toutefois je ne pus satisfaire ce désir; il était dans la chambre de l'Empereur : ce fut ma réponse.

L'Empereur rit du succès que l'Amiral avait voulu me ménager, et moi je plaignais fort la dame sur l'espèce de divertissement qu'on avait voulu lui donner.

Tout cela conduisit l'Empereur à s'arrêter lui-même sur l'Atlas et à rappeler une partie de ce qu'il en avait déjà dit plusieurs fois. Il ne revenait pas, disait-il, d'entendre toujours et partout parler de cet ouvrage; de le voir couru des étrangers, à l'égal au moins des nationaux : il en avait entendu parler à bord du Bellerophon, à bord du Northumberland, à l'île de Sainte-Hélène; partout, ce qu'il y avait d'instruit et de distingué le connaissait ou demandait à le connaître. « Voilà ce que j'appelle, observait-il gaîment, *un vrai triomphe et beaucoup de bruit dans la république des lettres*, etc. » Je veux que vous me fassiez à fond » l'historique de cet ouvrage, quand et » comment il a été conçu, de quelle » manière il a été exécuté; ses résultats; » pourquoi, dans le principe, vous l'avez » mis sous un nom emprunté; pourquoi, » plus tard, vous ne lui avez pas substitué » le véritable? etc., enfin, mon cher, un » vrai rapport; entendez-vous, monsieur » le Conseiller d'État? »

— J'ai répondu que ce serait long; mais que ce ne serait pas sans charme pour moi; que mon Atlas était l'histoire d'une grande partie de ma vie; que je lui devais surtout le bonheur de me trouver ici près de lui, etc....

En effet, voici ce récit tel qu'il s'est trouvé rédigé peu de jours après. Sa longueur réclame l'indulgence, sans doute; mais qu'on en cherche l'excuse dans les détails où se complaisent les souvenirs de mes plus douces, de mes plus heureuses années, l'époque de ma jeunesse, celle de ma force et de toute ma santé, en un mot, le précieux et court instant de la plénitude de la vie. On le trouvera long, je le répète, mais qu'on le pardonne aux jouissances qu'il me rappelle. Même en relisant plus tard, je ne me sens pas la force d'en rien effacer.

HISTORIQUE DE L'ATLAS.

« Cet Atlas a été tout à fait le fruit du hasard, et surtout de la nécessité, qui, comme dit le proverbe banal, est la mère de l'industrie..... Au moment des premiers revers de notre émigration, je fus jeté par l'ouragan politique dans les rues de Londres, sans connaissances, sans moyens, sans ressources; mais avec du courage et de la bonne volonté : or, avec de telles dispositions, Londres alors était pour chacun un terrain assuré.

» Après avoir tâté sans succès plusieurs directions, je résolus de n'avoir recours qu'à moi-même, et je me décidai à écrire : c'était à peu près faire comme Figaro. Je balançai un moment à me jeter dans les romans ; les propositions d'un libraire m'en donnèrent la pensée ; mais il me demandait trop, et prétendait me donner trop peu. Je me décidai pour l'histoire, qui, dans tous les cas, m'assurait un gain moral en me procurant des connaissances positives, alors naquit l'idée mère de l'Atlas historique. Ce fut une inspiration du Ciel, je lui dois le reste de ma vie. Ce ne fut d'abord qu'une simple esquisse, bien éloignée de l'ouvrage d'aujourd'hui, une pure nomenclature. Toutefois c'en fut assez pour me tirer dès l'instant d'embarras, et me composer même, relativement aux misères de l'émigration, une véritable fortune. Vint la paix d'Amiens et le bienfait de votre amnistie, Sire : je me trouvais assez bien dans mes affaires pour pouvoir me rendre à Paris, sans objet, et purement comme voyageur, sans autre but que de respirer l'air de la patrie et de visiter la capitale. Une fois là, je me sentis maître de mon langage; les recherches étaient faciles; mes idées, mon jugement, s'étaient agrandis; je disposais de mon temps et de ma personne; j'entrepris l'ouvrage tel qu'il est aujourd'hui. Je me mis à en publier régulièrement quatre feuilles par trimestre. Alors vraiment, j'eus au moral et au matériel un succès prodigieux : intérêt, bienveillance, offres de toute espèce, argent, connaissances, me tombèrent de toutes parts : c'est, sans contredit, l'époque la plus douce de ma vie.

» En Angleterre, j'avais mis ma publication sous un nom emprunté, pour ne pas compromettre l'honneur du mien : j'écrivis *Le Sage* comme j'aurais écrit Leblanc, Legris, Lenoir. Je ne pouvais du reste plus mal choisir, ou du moins en prendre un plus banal; car à quelque temps de là, une lettre m'ayant été mal adressée sous ce nom, elle ne me parvint qu'après avoir passé dans les divers rassemblemens français, par les mains de vingt-deux prêtres qui portaient ce nom; et le dernier, qui avait découvert apparemment qu'il ne m'appartenait pas, me renvoyait ma lettre ; fort en colère, en y joignant l'avis, que quand on voulait changer son nom, il fallait éviter du moins de prendre celui des autres.

» En France, je conservai ce même nom de Le Sage. Il était devenu désormais celui de l'Atlas; un nouveau nom pouvait tromper quelque acheteur en le faisant croire à un nouvel ouvrage. Je n'eusse pas voulu d'ailleurs exposer le mien au hasard d'un succès, peut-être aux affronts d'un journal, et aux éclaboussures de la polémique. Quand l'ouvrage eut complétement réussi, je n'en eus pas davantage la pensée, et peut-être par un reste de vieux préjugés que je me déguisais mal.

» Cette gloire littéraire me flattait beaucoup sans doute; mais j'étais d'une race militaire, et forcé rigoureusement, me disais-je, à poursuivre une autre espèce de gloire. Les circonstances me le rendant impossible, je voulais consacrer du moins que j'en reconnaissais l'obligation. Au reste, je n'ai jamais eu lieu de me repentir de ce double nom; mais au contraire j'ai eu souvent à m'en applaudir. Indépendamment du vrai motif, il répandait un vernis d'aventures et de roman, qui n'a jamais rien eu que d'agréable, et qui était assez d'ailleurs dans la nature de mon caractère. Il a produit une foule de quiproquo et de scènes fort gais, qui n'étaient pas sans prix pour moi. En Angleterre, par exemple, il m'est arrivé d'être questionné en société, de la meilleure foi du monde, touchant le mérite de l'ouvrage de M. Le Sage; et dans une pension, je me suis vu dire des injures pour m'être obstiné à le dénigrer, etc.

« Tant que je me chargeai moi-même de l'ouvrage, je voulus recevoir tous ceux qui se présentèrent, et traiter directement avec eux. Dès-lors je pus faire les connaissances les plus agréables : je n'eus plus rien à rechercher; mais bien plutôt à me défendre. En France, surtout, je me trouvai comblé. C'étaient les manières, les expressions les plus flatteuses, les plus douces, les plus recherchées; les uns, parce qu'ils savaient qui j'étais; les autres, précisément peut-être parce qu'ils l'ignoraient; tous parce que je demeurais en parfait équilibre avec chacun. De mon côté, je jouissais d'un spectacle fort curieux. Comme on était obligé de me donner son nom pour la souscription, je passais en revue beaucoup de personnages que je me trouvais connaître à merveille, et que j'observais en silence. C'est là surtout que j'ai pu méditer à mon aise sur la diversité des opinions, des jugemens et des goûts parmi les hommes. La seule chose que *l'un* trouvait à redire dans l'ouvrage était juste ce que le *suivant* admirait le plus; ce qu'*un troisième* conseillait comme indispensable, *un quatrième* le réprouvait comme inadmissible; et chacun, suivant l'usage, ne manquait pas de présenter son opinion comme l'expression générale : c'était absolument celle de tout Paris, celle de tout le monde.

» C'est là surtout que j'ai pu me convaincre du grand avantage de faire ses affaires soi-même, et de tout l'empire qu'exerçaient la complaisance et les bonnes manières dans les transactions de la vie. J'acceptais tout ce qu'on me proposait; j'étais aussitôt d'accord sur tout ce qu'on voulait, et j'en étais payé au centuple. Tel qui était entré dans l'intention peut-être de ne pas prendre l'ouvrage, non seulement l'emportait, mais encore me ramenait dix, vingt souscripteurs; il en est qui ont été jusqu'à cent; celui-ci faisait déclarer mon ouvrage classique au ministère de l'intérieur, celui-là le faisait adopter aux relations extérieures, un troisième voulait me procurer la décoration de la légion d'honneur, un quatrième insérait d'excellens articles dans les journaux. La bienveillance, l'affection, allaient chez quelques-uns jusqu'à l'enthousiasme. Je ne citerai ici que ce souscripteur de province, m'écrivant, sans me connaître, pour me supplier en grâce de mettre mon portrait à la tête de l'ouvrage; s'offrant, si je le permettais, de payer la moitié des frais. Et cet autre, propriétaire du beau château de Montmorency, qui, chaque semaine, sous prétexte de voir s'il n'y avait pas une feuille nouvelle, venait, disait-il, passer ses heures les plus heureuses, ajoutant que s'il me prenait envie de faire payer ma conversation comme mes feuilles, il ne tenait qu'à moi de le ruiner. Je sus depuis que c'était un homme extrêmement bizarre, vrai caractère de Labruyère, tout à fait à la Jean-Jacques. Il épuisa long-temps auprès de moi, fort délicatement, les offres de toute espèce, même des inductions paternelles. « M. Le Sage, m'a-t-il dit plus d'une fois,

» vous devriez vous marier ; vous feriez le
» bonheur d'une femme, et plus encore
» celui d'un beau-père. » Or, il n'avait
qu'une fille et très-riche. Enfin je le
perdis de vue, et ce ne fut que long-
temps après, que, faisant une partie de
campagne avec des femmes de ma connaissance, la vue du château de Montmorency, dont il était propriétaire, m'en
rappela le souvenir. Je racontai mon
histoire ; notre curiosité s'en accrut, et
nous donna l'envie de visiter ce château :
on nous refusa la porte. Le maître n'y
était-il pas? Au contraire, c'était parce
qu'il s'y trouvait. Je viens de dire qu'il
était fort extraordinaire ; il s'était cla-
quemuré dans sa demeure, et s'y était
rendu tout à fait inabordable. J'obtins
avec beaucoup de peine qu'on lui portât
le nom de M. Le Sage : la magie du
nom opéra sur-le-champ. L'affront fait
à une calèche élégante, à une riche li-
vrée, fut aussitôt réparé. Les portes s'ouvrirent, au grand étonnement surtout
de ceux qui les gardaient. Il y eut ordre
à l'instant de tout montrer, de tout
offrir. Nous avions apporté de quoi faire
un petit repas champêtre ; mais on com-
manda sur-le-champ un excellent dîner

qu'il fallut accepter de gré ou de force, et dans le beau salon en stuc. Tout cela était fort désintéressé, car le bon vieillard était retenu dans sa chambre par la goutte. Quand il me revit, sa joie fut extrême; c'était pour lui le retour de l'enfant prodigue. Il voulut absolument voir ma compagnie et se fit traîner pour nous faire les honneurs du dessert. Mais ce qui nous ravissait par-dessus tout, c'est qu'il ne doutait pas qu'il n'eût à faire à de petites bourgeoises; or, c'étaient vraiment de grandes dames. Il ne voulait plus me laisser en aller; il fallait que je revinsse, disait-il, je serais toujours reçu avec tout ce que j'amènerais. Hélas! il ne me mit pas dans le cas d'en profiter; à quelques jours de là je lus dans les papiers la mort de ce tendre et véritable ami.

» Avec le commencement de mes grandeurs finit, sous toutes les faces, l'âge d'or de mon ouvrage. Dès que je fus à la Cour et que j'approchai Votre Majesté, je ne crus plus de pareils détails convenables. Je les confiai à un ancien camarade de collége, émigré comme moi, qui n'en tira pas un aussi bon parti.

» En paraissant sur mon nouveau terrain ; ce fut d'abord encore de tous côtés de grands complimens sur ma production ; mais j'y répondais faiblement, et cela, comme l'on fait au bal, après avoir baissé son masque. Quand on vit que je n'y revenais pas, que je ne citais point, que j'évitais les dissertations, l'on cessa de me parler de mon ouvrage, et l'on finit par s'étonner même que je l'eusse produit, si toutefois l'on n'en douta pas.

«Mon cher, a dit ici l'Empereur, il
» n'est pas jusque sur notre roc que ce
» doute ne soit parvenu. On a prétendu
» pouvoir m'assurer que cet ouvrage
» n'était pas de vous, que vous l'aviez
» acheté, et l'on en donnait pour une
» des preuves, qu'il n'était pas très-cer-
» tain que vous le connussiez à fond,
» car vous n'en parliez jamais. A quoi il
» m'a suffi de répondre : Mais avez-vous
» jamais vu aucune question demeurée
» sans complète réponse ? Et puis, ce
» sont toutes ses phrases, leur contex-
» ture, les mêmes expressions, etc.

» Je repris : Beaucoup penseront que je perdis par cette abnégation ; mais je préférais le bon goût à la charlatanerie ; d'ailleurs, j'obéissais à ma nature. Votre

Majesté l'autre jour nous peignait Siéyes arrivant surchargé de plans écrits, et au premier mot de contradiction, dès que venait l'obligation de les défendre, resserrant aussitôt ses papiers et les emportant. Eh bien, me voilà précisément. Je n'ai jamais pu prendre la parole, ni soutenir mon opinion devant le monde : il me faut pour cela l'autorité du poste ou l'abandon de l'intimité. Dans tout autre cas, je me voue au silence, quoi que j'entende, à moins qu'on ne m'interroge ou qu'on ne me pousse à bout. Quoi qu'il en soit, dans mon obscurité je m'étais vu entouré de la bienveillance de tous. Mon élévation m'attira des ennemis directs, et ce sentiment vague de jalousie et de malveillance qui marche sur les pas de la fortune. Les journaux dans lesquels depuis long-temps on avait épuisé en quelque façon les expressions flatteuses et agréables en faveur de l'Atlas historique, montrèrent alors quelques articles fort mauvais; et quand on remonta à la source, l'écrivain avoua franchement que la différence des opinions et de la situation politique en était la seule cause.

» Il fut fait à l'Empereur un rapport

par l'Institut sur les ouvrages qui avaient paru depuis quelques années; l'Atlas y fut maltraité.

» Me trouvant un jour, par hasard et sous mon nom de Le Sage, avec l'auteur de ce rapport, je lui témoignai ma peine. Il me confessa de bonne foi que l'ouvrage et l'auteur lui avaient été inconnus; que n'ayant pu faire tant de travail à lui seul, il l'avait subdivisé. L'article de Le Sage lui était revenu plus mauvais encore qu'il n'avait paru, il l'avait fort adouci. « Il m'a été aisé
» de voir, continua-t-il, que vous avez
» des ennemis parmi nous, et vous le
» devez à vos habitudes, à votre situa-
» tion. Vous vous êtes associé avec un
» M. le Comte de je ne sais qui, qui a
» des places à la Cour : les courtisans et
» les lettres ne vont pas bien ensemble.
» Ces messieurs ne sont pas des nôtres.
» On dit que vous mettez votre mérite,
» et que lui fournit l'argent. A quoi bon
» cela ? Il fait sans doute des profits sur
» vous, ce M. le Comte ? Votre ouvrage
» étant très-bon, votre libraire vous eût
» fait crédit. Du reste, je ne répète ici
» que ce que j'ai entendu, et je vous
» parle dans vos intérêts. Si vous désirez

» notre suffrage, il faut vous rapprocher
» de nous, s'identifier avec nos doctrines,
» et laisser là les grands. »

» Je répondis, avec le plus de ménagement possible, que je le remerciais, sans doute, mais que je ne pouvais suivre tout à fait cette morale; qu'il jugeait mal mon ami; que notre bourse, notre existence étaient communes; notre union, notre intimité indissolubles; que nous nous étions promis de ne jamais nous séparer, de vivre et de mourir ensemble, et qu'il serait bien difficile de nous y faire manquer : c'était une vraie scène de comédie. A quelques temps de là je dînais chez un Prince ; j'étais à ses côtés et tout chamarré. J'aperçus mon membre de l'Institut au nombre des convives. L'étonnement et l'inquiétude étaient dans ses yeux : je lui adressai plusieurs fois la parole; il se penchait vers ses voisins, leur parlait très-bas; il prenait des renseignemens. Après le dîner il me joignit, et, prenant la chose avec beaucoup d'esprit, me pria, disait-il, de le tirer d'embarras ; qu'il se rappelait bien d'avoir eu l'honneur de me voir chez lui; mais qu'il ne comprenait pas le mauvais tour que je lui avais joué, ni la mystification complète à laquelle je m'étais plu. « Aucune, lui dis-je. Tout ce que vous avez vu, tout ce que je vous ai dit est réel, seulement vous vîtes alors M. le Sage, qui met sa science, et vous voyez aujourd'hui M. le Comte, qui fournit les fonds : voilà comme on fait les histoires et comment se font les rapports. »

» Ce fut aussi quelque méprise de la sorte et tout aussi ridicule qui valut à M. Le Sage, dans le fameux Nain Jaune, les honneurs de la girouette, comme généalogiste de l'ordre, sous le nom assez plaisant, du resté, de *parculus sapiens* (Petit Le Sage). Cette faveur, ai-je appris plus tard, était fondée sur la suppression qui avait été faite, sous le Roi, de la généalogie de Votre Majesté, que j'étais supposé faire descendre d'Ascagne et d'Enée. Il serait difficile de comprendre ce qu'on avait voulu dire, n'y ayant jamais eu rien dans l'Atlas qui pût mettre, en quoi que ce fût, de près ou de loin, sur une pareille voie. Au demeurant, dans ces diverses circonstances où l'Atlas et son auteur se trouvèrent attaqués, une foule de partisans zélés et fervens vinrent me démander s'il me serait agréable qu'ils le défendissent. Je les suppliai instamment de n'en rien faire; il me semblait dangereux pour mon repos d'occuper le public de la sorte. Je riais moi-même des tours joués à M. Le Sage; mais il m'eût été pénible de les voir remonter peut-être par là jusqu'à son homonyme.

» Si l'Atlas, du reste, eut un succès si général et si étendu, c'est qu'il devait en être ainsi, cet ouvrage étant en effet de tous les âges, de tous les pays, de tous les temps, de toutes les opinions, de toutes les classes, de toutes les instructions. C'était l'indicateur de celui qui voulait apprendre, les ressouvenirs de celui qui avait su; le guide pour l'écolier, le développement pour le maître : il réunissait la chronologie, l'histoire, la géographie, la politique, etc.

» Quand on le comprend bien et qu'on sait s'en servir, il est vrai de dire qu'il compose à lui seul une vraie bibliothèque : c'est le *Vade Mecum* du commençant, celui du maître, celui du savant, celui de l'homme du monde.

» Aussi eut-il un immense débit, et jamais ouvrage littéraire, je crois, ne produisit autant. A son apparition, on eut à inscrire jusqu'à deux et trois cents louis de souscription dans un jour. Tant que je suis demeuré chargé personnellement de ces objets, j'ai dû compter les recettes par un revenu de soixante à quatre-vingt mille francs au moins. Il m'avait créé une véritable fortune, je n'en ai pas d'autre; la révolution m'avait enlevé mon patrimoine, dont je n'avais pas dû m'occuper depuis, puisqu'il m'avait fallu faire serment d'y renoncer, pour pouvoir mettre le pied sur le territoire.

» Mon ouvrage m'avait fait, dans la librairie, une réputation équivalente, au besoin, à un véritable fonds. Des libraires sont venus plus d'une fois m'offrir deux cents, trois cents louis pour approuver seulement et ne faire que mettre mon nom au bas d'ouvrages tout faits. Ils me quittaient bien étonnés de mon refus. J'appris par là que c'était l'habitude de la capitale, parmi les imprimeurs de livres. Un auteur de célébrité peut en faire trafic, c'est une portion de sa fortune; il l'a place à gros intérêts, sans aucune mise dehors; elle devient un article essentiel de son budget de recette.

» Il s'est déjà publié, en plusieurs éditions, de huit à dix mille exemplaires de l'Atlas, qui ont mis en circulation au-delà de huit à neuf cent mille francs, peut-être plus d'un million, desquels trois cent mille francs ont été réalisés quittes de frais, et sont en mes mains : ils composent ma fortune nette, ne possédant rien qui ne me soit venu de l'Atlas, et ne soit couché sur ses registres. Cent cinquante mille francs demeuraient encore à mon départ en créances arriérées, bonnes ou mauvaises; ainsi que plus de deux cent mille francs en valeur de livres choisis, obtenus par des échanges, et qui, morcelés par assortimens de mille écus et expédiés aux pays lointains, me promettaient, avec le temps, des rentrées certaines. Malheureusement aujourd'hui, de tout ce brillant produit, je ne puis, je ne dois plus compter que sur ce que je tiens déjà; le reste est trop hasardé pour ne pas le considérer comme perdu. Personne n'est au courant de mes affaires; je n'ai pas eu le temps d'en charger quelqu'un, les détails en sont trop nombreux, trop épars, trop diversifiés, pour en donner le fil d'ici. Les dettes arriérées vieillissent;

les créanciers meurent, se déplacent et disparaissent; et, pour les livres, ils seront égarés, gaspillés, gâtés et perdus.

» Quoi qu'il en soit, cet ouvrage avait été sur le point de me faire une fortune bien autrement brillante encore. La tracasserie la plus injuste m'en priva : les détails en sont assez curieux pour que je les mentionne à Votre Majesté.

» Au commencement de 1813, deux négocians, qui avaient découvert que j'étais l'auteur de l'Atlas historique de Le Sage, pénétrèrent chez moi, et me proposèrent, si je voulais leur en donner pour deux millions, de m'en payer aussitôt le vingt pour cent, argent comptant, et de me les transporter gratis à Londres, où ils seraient encore ma propriété et demeureraient à ma disposition. J'ouvris de grands yeux; je ne pouvais comprendre; je craignais qu'on ne voulût me mystifier. Eux, de leur côté, cherchaient à m'expliquer cette affaire, et me disaient que c'était la marche et le taux actuel des licences, auxquelles ils voyaient bien que j'étais étranger. Toutefois il me resta assez de cette conversation pour que je puisse m'éclairer entièrement ailleurs. En effet, j'appris que les bâtimens de licence, pour aller à Londres chercher des denrées coloniales, ne pouvaient partir de France sans une exportation égale en valeur nominale à l'importation qu'ils projetaient. Les livres étaient compris dans les objets dont l'exportation était permise, et les négocians en cherchaient d'un transport léger et d'un prix très-haut, qui à peu de frais pussent leur donner des droits à une importation considérable. Or, mon ouvrage semblait être précisément calculé pour cette opération. Cependant avant de l'entreprendre, j'allai auprès du directeur-général des douanes et du président du comité d'exportation, m'assurer que j'avais bien compris et que j'étais en toute règle. Sur leur affirmation, je me mis aussitôt au travail. J'accomplis une des belles opérations qu'on puisse imaginer; le terme pressait; on me prescrivait un temps très-court. Une centaine de planches in-folio furent distribuées aux trente plus grandes presses de Paris, qui travaillèrent dès ce moment sans relâche. Tout le papier vélin, d'une certaine forme, fut arrêté et s'accrut successivement de prix chaque jour jusqu'au delà de cent pour cent. Ce fut un véritable mouvement dans toute l'imprimerie de la capitale, au point d'en inquiéter la police, jusqu'à ce qu'elle eût découvert et compris ce que ce pouvait être. J'employai à l'instant, directement ou indirectement, de trois à quatre cents ouvriers. Au bout de vingt et un jours, je devais avoir mes deux millions d'Atlas, et recevoir mes quatre cent mille francs d'argent comptant. J'étais le seul dans le monde qui eût pu faire cette opération : un hasard unique faisait que j'avais imaginé dans le temps de garder mes planches toutes composées, en faisant la très-grande dépense des caractères. Je recueillais donc en ce moment le fruit d'une industrie et d'une mise dehors de dix ans. C'était un vrai quine à la loterie; la tête me tournait d'une telle circonstance; mais je bâtissais sur le sable, et je devais expier cruellement ces premiers instans d'illusion.

» Le directeur-général de la librairie, mon camarade au Conseil d'Etat, s'acharna à me nuire, sans que j'en pusse deviner la cause. Tout en m'assurant qu'il ne m'était nullement défavorable, qu'il aiderait plutôt son collègue; il ne cessa d'écrire sous main et de pousser en avant contre moi les experts libraires qu'il avait trouvé le moyen de faire nommer pour ces opérations. Je n'en pouvais douter, on me communiquait de confiance dans les bureaux ses lettres secrètes ; et la délicatesse m'interdisait encore la satisfaction de pouvoir lui reprocher son indignité.

» Il me fit objecter d'abord que mes feuilles ne pouvaient être admises, parce que la loi n'admettait que les livres. Je demandai à cela si la loi n'admettait pas les ouvrages en feuilles ; et, sur l'affirmative, j'observai que mes feuilles étaient un livre qui attendait sa reliure. Alors M. de P........ prononça que la faveur accordée par l'Empereur concernait les libraires et non pas les auteurs. Le ministre de l'intérieur, l'honnête M. de Montalivet, se révolta contre cette partialité, et fit taire le directeur général. Alors celui-ci prétendit qu'on avait de beaucoup accru le prix de mes feuilles. On lui prouva par plus de deux cents annonces dans les journaux, depuis dix ans, qu'il avait été constamment le même. Alors il se rabattit sur le prix intrinsèque, et voulut prouver que ce que je vendais cent sous ne m'en coûtait que cinq ou six, et créa encore d'autre difficultés aussi ridicules. Cependant le temps courait, les vaisseaux se remplissaient, les avantages offerts par les armateurs diminuaient; les évaluations arbitraires des comités arrivèrent, et moi qui avait continué mes opérations au milieu des difficultés, je dus me regarder comme très-heureux, à travers mille inquiétudes, mille contrariétés, mille vrais chagrins, de ne pas me trouver ruiné, de retirer mes frais, qui avaient été au-delà de quatre-vingt mille francs.

« Mais c'est à peine croyable, disait » l'Empereur, comment cela a-t-il pu se » passer ainsi? Votre opération eût été » dans mes goûts; elle vous eût avancé » dans mon esprit, elle m'eût plu; l'ac- » tivité, l'organisation de vos détails » m'eussent frappé. Rien, d'ailleurs, ne » me faisait plus de plaisir que de faire » gagner légitimement de l'argent à ceux » qui étaient autour de moi. Que n'êtes- » vous venu me trouver, que ne m'avez- » vous amené votre antagoniste; vous » eussiez vu comme je l'aurais mené. — » Sire, ai-je répondu, j'étais bien loin

»de le voir ainsi, les momens étaient
»critiques, votre temps était précieux;
»comment aurais-je pu prétendre à me
»faire écouter, à me faire comprendre
»de Votre Majesté, dans une affaire aussi
»compliquée et aussi délicate? Comment
»lui expliquer que cet ouvrage qui n'é-
»tait pas sous mon nom, était le mien?
»comment oser vous présenter quel-
»qu'un si voisin de Votre Majesté, mêlé
»avec les licences, des vingt pour cent,
»des millions de librairie? Je me sentais
»si peu connu de Votre Majesté, que je
»frémissais au contraire qu'il ne vous
»en parvînt quelque chose. Aussi je me
»donnai beaucoup de mouvement; mais
»je fis le moins de bruit possible, et je
»me résignai à tout souffrir.

» Vous eûtes grand tort, disait l'Em-
»pereur, vous avez été très-maladroit
»avec moi, et peut-être avec votre
»antagoniste, je ne saurais expliquer
»autrement un acharnement si peu
»naturel, etc., etc. »

Jeudi 16.

Visite du Gouverneur. — Conversation chaude
avec l'Empereur.

La brèche était décidée entre nous

et le Gouverneur depuis ce que l'on m'a vu appeler plus haut sa première *méchanceté*, sa première *injure* et sa première *brutalité*. L'éloignement, la mésintelligence et l'aigreur mutuels allaient toujours croissant ; nous étions fort mal disposés les uns et les autres.

Il s'est présenté sur les trois heures, suivi de son secrétaire militaire ; il désirait voir l'Empereur pour lui parler d'affaires. L'Empereur se portait assez mal ; il n'était point habillé : toutefois il m'a dit qu'il le recevrait, sa toilette faite. En effet, peu d'instans après il est passé dans son salon, et j'ai introduit sir Hudson Lowe.

Demeuré dans le salon d'attente avec le secrétaire militaire, j'ai pu entendre, par le son de la voix de l'Empereur, qu'il s'animait et que la scène était chaude. L'audience a été fort longue et très-orageuse. Le Gouverneur congédié, j'ai couru au jardin, où l'Empereur me faisait demander. Depuis deux jours il n'était pas bien : ceci a achevé de le bouleverser. « Eh bien ! m'a-t-il dit en » m'apercevant, la crise a été forte ; je » me suis fâché, mon cher ! on m'a en- » voyé plus qu'un geolier ! Sir Lowe est

» un bourreau ! Quoi qu'il en soit, je l'ai
» reçu aujourd'hui avec ma figure d'ou-
» ragan, la tête penchée et l'oreille en
» avant. Nous nous sommes considérés
» comme deux béliers qui allaient s'en-
» corner; et mon émotion doit avoir été
» bien forte, car j'ai senti la vibration de
» mon mollet gauche. C'est un grand
» signe chez moi, et cela ne m'était pas
» arrivé depuis long-temps. »

Le Gouverneur avait abordé l'Empereur avec embarras et en phrases coupées. Il était arrivé des pièces de bois, disait-il...... Les journaux devaient le lui avoir appris, à lui Napoléon......... C'était une habitation pour lui...... Il serait bien aise de savoir ce qu'il en pensait......, etc., etc. A quoi l'Empereur a répondu par le silence et un geste très-significatif. Puis passant rapidement à d'autres objets, il lui a dit avec chaleur qu'il ne lui demandait rien, qu'il ne voulait rien de lui, que seulement il le priait de le laisser tranquille; que tout en se plaignant de l'Amiral, il lui avait constamment reconnu un cœur; qu'au milieu et en dépit de ses contrariétés, il l'avait pourtant reçu toujours en parfaite confiance; qu'il n'en était plus de même aujourd'hui ; que depuis un mois que lui, Napoléon, se trouvait en d'autres mains, il avait été plus agacé que durant les six autres mois qu'il avait été dans l'île.

Le Gouverneur ayant répondu qu'il n'était pas venu pour recevoir des leçons. « Ce n'est pourtant pas faute que vous » ayez besoin, a repris l'Empereur. Vous » avez dit, Monsieur, que vos instruc- » tions étaient bien plus terribles que » celles de l'Amiral. Sont-elles de me » faire mourir par le fer ou par le poison? » Je m'attends à tout de la part de vos » ministres : me voilà, exécutez votre » victime ! J'ignore comment vous vous y » prendrez pour le poison ; mais quant à » m'immoler par le fer, vous en avez déjà » trouvé le moyen. S'il vous arrive, ainsi » que vous m'en avez fait menacer, de » violer mon intérieur, je vous préviens » que le brave 53e n'y entrera que sur » mon cadavre.

» En apprenant votre arrivée, je me » félicitais de trouver un général de terre, » qui, ayant été sur le continent et dans » les grandes affaires, aurait su employer » des mesures convenables vis-à-vis de » moi ; je me trompais grossièrement. »

Le Gouverneur ayant dit qu'il était militaire dans l'intérêt et les formes de sa nation. L'Empereur a repris : « Votre
» nation, votre gouvernement, vous
» même, serez couverts d'opprobres à
» mon sujet; vos enfans le partageront;
» ainsi le voudra la postérité. Fut-il jamais de barbarie plus raffinée que la
» vôtre, Monsieur, lorsqu'il y a peu de
» jours vous m'avez invité à votre table
» sous la qualification de *général Bonaparte*, pour me rendre la risée ou l'amusement de vos convives ! Auriez-
» vous mesuré votre considération au
» titre qu'il vous plaisait de me donner ?
» Je ne suis point pour vous le général
» Bonaparte; il ne vous appartient pas
» plus qu'à personne sur la terre de
» m'ôter les qualifications qui sont les
» miennes. Si lady Loudon eût été dans
» mon enceinte, j'eusse été la voir sans
» doute, parce que je ne compte point
» avec une femme; mais j'eusse cru l'honorer beaucoup. Vous avez offert, m'a-
» t-on dit, des officiers de votre état-
» major pour m'accompagner dans l'île,
» au lieu du simple officier établi dans
» Londwood. Monsieur, quand des soldats ont reçu le baptême du feu dans

» les batailles, ils sont tous les mêmes à
» mes yeux ; leur couleur n'est point ici
» ce qui m'importune, mais l'obligation
» de les voir, quand ce serait une re-
» connaissance tacite du point que je
» conteste. Je ne suis point prisonnier
» de guerre ; je ne dois donc point me
» soumettre aux règles qui en sont la
» suite. Je ne suis dans vos mains que
» par le plus horrible abus de confiance. »

Le Gouverneur, au moment de sortir, ayant demandé à l'Empereur de lui présenter son secrétaire militaire, l'Empereur a répondu que c'était fort inutile; que, si cet officier avait l'âme délicate, il devait s'en soucier fort peu ; que pour lui, il le sentait de la sorte. Qu'il ne pouvait d'ailleurs exister aucun rapport de société entre les geoliers et les prisonniers ; que c'était donc parfaitement inutile. Il a congédié le Gouverneur.

Le Grand-Maréchal est venu nous joindre ; il arrivait de chez lui, où le Gouverneur était descendu avant et après sa visite à l'Empereur. Il a rendu un compte détaillé de ces deux visites.

En repassant, le Gouverneur avait montré une extrême mauvaise humeur, et s'était plaint fortement de celle de l'Empereur. Ne s'en fiant point à son propre esprit, il avait eu recours à celui de l'abbé de Pradt, dont l'ouvrage nous était présent à tous en ce moment. Il avait dit : « Que Napoléon ne s'était pas contenté de se créer une France imaginaire, une Espagne imaginaire, une Pologne imaginaire ; mais qu'il voulait encore se créer *une Sainte-Hélène imaginaire.* » Et l'Empereur n'a pu s'empêcher d'en rire.

Nous avons alors fait notre tournée en calèche. Au retour, l'Empereur s'est mis au bain. Il m'a fait appeler, a dit qu'il ne dînerait qu'à neuf heures, et m'a retenu. Il est beaucoup revenu sur la scène du jour, sur les abominables traitemens dont il est l'objet, sur la haine atroce qui les commande, la brutalité qui les exécute. Et après quelques instans de silence et de méditation, il lui est échappé ce qu'il me dit souvent : « Mon cher, ils me tueront ici ! c'est certain ! (quelle horrible prophétie !....) »

Il m'a renvoyé à dix heures et demie.

Vendredi 17.

J'ai été fort malade toute la nuit ; l'Empereur a déjeûné dans le jardin ; il m'y a fait appeler; il était lui-même triste et abattu; il ne se portait pas bien du tout. Après le déjeûner nous nous sommes promenés long-temps autour de la maison; il ne disait mot. La chaleur l'a forcé de rentrer vers une heure. Il regrettait vivement de n'avoir point d'ombrage.

Vers quatre heures il a envoyé savoir si je continuais d'être souffrant; il revenait de la promenade en calèche, où je n'avais pu le suivre. J'ai été le joindre au jardin, où il était demeuré avec le Grand-Maréchal. Il continuait d'être triste, indifférent, distrait; il a fait raconter à Bertrand son séjour à Constantinople en 1796, son voyage à Athènes et son retour au travers de l'Albanie. Il était beaucoup question de Sélim III, de ses améliorations, du baron de Tott, etc., etc. Tout cela était fort curieux, malheureusement je ne trouve dans mon manuscrit que de simples indications que ma mémoire ne saurait m'aider à développer aujourd'hui.

Après dîner l'Empereur, qui avait à peine mangé, a essayé de nous lire dans Anacharsis la séance de l'académie. Son accent et toute sa personne n'avaient ni la force, ni le feu ordinaire. Contre sa coutume il a fini sans analyse, sans observation. Il s'est retiré aussitôt que le chapitre a été terminé.

Samedi 18.

M{{me}} la maréchale Lefèvre.

L'Empereur a continué d'être souffrant. Au retour d'une promenade en calèche, il s'est mis au bain; il m'a fait appeler. Il y est devenu gai; nous avons causé avec la plus grande liberté jusqu'à huit heures et demie. Il a voulu dîner dans son cabinet, et m'a retenu. Le lieu, le tête-à-tête, l'élégance du service, la propreté de la table, me donnaient, disais-je, l'idée d'une petite bonne fortune; il en a ri. Il m'a beaucoup questionné et m'a fait revenir sur Londres, mon émigration, nos Princes, l'Évêque d'Arras, etc., etc. Il revenait lui-même sur les principales époques de son consulat; il en donnait des détails et des anecdotes bien curieuses; de là nous sommes passés à l'ancienne Cour, à la nouvelle, etc. Beaucoup de ces choses ne seraient que des répétitions; je crois les avoir déjà mentionnées ailleurs. D'autres qui ne sont qu'indiquées dans mon manuscrit, demeurent pour jamais perdues.

Voici seulement ce que je transcris comme nouveau. Il m'est arrivé d'égayer l'Empereur par les anecdotes et les coqs-à-l'âne prêtés gratuitement, sans nul doute, à Mme la maréchale Lefèvre, qui, pendant long-temps, a joui du privilége de faire les gorges chaudes de nos salons et mêmes des Tuileries. « Je m'en étais
» donné, disais-je, tout comme un autre,
» jusqu'à ce qu'un jour je me l'interdis à
» jamais, en apprenant un trait d'elle
» qui prouvait l'élévation de ses senti-
» mens autant que la bonté de son cœur.

» Mme Lefèvre, femme d'un soldat aux
» gardes, et par conséquent d'un état à
» l'avenant, courait elle-même gaîment,
» et volontiers, au-devant de ses souve-
» nirs, et même de ses occupations ma-
» nuelles de cette époque. Elle et son
» mari se trouvaient dans ces temps avoir
» donné des soins domestiques à leur
» capitaine (le marquis de Valady),
» parrain de leur enfant, et fameux dans
» la défection des gardes; non moins
» fameux encore dans son fanatisme de
» république et de liberté, qui ne le
» privait pourtant pas de certains senti-
» mens généreux; car, membre de la

» Convention, il a péri pour s'être opposé
» à l'exécution de Louis XVI, qualifiant
» hautement cet acte de véritable meur-
» tre, ajoutant de la meilleure foi du
» monde, que ce prince était déjà assez
» malheureux d'avoir été Roi, pour
» qu'on songeât à lui infliger d'autre
» châtiment.

» La veuve de ce député, au retour
» de son émigration, reçut tout aussitôt
» les offres et les soins les plus touchans
» du ménage Lefèvre, parvenu alors à un
» haut degré de splendeur et de crédit.

Or un jour Mme Lefèvre accourut chez elle : « Mais savez-vous, lui dit-elle,
» que vous n'êtes pas bons, et que vous
» avez bien peu de cœur entre vous au-
» tres gens comme il faut. Nous, tout
» bêtement soldats, nous en agissons
» mieux. On vient de nous apprendre
» que M. un tel, un de nos anciens offi-
» ciers et le camarade de votre mari,
» vient d'arriver de son émigration, et
» qu'on le laisse ici mourir de faim ; ce
» serait grande honte !..... Nous crain-
» drions, nous autres, de l'offenser si
» nous venions à son secours ; mais vous,
» c'est autre chose ; vous ne pouvez que
» lui faire plaisir. Portez-lui donc cela

» de votre part. » Et elle lui jeta un rou-
» leau de cent louis, ou mille écus.
« Sire, depuis ce temps, disais-je, je
» n'ai plus eu envie de me moquer de
» Mme Lefèvre; je n'ai plus senti pour
» elle qu'une vénération profonde; je
» m'empressais de lui donner la main
» aux Tuileries, et je me trouvais fier
» de la promener dans vos salons, en
» dépit de tous les quolibets que j'enten-
» dais bourdonner autour de moi. »

Nous avons parcouru alors un grand nombre de rapports de bienveillances exercées par les nouveaux parvenus en faveur des anciens ruinés, et cité beaucoup de traits à l'avenant; entre autres la galanterie bien recherchée, peut-être, de celui qui, de simple soldat, arrivé au grade de maréchal ou de haut général, je ne me souviens plus, se procura un jour la satisfaction, dans sa splendeur nouvelle, de réunir en dîner de famille son ancien colonel et quatre ou cinq officiers du régiment, qu'il reçut avec son ancien habit de soldat, n'employant constamment vis-à-vis d'eux que les mêmes qualifications dont il s'était servi autrefois.

«Et voilà pourtant, observait l'Em-

« pereur, la vraie manière d'éteindre la
» fureur des temps; car de pareils pro-
» cédés doivent nécessairement créer de
» grands échanges de bienveillances ré-
» ciproques entre les parties opposées,
» et il est à croire que dans les derniers
» temps les obligés auront obligé à leur
» tour, ne fût-ce que pour demeurer
» *quittes.* »

Ce mot de *quittes* me rappelle un trait caractéristique de l'Empereur, qui doit trouver ici sa place.

Un général, dans son département, s'était rendu coupable d'excès, qui, portés devant les tribunaux, devaient lui coûter l'honneur, peut-être la vie. Or, ce général avait rendu les plus grands services à Napoléon dans la journée de brumaire. Il mande le général, et après lui avoir reproché ses infamies. « Toutefois, lui dit-il, vous m'avez
» obligé, je ne l'ai point oublié. Je vais
» peut-être outrepasser les lois, et man-
» quer à mes devoirs. Je vous fais grâce.
» Monsieur, allez-vous-en ; mais sachez
» qu'à compter d'aujourd'hui nous som-
» mes *quittes*. Désormais tenez-vous bien,
» j'aurai les yeux sur vous. »

Dimanche 19.

Le Gouverneur de Java. — Le docteur Warden. — Conversation familière de l'Empereur sur sa famille.

Le docteur Warden est venu déjeûner avec moi. Durant ce temps est arrivé le gouverneur de Java (Raffles) avec son état-major, retournant en Europe. Il connaissait fort tous les Hollandais que j'avais vus en 1810, lors de ma mission à Amsterdam. L'Empereur m'a dit qu'il le recevrait peut-être de trois à quatre heures. J'ai causé plusieurs heures en attendant avec le docteur Warden, auquel j'ai donné des éclaircissemens sur des faits historiques concernant l'Empereur, et sur lesquels il me semble vouloir écrire *.

Sur les trois heures, l'Empereur a reçu dans le jardin les Anglais venant de Java. Il a fait ensuite un tour en calèche.

En rentrant sur les six heures, je l'ai

---

* J'ai vu avec regret dans l'ouvrage du docteur, qu'il avait tout à fait négligé les observations et les redressemens que je m'étais permis, et surtout étrangement défiguré les communications que je m'étais plu à lui donner.

suivi dans son cabinet ; il a fait appeler le Grand-Maréchal et sa femme, et s'est mis à causer familièrement jusqu'à dîner, parcourant mille objets de sa famille et de son plus petit intérieur au temps de sa puissance. Il s'est arrêté surtout sur l'Impératrice *Joséphine*. Ils avaient fait ensemble, disait-il, un ménage tout à fait bourgeois, c'est-à-dire fort tendre et très-uni, n'ayant eu long-temps qu'une même chambre et qu'un même lit. « Circonstance très-morale, » disait l'Empereur, qui influe singuliè-» rement sur un ménage, assure le cré-» dit de la femme, la dépendance du » mari, maintient l'intimité et les bonnes » mœurs. On ne se perd point de vue, » en quelque sorte, continuait-il, quand » on passe la nuit ensemble ; autrement » on devient bientôt étrangers. Aussi, » tant que dura cette habitude, aucune » de mes pensées, aucune action n'é-» chappaient à Joséphine ; elle suivait, » saisissait, devinait tout ; ce qui parfois » n'était pas sans quelque gêne pour moi » et pour les affaires. Un moment d'hu-» meur y mit fin lors du camp de Bou-» logne. » Certaines circonstances politiques arrivées de Vienne, la nouvelle de la coalition qui éclata en 1805, avaient occupé le Premier Consul tout le jour, et prolongèrent son travail fort avant dans la nuit. Revenant se coucher fort mal disposé, on lui fit une véritable scène de ce retard. La jalousie en était la cause ou le prétexte. Il se fâcha à son tour, s'évada, et ne voulut plus entendre à reprendre son assujétissement. Toute la crainte de l'Empereur, disait-il, avait été que Marie-Louise n'en eût exigé un pareil; car enfin, il l'eût bien fallu. C'est le véritable apanage, le vrai droit d'une femme, observait-il.

» Un fils de Joséphine m'eût été nécessaire, et m'eût rendu heureux, continuait l'Empereur, non seulement comme résultat politique, mais encore comme douceur domestique.

» Comme résultat politique, je serais encore sur le trône, car les Français s'y seraient attachés comme au Roi de Rome, et je n'aurais pas mis le pied sur l'abîme couvert de fleurs qui m'a perdu. Et qu'on médite après sur la sagesse des combinaisons humaines! Qu'on ose prononcer avant la fin sur ce qui est heureux ou malheureux ici bas! »

» Comme douceur domestique, ce
» gage eût fait tenir Joséphine tran-
» quille, et eût mis fin à une jalousie
» qui ne me laissait pas de repos; et
» cette jalousie se rattachait bien plus
» à la politique qu'au sentiment. José-
» phine prévoyait l'avenir, et s'effrayait
» de sa stérilité. Elle sentait bien qu'un
» mariage n'est complet et réel qu'avec
» des enfans; or elle s'était mariée ne
» pouvant plus en donner. A mesure que
» sa fortune s'éleva, ses inquiétudes s'ac-
» crurent; elle employa tous les secours
» de la médecine; elle feignit souvent
» d'en avoir obtenu du succès. Quand
» elle dut enfin renoncer à tout espoir,
» elle mit souvent son mari sur la voie
» d'une grande supercherie politique;
» elle finit même par oser la lui proposer
» directement.

» Joséphine avait à l'excès le goût du
» luxe, le désordre, l'abandon de la dé-
» pense, naturels aux créoles. Il était
» impossible de jamais fixer ses comptes;
» elle devait toujours: aussi c'était cons-
» tamment de grandes querelles quand
» le moment de payer ses dettes arrivait.
» On l'a vue souvent alors envoyer chez
» ses marchands leur dire de n'en dé-

» clarer que la moitié. Il n'est pas jus-
» qu'à l'île d'Elbe où des mémoires de
» Joséphine ne soient venus fondre sur
» moi de toutes les parties de l'Italie. »

Quelqu'un qui avait connu l'impératrice Joséphine à la Martinique a répété à l'Empereur beaucoup de particularités de sa jeunesse et de sa famille. Il est très-vrai qu'on lui avait prédit plusieurs fois, dans son enfance, qu'elle porterait une couronne. Et une autre circonstance non moins remarquable ni moins bizarre, serait que la sainte-ampoule qui servait à sacrer nos Rois, eût été brisée, ainsi que quelques-uns l'ont prétendu, précisément par son premier mari, le général Beauharnais, qui, dans un moment de défaveur populaire, aurait espéré, par cet acte, se mettre en crédit[*].

On a dit, on a écrit mille bruits absurdes sur le mariage de Napoléon et de Joséphine. On trouvera dans les campagnes d'Italie la véritable et première cause de leur connaissance et de leur union. C'est par Eugène, encore enfant,

---

[*] Ce fait est absolument controuvé. Il paraît que l'attrait des rapprochemens a créé cette fable.

qu'elle se fit. Après vendémiaire, il alla demander l'épée de son père au général en chef de l'armée de l'intérieur (le général Bonaparte) l'aide-de-camp Lemarrois introduisit ce jeune enfant, qui, en revoyant l'épée de son père, se mit à pleurer. Le général en chef fut touché de ce sentiment, et le combla de caresses. Sur le récit qu'Eugène fit à sa mère de l'accueil qu'il avait reçu du jeune général, elle accourut lui faire visite et le remercier. « On sait, disait » l'Empereur, qu'elle croyait aux pres- » sentimens, aux sorciers; on lui avait » prédit dans son enfance qu'elle ferait » une grande fortune, qu'elle serait sou- » veraine. On connaît d'ailleurs toute sa » finesse; aussi me répétait-elle souvent » depuis, qu'aux premiers récits d'Eu- » gène, le cœur lui avait battu, et qu'elle » avait entrevu dès cet instant une lueur » de sa destinée, l'accomplissement des » prédictions, etc., etc.

» Une autre nuance caractéristique de » Joséphine, continuait l'Empereur, était » sa constante dénégation. Dans quelque » moment que ce fût, quelque question » que je lui fisse, son premier mouve- » ment était la négative, sa première

» parole *non*; et ce *non*, disait l'Empe-
» reur, n'était pas précisément un men-
» songe, c'était une précaution, une
» simple défensive; et c'est ce qui nous
» distingue éminemment, disait-il à
» Mme Bertrand, de vous autres, Mes-
» dames, ce qui n'est au fond entre nous
» que différence de sexe et d'éducation:
» vous aimez, et l'on vous apprend à dire
» *non*. Nous, au contraire, nous faisons
» gloire de le dire, même quand cela
» n'est pas. De là toute la clef de nos
» conduites respectives si différentes.
» Nous ne sommes vraiment pas, et nous
» ne saurions être de même espèce
» dans la vie.

» Lors de la terreur, Joséphine étant
» en prison, son mari mort sur l'écha-
» faud, *Eugène*, son fils, avait été mis
» chez un menuisier, et y fut littérale-
» ment en apprentissage et en service.
» *Hortense* ne fut guère mieux, elle fut
» mise, si je ne me trompe, chez une
» ouvrière en linge*.

Ce fut Fouché qui le premier toucha

---

* L'on m'a assuré depuis que cette circonstance est en effet erronée, et celle relative au
prince Eugène inexacte.

la corde fatale du divorce; il alla, sans mission, conseiller à Joséphine de dissoudre son mariage, pour le bien de la France, lui disait-il. Le moment pourtant n'était pas encore arrivé pour Napoléon. Cette démarche causa beaucoup de chagrin et de trouble dans le ménage; elle irrita fort l'Empereur; et s'il ne chassa pas alors Fouché, à la vive sollicitation de Joséphine, c'est qu'au fait il avait déjà secrètement arrêté ce divorce en lui-même, et qu'il ne voulut pas, par ce châtiment, donner un contre-coup à l'opinion.

Toutefois, il doit à la justice de dire que dès qu'il le voulut, Joséphine obéit. Ce fut pour elle une peine mortelle; mais elle se soumit et de bonne foi, sans vouloir mettre à profit des tracasseries inutiles qu'elle eût pu essayer de faire valoir*. Elle se conduisit avec beaucoup

---

* Je tiens de la bouche du prince Primat des détails curieux sur le mariage et le divorce. Mme de Beauharnais fut mariée au général Bonaparte, par un prêtre insermenté; mais qui avait négligé, par pur accident, l'autorisation obligée du curé de la paroisse. Ce défaut de formalité, ou tout autre, occupa fort depuis le cardinal Fesch; et, soit scrupule, ou autre-

de grâce et d'adresse; elle désira que le Vice-Roi fût mis à la tête de cette af-

---

ment, il fit si bien, qu'il vint à bout, au moment du couronnement, de persuader aux deux époux de se laisser marier par lui, à huis clos, *en tant que de besoin*. Lors du divorce, la séparation civile fut prononcée par le Sénat. Quant à la séparation religieuse, on ne voulait pas s'adresser au Pape, et on n'en eut pas besoin. Le cardinal Fesch ayant refait le mariage sans témoins, l'officialité de Paris l'annulla pour ce défaut, et déclara qu'il n'y avait pas eu de mariage. A ce jugement, l'Impératrice Joséphine fit appeler le cardinal Fesch à la Malmaison, et lui demanda s'il oserait attester et signer par écrit qu'elle avait été mariée, et bien mariée. « Sans doute, répondit le cardinal » Fesch, je le soutiendrai partout, et je vais » vous en signer le témoignage. » Ce qu'il fit en effet.

« Mais, disais-je alors au prince Primat, » quel jugement a donc porté l'officialité de » Paris? — Celui de la vérité, répondit le prince. » — Mais que veut dire alors la déclaration du » cardinal Fesch? Serait-elle donc fausse? — » Pas dans son opinion, disait-il, parce qu'il » a adopté les doctrines ultramontaines, par » lesquelles les cardinaux prétendent avoir le » droit de marier sans témoin, ce qui n'est pas » reconnu en France, et frappe de nullité. »

Toutefois il semble que l'Impératrice Joséphine ne demanda cet écrit que pour sa propre satisfaction, et n'en fit pas autrement usage.

faire, et fit elle-même, à cet égard, des offres de service à la maison d'Autriche.

Joséphine, ajoutait Napoléon, eût vu volontiers Marie-Louise : elle en parlait souvent et avec beaucoup d'intérêt, ainsi que du roi de Rome : quant à Marie-Louise, elle traitait à merveille Eugène et Hortense; mais elle montrait une grande répugnance pour Joséphine, et surtout une vive jalousie. « Je voulus » la mener un jour à la Malmaison, di- » sait l'Empereur; mais sur cette propo- » sition, elle se mit à fondre en larmes. » Elle ne m'empêchait pas d'y aller, me » disait-elle, se contentant de ne vouloir » pas le savoir. Toutefois dès qu'elle en » suspectait l'intention, il n'est pas de » ruse qu'elle n'employât pour me gêner » là-dessus. Elle ne me quittait plus; et » comme ces visites semblaient lui faire » beaucoup de peine, je me fis violence, » et n'allai presque jamais à la Malmai- » son. Quand il m'arrivait d'y aller, » c'étaient alors d'autres larmes de ce » côté; c'étaient des tracasseries de toute » espèce. Joséphine avait toujours devant » les yeux et dans ses intentions l'exem- » ple de la femme de Henri IV, qui, » disait-elle, avait vécu à Paris après son

» divorce, venait à la Cour, avait assisté
» au sacre. Elle, Joséphine, était bien
» mieux située encore, prétendait-elle;
» elle avait ses propres enfans, et ne
» pouvait plus en avoir d'autres, etc. »

Joséphine avait une connaissance accomplie de toutes les nuances du caractère de l'Empereur et un tact admirable pour la mettre en pratique. « Jamais il
» ne lui est arrivé, par exemple, disait
» l'Empereur, de rien demander pour
» Eugène, d'avoir jamais même remercié
» pour ce que je faisais pour lui; d'avoir
» même montré plus de soins ou de com-
» plaisance le jour des grandes faveurs;
» tant elle avait à cœur de se montrer
» persuadée et de me convaincre que
» tout cela n'était pas son affaire à elle,
» mais bien la mienne à moi, qui pouvais
» et devais y rechercher des avantages.
» Nul doute qu'elle n'ait eu plus d'une
» fois la pensée que j'en viendrais un
» jour à l'adopter pour successeur. »

L'Empereur se disait convaincu qu'il avait été ce qu'elle aimait le mieux; et ajoutait en riant, qu'il ne doutait pas qu'elle n'eût quitté un rendez-vous d'amour pour venir auprès de lui. Elle n'eût pas manqué un voyage, quelque

pénible qu'il fût, pour tout au monde. Ni fatigue, ni privations, ne pouvaient la rebuter; elle employait l'importunité, la ruse même, pour le suivre. « Montais-
» je en voiture au milieu de la nuit pour
» la course la plus lointaine? A ma grande
» surprise, j'y trouvais Joséphine toute
» établie, bien qu'elle n'eût pas dû être
» du voyage. Mais il vous est impossible
» de venir; je vais trop loin ; vous auriez
» trop à souffrir. — Pas le moindrement,
» répondait Joséphine.— Et puis, il faut
» que je parte à l'instant. — Aussi, me
» voilà toute prête. — Mais il vous faut
» un grand attirail.— Aucun, disait-elle,
» tout est préparé. Et la plupart du temps
» il fallait bien que je cédasse.

» En somme, concluait l'Empereur,
» Joséphine avait donné le bonheur à
» son mari, et s'était constamment mon-
» trée son amie la plus tendre. Profes-
» sant à tout moment et en toute occa-
» sion la soumission, le dévouement, la
» complaisance la plus absolue. Aussi lui
» ai-je toujours conservé les plus tendres
» souvenirs et la plus vive reconnaissance.

» Joséphine, disait encore l'Empereur,
» mettait ces dispositions et ces qualités
» (la soumission, le dévouement, la

» complaisance) au rang des vertus et
» de l'adresse politique dans son sexe, et
» elle blâmait fort et grondait souvent
» sur ce point sa fille *Hortense* et sa pa-
» rente *Stéphanie*, qui vivaient mal avec
» leurs maris, montrant des caprices et
» affectant de l'indépendance.

» *Louis*, disait l'Empereur, à ce sujet,
» était un enfant gâté par la lecture de
» Jean-Jacques. Il n'avait pu être bien
» avec sa femme que très-peu de mois.
» Beaucoup d'exigence de sa part, de
» l'étourderie de la part d'Hortense :
» voilà les torts réciproques. Toutefois
» ils s'aimaient en s'épousant, ils s'étaient
» voulus l'un et l'autre ; ce mariage, au
» surplus, avait été le résultat des efforts
» de Joséphine, qui y trouvait son compte.
» J'aurais voulu au contraire, moi, m'é-
» tendre dans d'autre famille, et j'avais
» un moment jeté les yeux sur une nièce
» de M. de Talleyrand, devenu depuis
» Mme Juste de Noailles. »

On avait fait courir les bruits les plus
ridicules sur les rapports de lui, Napoléon, avec Hortense ; on avait voulu
que son aîné fût de lui. Mais de pareilles
liaisons n'étaient, disait-il, ni dans ses
idées, ni dans ses mœurs ; et pour peu

qu'on connût celles des Tuileries, on sent bien, observait-il, qu'il eût pu s'adresser à beaucoup d'autres avant d'en être réduit à un choix aussi peu naturel, aussi révoltant. « Louis savait bien ap-
» précier la nature de ces bruits, disait
» l'Empereur; mais son amour propre,
» sa bizarrerie n'en était pas moins cho-
» qués, et il les mettait souvent en avant
» comme prétexte.

» Quoi qu'il en soit, *Hortense*, conti-
» nuait l'Empereur, Hortense, si bonne,
» si généreuse, si dévouée, n'est pas
» sans avoir eu quelques torts avec son
» mari; j'en dois convenir, en dehors
» de toute l'affection que je lui porte, et
» du véritable attachement que je sais
» qu'elle a pour moi. Quelque bizarre,
» quelque insupportable que fût Louis,
» il l'aimait; et, en pareil cas, avec d'aussi
» grands intérêts, toute femme doit tou-
» jours être maîtresse de se vaincre, avoir
» l'adresse d'aimer à son tour. Si elle eût
» su se contraindre, elle se serait épargné
» le chagrin de ses derniers procès; elle
» eût eu une vie plus heureuse; elle eût
» suivi son mari en Hollande, et y serait
» demeurée. Louis n'eût point fui d'Ams-
» terdam; je ne me serais pas vu con-

» traint de réunir son royaume, ce qui
» a contribué à me perdre en Europe,
» et bien des choses se seraient passées
» différemment.

» *La Princesse de Bade*, a-t-il dit, s'est
» montrée plus habile. Sitôt qu'elle a vu
» le divorce de Joséphine, elle a connu
» sa position, elle s'est rapprochée de
» son mari; ils ont formé depuis le ma-
» riage le plus heureux.

» *Pauline* était trop prodigue; elle
» avait trop d'abandon, elle devait être
» immensément riche par tout ce que je
» lui ai donné; mais elle donnait tout
» à son tour, et sa mère la sermonnait
» souvent à cet égard, lui prédisant qu'elle
» pourrait mourir à l'hôpital; mais *Ma-*
» *dame* elle-même était aussi par trop
» parcimonieuse; c'en était ridicule; j'ai
» été jusqu'à lui offrir des sommes fort
» considérables par mois si elle voulait
» les distribuer. Elle voulait bien les re-
» cevoir; mais pourvu, disait-elle, qu'elle
» fût maîtresse de les garder. Dans le fond,
» tout cela n'était qu'excès de prévoyance
» de sa part; tout sa peur était de se
» trouver un jour sans rien. Elle avait
» connu le besoin; et ces terribles mo-
» mens ne lui sortaient pas de la pensée.

» Il est juste de dire d'ailleurs qu'elle
» donnait beaucoup à ses enfans en se-
» cret ; c'est une si bonne mère !....

» Du reste, cette même femme à la-
» quelle on eût si difficilement arraché un
» écu, disait l'Empereur, eût tout donné
» pour préparer mon retour de l'île
» d'Elbe ; et après Waterloo elle m'eût
» remis entre les mains tout ce qu'elle
» possédait pour aider à rétablir mes
» affaires : elle me l'a offert ; elle se fût
» condamnée au pain noir sans murmure*.

---

* Que l'Empereur connaissait bien sa mère ! A mon retour en Europe, j'ai vu se vérifier à la lettre ce qu'il en dit ici, et j'en ai joui avec délices.

A peine eus-je fait connaître à Madame Mère la situation de l'Empereur et ma résolution de me consacrer uniquement à y apporter quelque adoucissement, que sa réponse, par le retour du courrier, fut que toute sa fortune était à la disposition de son fils, qu'elle se réduirait à une simple servante, s'il le fallait ; m'autorisant, bien que je n'en fusse pas connu personnellement, à tirer, dès l'instant même, telle somme que je croirais nécessaire au bien-être de l'Empereur. Le cardinal Fesch joignait ses offres d'une manière tout aussi touchante ; et c'est ici le cas de faire connaître que tous les membres de la famille de l'Empereur s'empressèrent de témoigner le même zèle : la

» C'est que chez elle le grand l'empor-
» tait encore sur le petit : la fierté, la

même tendresse, le même dévouement. Tant que ma santé me permit de correspondre avec eux, j'ai reçu une foule de lettres dont l'ensemble formerait le recueil le plus touchant. Elles honorent leur cœur, et eussent pu être une douce consolation pour l'Empereur, si les restrictions anglaises m'eussent permis de les faire parvenir jusqu'à lui.

N. B. Dans ce chapitre et dans d'autres passages du Mémorial, tous les proches de Napoléon se trouvent mentionnés; et l'on devra convenir que loin d'avoir observé plus de ménagement pour eux que pour d'autres, j'en ai certainement employé beaucoup moins, au point même d'avoir laissé échapper des expressions dont l'irrégularité ne saurait être excusée que par la précipitation avec laquelle le manuscrit et la rédaction première ont été envoyés à la presse; c'est que j'ai voulu que mes lettres de créance, vis-à-vis du public, se lussent précisément dans les chances auxquelles je m'exposais bénévolement; celles de déplaire à d'illustres personnes de la connaissance de la plupart desquelles j'ai été honoré, pour lesquelles je conserve un tendre attachement, une vénération profonde, et dont la bienveillance et l'affection me seraient si chères! Si je n'avais mentionné à leur égard que ce qu'il y avait d'agréable, et que je me fusse tu sur ce qui ne l'était pas, quelles eussent été les garanties de ma véracité aux yeux des contemporains et à

» noble ambition marchaient chez elle
» avant l'avarice. »

---

ceux de l'histoire ? N'eût-on pas pu m'accuser, avec quelque avantage, de n'être qu'un complaisant, un panégyriste, un flatteur; et alors quelle atteinte n'eût pas pu recevoir mon grand, mon seul et unique objet, celui de faire connaître Napoléon par ses propres, ses plus intimes paroles. Or, n'est-il pas évident que pour y parvenir j'avais besoin sur toutes choses d'être cru, ce que je ne pouvais obtenir qu'en donnant les preuves les plus évidentes d'une minutieuse véracité, quelque inconvénient qu'elle dût entraîner. Je désire ardemment que les illustres personnes auxquelles je fais allusion en cet instant, ayent pu se pénétrer de cette impérieuse considération, et la chose aura dû leur coûter d'autant moins, qu'il n'est aucun d'eux sur lequel Napoléon n'ait exprimé, en somme, beaucoup plus d'éloges que de critique; et dès lors le rigoureux exposé de ce mélange ne saurait que leur être avantageux en ce qu'il donne un bien plus grand poids aux portions méritoires d'un aussi glorieux témoignage; et c'est ainsi que semblent avoir jugé le plus grand nombre de ceux qui furent attachés à leurs personnes, reçurent de leurs bienfaits et sont demeurés jaloux de leur mémoire. Ils ont longuement discuté autour de moi, depuis la publication du Mémorial, ces points délicats, et sont généralement demeurés d'accord que ce serait faire injure à l'élévation de caractère, à la magnanimité d'âme des hauts

Et ici l'Empereur a observé qu'à l'heure même qu'il était, il avait encore présent à la mémoire des leçons de fierté qu'il en avait reçues dans son enfance, et qu'elles avaient agi sur lui toute la vie. Madame Mère avait une âme forte et trempée aux plus grands événemens; elle avait éprouvé cinq à six révolutions; elle avait eu trois fois sa maison brûlée par les factions, en Corse.

« *Joseph* ne m'a guère aidé; mais c'est
» un fort bon homme; sa femme, *la*
» *Reine Julie*, est la meilleure créature
» qui ait existé. Joseph et moi nous nous
» sommes toujours fort aimés et fort ac-
» cordés : il m'aime sincèrement. Je ne
» doute pas qu'il ne fît tout au monde
» pour moi; mais toutes ses qualités

---

intéressés, que de douter qu'il n'en pût être aucun qui en lisant le Mémorial, ne devînt à son tour inattentif à ce qui lui est personnel, pour ne s'occuper uniquement et avec reconnaissance, que des efforts consacrés à venger la mémoire de celui qui immortalise leurs noms, les fit ce qu'ils furent et ce qu'ils demeurent. S'ils sont justes, je dois donc être sûr de leur indulgence; s'ils ne l'étaient pas, j'en serais profondément affligé; mais ce serait dans le mérite même de mes intentions que j'irais chercher mes consolations.

» tiennent uniquement de l'homme pri-
» vé : il est éminemment doux et bon ; il a
» de l'esprit et de l'instruction ; il est ai-
» mable. Dans les hautes fonctions que
» je lui avais confiées, il a fait ce qu'il a
» pu ; ses intentions étaient bonnes ; aussi
» la principale faute n'est pas à lui ; mais
» bien plutôt à moi, qui l'avais jeté hors
» de sa sphère ; et dans des circonstances
» bien grandes, la tâche s'est trouvée
» hors de proportion avec ses forces.

» *La Reine de Naples* s'était beaucoup
» formée dans les événemens, disait l'Em-
» pereur. Il y avait chez elle de l'étoffe,
» beaucoup de caractère et une ambi-
» tion désordonnée. Elle devait beaucoup
» souffrir en cet instant, observait-il,
» d'autant plus qu'on pouvait dire qu'elle
» était née Reine. Elle n'avait pas comme
» nous, remarquait l'Empereur, connu le
» simple particulier. Elle, Pauline, Jé-
» rôme étaient encore des enfans, que
» j'étais le premier homme de France ;
» aussi ne se sont-ils jamais cru d'autre
» état que celui dont il ont joui au temps
» de ma puissance.

» *Jérôme* était un prodigue dont les
» débordemens avaient été crians. Son
» excuse peut-être pouvait se trouver

» dans son âge et dans ce dont il s'était
» entouré. Au retour de l'île d'Elbe, il
» semblait d'ailleurs avoir beaucoup
» gagné et donner de grandes espé-
» rances; et puis il existait un beau té-
» moignage en sa faveur, c'est l'amour
» qu'il avait inspiré à sa femme; la con-
» duite de celle-ci, lorsqu'après ma
» chute, son père, ce terrible Roi de
» Wurtemberg, si despotique, si dur, a
» voulu la faire divorcer, est admirable.
» Cette princesse s'est inscrite dès-lors
» de ses propres mains dans l'histoire. »

A notre grand regret on est venu annoncer le dîner. L'Empereur a continué d'être fort causant toute la soirée, parcourant comme en famille une foule d'objets divers, principalement la conduite d'un grand nombre de personnages pendant son absence et lors de son retour. Il ne s'est retiré qu'à minuit, et en terminant par ces paroles : « Qu'est en ce » moment la France, Paris? et que sera-» t-il de nous d'aujourd'hui à un an?... »

Lundi 20.

L'Empereur endormi. — Morale.

J'écris à M. Balcombe, qui m'avait prévenu qu'il était chargé de pourvoir à nos besoins aux frais du gouvernement anglais, qu'ayant les moyens de m'en passer, j'avais résolu de ne profiter nullement de cet avantage, et que je le priais de s'autoriser auprès du Gouverneur à recevoir de moi une nouvelle traite sur l'Angleterre, ce dont nous ne pouvions user sans sa permission spéciale. Je voulais demeurer libre de reconnaissance, et n'être gêné en rien dans le juste et triste droit des reproches et des imprécations.

L'Empereur est monté en calèche de fort bonne heure. Au retour, vers trois heures, il m'a fait suivre dans sa chambre. « Je suis triste, ennuyé, souffrant, » m'a-t-il dit; asseyez-vous dans ce fauteuil, tenez-moi compagnie. » Il s'est étendu sur son canapé et a fermé les yeux; il s'est endormi, et moi je le veillais!.... Sa tête était découverte; j'étais à deux pas de lui, je contemplais son front; ce front où je lisais Marengo, Austerlitz et cent autres actes immortels. Quelles étaient en ce moment mes idées, mes sensations! Qu'on le juge si l'on peut; pour moi, je ne saurais le rendre!....

L'Empereur, au bout de trois quarts

d'heure, s'est levé, a fait quelques tours dans sa chambre, puis il lui a pris fantaisie d'aller visiter toutes les nôtres. En énumérant en détail les inconvéniens de la mienne, il en riait d'indignation, et a dit en sortant : « Non, je ne crois pas » qu'il y ait de chrétien plus mal abrité » que cela. »

Après le dîner, l'Empereur a essayé de parcourir le *Caravansérail de Sarrazin*. Il en a effleuré plusieurs contes sans s'y arrêter. Après, quelques pages de l'un d'eux il a dit : « La morale va être » sans doute que *les hommes ne changent* » *jamais*, ce qui n'est pas vrai; ils chan-» gent en mal et même en bien. Il en » est ainsi d'une foule d'autres maximes » consacrées par les auteurs, toutes éga-» lement fausses : *Les hommes sont ingrats*, » disent-ils; non, il n'est pas vrai que les » hommes soient aussi ingrats qu'on le » dit; et si l'on a si souvent à s'en plain-» dre, c'est que d'ordinaire le bienfaiteur » exige encore plus qu'il ne donne.

» On vous dit encore que *quand on* » *connaît le caractère d'un homme, on a* » *la clef de sa conduite*; c'est faux : tel » fait une mauvaise action, qui est fon-» cièrement honnête homme; tel fait une

» méchanceté sans être méchant. C'est
» que presque jamais l'homme n'agit par
» l'acte naturel de son caractère, mais
» par une passion secrète du moment,
» réfugiée, cachée dans les derniers re-
» plis du cœur. Autre erreur, quand on
» vous dit que *le visage est le miroir de*
» *l'âme*. Le vrai est que l'homme est très-
» difficile à connaître, et que, pour ne
» pas se tromper, il faut ne le juger que
» sur ses actions; et encore, faudrait-il
» que ce fût sur celles du moment, et
» seulement pour ce moment.

» Au fait, les hommes ont leurs ver-
» tus et leurs vices, leur héroïsme et leur
» perversité; les hommes ne sont ni géné-
» ralement bons ni généralement mau-
» vais; mais ils possèdent et exercent
» tout ce qu'il y a de bon et de mauvais
» ici-bas; voilà le principe : ensuite le
» naturel, l'éducation, les accidens, font
» les applications. Hors de cela tout est
» système, tout est erreur; tel a été mon
» guide, et il m'a réussi assez générale-
» ment. Toutefois, je me suis trompé en
» 1814, en croyant que la France, à la
» vue de ses dangers, allait ne faire
» qu'un avec moi; mais je ne m'y suis

»plus trompé en 1815, au retour de
»Waterloo.»

L'Empereur ne se sentait pas bien, il s'est retiré de fort bonne heure.

Mardi 21.

Le Gouverneur arrêtant lui-même un domestique. — Lecture de la Bible. — Livre saint.

L'Empereur a continué d'être souffrant. Nous n'en avons pas moins été en calèche comme de coutume. Au retour, nous avons trouvé que le Gouverneur était venu pendant notre absence, et qu'il avait arrêté lui-même un de nos domestiques, dernièrement au service du Sous-Gouverneur Skelton, et depuis peu de jours à celui du général Montholon. En l'apprenant, l'Empereur a dit : « Quelle turpitude ! c'est ignoble ! »un Gouverneur !....... Un lieutenant-»général anglais, arrêter lui-même un »domestique ! Vraiment, c'est par trop »dégoûtant !.... »

Le Grand-Maréchal est venu nous joindre, nous annonçant l'arrivée d'un vaisseau magasin, parti d'Angleterre le huit mars.

Après le dîner, l'Empereur a demandé :

« Que lirons-nous ce soir? » On s'est accordé pour la Bible. « C'est assurément bien édifiant, a observé l'Empereur ; on ne le devinerait point en Europe. » Et il nous a lu le livre de Judith, disant à presque chaque lieu, chaque ville ou village qu'il nommait « J'ai campé là ; j'ai enlevé ce poste d'assaut ; j'ai donné bataille dans ce lieu là, etc., etc.... »

Mercredi 22.

Caprices de l'autorité. — La princesse Stéphanie de Bade, etc.

Dans la journée, il a été beaucoup question des matelots anglais du Northumberland qu'on nous avait donnés comme domestiques, et qu'il s'agissait de nous retirer en cet instant. Ils étaient pourtant avec nous en vertu d'un contrat réciproque qui liait les deux parties pour un an. Mais nous sommes en dehors du droit commun. Le Gouverneur disait que l'Amiral les demandait absolument ; l'Amiral disait qu'il les laisserait si le Gouverneur le voulait. On nous donnait des soldats en échange ; mais on nous les a pris, rendus, repris et rendus de nouveau, sans que nous pussions deviner ce qu'on voulait.

Me trouvant chez l'Empereur, et en attendant son dîner, la conversation est tombée sur l'établissement de madame Campan, les personnes qui y ont été élevées, les fortunes que l'Empereur a faites à plusieurs d'entre elles; et il s'est arrêté particulièrement sur *Stéphanie de Beauharnais*, devenue Princesse de Bade, qu'il a dit affectionner beaucoup; et il est entré dans un grand nombre de détails à son sujet.

La Princesse Stéphanie de Bade avait perdu sa mère n'étant encore qu'un enfant, et fut laissée par elle aux soins d'une Anglaise, son amie intime; celle-ci, fort riche et sans enfans, l'avait en quelque sorte adoptée, et avait confié son éducation à d'anciennes religieuses, dans le midi de la France, à Montauban, je crois.

Napoléon, encore Premier Consul, entendit un jour Joséphine, dont elle était la parente, mentionner cette circonstance. « Comment pouvez-vous, » s'écria-t-il, permettre une pareille » chose? Quelqu'un de votre nom à la » charge d'une étrangère, d'une Anglaise, » en cet instant notre ennemie; ne crai- » gnez-vous pas que votre mémoire n'en

»souffre un jour.» Et aussitôt un courrier fut expédié pour ramener la jeune enfant aux Tuileries; mais les religieuses ne voulurent point s'en dessaisir. Napoléon, heurté, prit les informations et autorisations nécessaires, et bientôt il fut expédié un second courrier au Préfet du lieu, avec ordre de se saisir à l'instant même de la jeune Beauharnais, au nom de la loi.

Or, telles étaient, par les circonstances du temps, certaines éducations et les opinions qu'elles pouvaient inspirer, que la jeune Stéphanie ne se vit pas réclamée sans douleur, et qu'elle ne vit pas sans effroi celui qui se disait son allié, et voulait être son bienfaiteur. Elle fut placée chez Mme Campan, à Saint-Germain; on lui prodigua toutes sortes de maîtres, et elle n'en sortit que pour jeter un grand éclat par sa beauté, ses grâces, son esprit et ses vertus.

L'Empereur l'adopta pour fille, et la maria au prince héréditaire de Bade. Le mariage, durant quelques années, fut loin d'être heureux; mais avec le temps les préventions disparurent, les époux se réunirent, et ils n'ont plus eu, dès cet instant, qu'à regretter le bonheur dont ils s'étaient privés.

La princesse de Bade, aux conférences d'Erfurt, avait été fort distinguée par l'Empereur Alexandre, son beau-frère, qui lui prodiguait de véritables attentions. On le savait, et pour y obvier, les gens dirigeant la haute politique lors de nos désastres de 1813, craignant l'entrevue d'Alexandre avec la princesse de Bade, à Manheim, cherchèrent à détruire à temps son influence par des rapports mensongers et des propos inventés qui lui aliénèrent la bienveillance de ce monarque. Aussi lors de l'arrivée d'Alexandre à Manheim, dans sa marche triomphale vers Paris, la princesse Stéphanie fut loin d'en être bien traitée : elle put s'en trouver blessée dans ses sentimens ; mais sa fierté demeura tout entière, et alors commença pour son mari une véritable gloire de caractère. Les personnages les plus augustes le circonvinrent de toutes parts, et l'importunèrent long-temps pour qu'il répudiât la femme qu'il avait reçue de Napoléon ; mais il s'y refusa constamment, répondant avec une noble fierté qu'il ne commettrait jamais une bassesse qui répugnait autant à sa tendresse qu'à son honneur. Ce prince généreux, auquel nous n'avions pas rendu assez de justice à Paris, a succombé depuis sous une maladie longue et douloureuse, durant laquelle la princesse lui a prodigué jusqu'au dernier moment, de ses propres mains, les soins les plus minutieux et les plus touchans, qui lui ont mérité toute la reconnaissance et l'affection de ses proches et de ses peuples.

Elle a embelli l'exercice de la souveraineté, et elle a honoré son caractère de femme ; et comme fille, elle a professé dans tous les temps la plus haute vénération, la plus tendre reconnaissance pour celui qui au sommet d'un pouvoir sans bornes, l'avait bénévolement adoptée pour fille.

Jeudi 23.

Maximes de l'Empereur. — Scène de Portalis au Conseil d'Etat, etc. — Accidens de l'Empereur à Saint-Cloud, à Auxonne, à Marly.

L'Empereur m'a fait venir sur les deux heures dans sa chambre ; il me trouvait l'air malade ; il l'était lui-même ; il avait mal dormi. Il a fait sa toilette, me disant

que cela le remettrait. De là nous avons passé au jardin; la conversation l'a conduit à dire que nos mœurs voulaient que le souverain ne se montrât que comme un bienfait; les actes de rigueur devaient passer par les autres; la clémence devait lui demeurer : c'était son premier domaine. A Paris, on lui avait reproché parfois, disait-il, certaines conversations, des paroles qu'il n'aurait pas dû, il est vrai, exprimer lui-même. Cependant, ajoutait-il, sa situation personnelle, son extrême activité, la plupart de ses actes, qui venaient tous réellement de lui, auraient dû lui faire passer bien des choses. Du reste, il rendait justice au tact extrêmement fin de la capitale; nulle part sans doute, observait-il, il ne se trouvait autant d'esprit ni plus de goût qu'à Paris. Il se reprochait la scène de *Portalis* au Conseil d'Etat. Moi, qui l'avais présente, je lui disais l'avoir trouvée en quelque sorte paternelle. * « Il y avait pourtant quel-
» que chose de trop, a-t-il repris. J'eusse
» dû m'arrêter avant de lui commander
» de sortir. La scène eût dû finir, puis-

---

* Voyez vol. I, page 359.

« qu'il ne se justifiait pas, par un simple
« *c'est bon* : il n'eût dû trouver le châ-
« timent que chez lui. Le souverain a
« toujours tort de parler en colère. Peut-
« être étais-je excusable dans mon con-
« seil, j'y étais en famille ; ou bien peut-
« être encore, mon cher, cela demeure-
« t-il un vrai tort de ma part : on a ses
« défauts, la nature a ses droits. »

Il se reprochait aussi, disait-il, la scène faite à M. de ***, aux Tuileries, dans une de ses grandes audiences du dimanche, en présence de toute la Cour. « Mais là, continuait-il, je fus vraiment
« poussé à bout ; j'éclatai contre mon gré.
« Je venais de lui donner une des légions
« de Paris ; la capitale était menacée, il
« s'agissait de la défendre. J'ai appris
« plus tard qu'il se réjouissait de nos dé-
« sastres, et les appelait ; mais je n'en
« savais rien encore. Nous allions avoir
« l'ennemi sur les bras ; ce M. de ***
« m'écrit froidement que sa santé ne lui
« permet pas ce service ; et il ose se
« montrer frais et dispos, sous mes yeux,
« en courtisan ; j'en fus indigné. Cepen-
« dant je me contins et le passai ; mais
« il trouva le secret de se replacer en-

» core trois ou quatre fois avec empres-
» sement sur mes pas. Je n'y pus plus
» tenir et la bombe éclata. Comment,
» Monsieur . . . .
» . . . . »
Je passe le reste qui est assez long.

« Ce qui m'affligea le plus dans tout
» cela, disait l'Empereur en finissant,
» c'était la situation du fils, mon cham-
» bellan, dont j'étais loin d'avoir à me
» plaindre. »

De là, l'Empereur en est revenu au faubourg Saint-Germain, et m'a questionné sur beaucoup de familles et beaucoup d'invidus. Le hasard a amené le nom de Mme de S..... Elle avait été constamment, disais-je, d'un attachement extrême pour l'Empereur, et on devait le lui faire expier cruellement, sans doute, en cet instant. L'Empereur ne soupçonnait pas toute l'étendue et la vérité de son zèle et de son attachement. Toutefois, il avait été fort touché dans le temps de la générosité avec laquelle elle s'était dévouée à demeurer auprès de l'Impératrice Joséphine. Il avait à se reprocher de n'avoir rien fait pour elle. Il fallait qu'elle eût été malheureuse dans le choix des momens où elle avait demandé la nomination de son mari au Sénat.

J'avais été dès mon enfance très-lié avec Mme de S.....; elle avait de la confiance en moi. J'ai raconté à l'Empereur l'anecdote de sa nomination de dame du Palais. Son mari la conduisit un matin à l'Impératrice Joséphine, qui la remercia de bonne foi d'avoir demandé d'entrer à son service, et lui dit qu'elle l'acceptait. Or, ce fut un coup de foudre pour Mme de S....., qui était bien éloignée d'y avoir songé, et qui, dans sa timidité naturelle, garda le silence. J'étais loin sans doute alors d'approuver ou de conseiller un tel emploi; néanmoins je lui rendis un vrai service en retenant une lettre de refus qu'elle m'avait confiée à l'insu des siens, et qui eût pu devenir funeste aux intrigues de ceux qui avaient mené toute cette affaire.

L'Empereur demandant d'où avait pu venir sa grande répugnance, je répondais que c'était par sa connaissance et ses rapports directs avec nos princes. « Elle avait raison, disait-il; comment » avait-on pu vouloir la placer ainsi dans » une fausse position?..... C'est comme

» dans mes nominations de chambellans;
» l'un d'eux me fit prier de trouver bon
» qu'il refusât, ayant été, disait-il, pre-
» mier gentilhomme de la chambre de
» Louis XVI et de Louis XVIII. Je fus
» le premier à m'écrier : Comment vou-
» drait-on qu'il en pût être autrement?...
» Il a raison. C'était un manque de goût
» dans ceux qui me l'avaient proposé;
» mais moi, qu'avais-je à y faire? Pou-
» vais-je deviner de pareils détails? mes
» grandes affaires me permettaient-elles
» d'y descendre?

» Quoi qu'il en soit, continuait l'Em-
» pereur, si Mme de S..... eût su s'y pren-
» dre, elle eût obtenu de moi ce qu'elle
» eût demandé. J'avais de l'estime pour
» elle. Mais elle n'a montré de l'intérêt
» et ne s'est employée que pour des per-
» sonnes qui n'ont pas été très-recon-
» naissantes, entre autres, pour quel-
» qu'un qui, pair du Roi, eût voulu l'être
» encore de moi. A mon retour, sa fille
» étant venue m'assurer que si je voulais
» lui accorder cette faveur, il en profi-
» terait avec empressement et se condui-
» rait avec zèle, ne connaissant, disait-
» il, d'autre parti que celui de la nation,
» ce qui du reste était très-bien, etc. »

Sur les quatre heures, l'Empereur est monté en calèche. Durant notre course accoutumée il a parlé de plusieurs accidens fort graves qui avaient menacé sa vie.

A Saint-Cloud, il avait voulu une fois mener sa calèche à six chevaux et à grand'-guides. L'aide-de-camp ayant gauchement traversé les chevaux, les fit emporter. L'Empereur ne put prendre le tour nécessaire, la calèche alla avec toute la force d'une vélocité extrême, frapper contre la grille; l'Empereur se trouva violemment jeté à huit ou dix pieds en travers sur le ventre. Il a été mort, disait-il, huit ou dix secondes : il avait senti le moment où il avait cessé d'exister; ce qu'il appelait le moment de la *négative*. Le premier qui se jetant à bas de son cheval, vint à le toucher le ressuscita, le rappela soudainement à la vie par le simple contact comme dans le cauchemar, où l'on se trouve délivré, disait-il, dès qu'on a pu proférer un cri.

Une autre fois, ajoutait-il, il avait été noyé assez long-temps. C'était en 1786, à Auxonne, sa garnison; étant à nager, et seul, il avait perdu connaissance, coulé, obéi au courant; il avait senti fort bien la vie lui échapper; il avait même entendu, sur les bords, des camarades annoncer qu'il était noyé, et dire qu'ils couraient chercher des bateaux pour reprendre son corps. Dans cet état, un choc le rendit à la vie; c'était un banc de sable contre lequel frappa sa poitrine; sa tête se trouvant merveilleusement hors de l'eau, il en sortit lui-même, vomit beaucoup, rejoignit ses vêtemens et avait atteint son logis, qu'on cherchait encore son corps.

Une autre fois, à Marly, à la chasse du sanglier, tout l'équipage étant en fuite, en véritable déroute d'armée, disait l'Empereur, il tint bon avec Soult et Berthier contre trois énormes sangliers qui les chargeaient à bout portant. « Nous les tuâmes roides tous les » trois, disait-il; mais je fus touché par » le mien, et j'ai failli en perdre le doigt » que voilà. » En effet, la dernière phalange de l'avant dernier doigt de la main gauche portait une forte blessure. « Mais le risible, disait l'Empereur, » était de voir la multitude entourée de » tous les chiens, et se cachant derrière les trois héros, crier à tue tête : *à l'Em-*

»*pereur!* sauvez *l'Empereur!* à *l'Em-*
»*pereur!!!* Mais pourtant personne n'a-
»vançait, etc., etc.

Vendredi 24.

Politique.

L'Empereur n'est sorti que pour monter en calèche. Notre promenade a été de près d'une heure et demie, nous allions lentement et nous avons redoublé notre tour. L'Empereur était sur la politique; la lecture des derniers journaux, arrivés depuis trois jours, en a fourni le sujet.

En France, l'émigration des patriotes était nombreuse, rapide, et l'on semblait vouloir la favoriser en ne confisquant pas les biens, etc., etc. . . . .

L'Empereur croyait voir dans les débats du parlement d'Angleterre l'arrière-pensée du partage de la France; il en était navré. « Tout cœur vraiment
»français, disait-il, doit être au désespoir; une immense majorité sur le sol
»de la patrie doit ressentir les angoisses
»de la plus vive douleur. Ah! s'est-il
»écrié, que ne suis-je dans une sphère
»en dehors de ce globe! Que n'ai-je le
»pied sur un sol évidemment libre et

» indépendant, où l'on ne pourrait soup-
» çonner aucune influence d'autrui ! Que
» j'étonnerais le monde ! J'adresserais
» une proclamation aux Français; je leur
» crierais : Vous allez finir si vous ne vous
» réunissez. L'odieux, l'insolent étranger
» va vous morceler, vous anéantir. Re-
» levez-vous, Français, faites masse à
» tout prix, ralliez-vous s'il le faut, *même*
» *aux Bourbons....* car l'existence de la
» patrie, son salut avant tout!.... »

Toutefois, il pensait que la Russie devait combattre ce partage; elle devait avoir à craindre par là l'accroissement et l'agglomération de l'Allemagne contre elle. L'un de nous ayant observé que l'Autriche devait s'y opposer aussi, dans la crainte de n'avoir plus un soutien nécessaire contre les entreprises de la Russie, et ayant de plus mentionné qu'elle pourrait vouloir être utile au Roi de Rome et s'en servir, l'Empereur a répliqué : « Oui, comme d'instrument
» de menace peut-être, mais jamais
» comme un objet de bienveillance; il
» doit leur être trop redoutable. Le Roi
» de Rome serait l'homme des peuples,
» il sera celui de l'Italie; aussi la poli-
» tique autrichienne le tuera, peut-être

» pas sous son grand-père, qui est un
» honnête homme, mais qui ne vivra
» pas toujours : ou bien encore, si les
» mœurs de nos jours n'admettent pas
» un tel attentat, alors ils essaieront
» d'abrutir ses facultés, ils l'hébêteront;
» et si enfin il échappait à l'assassinat
» physique et à l'assassinat moral, si sa
» mère et la nature venaient à le sauver
» de tous ces dangers, alors !... alors !...
» a-t-il répété plusieurs fois comme en
» cherchant. Alors !... comme alors !...
» car, qui peut assigner les destinées
» d'aucun ici bas ! »

L'Empereur est retourné de là à l'Angleterre, concluant qu'elle seule était véritablement intéressée à la destruction de la France. Et dans l'abondance, la mobilité de son esprit, il s'est mis à parcourir les divers plans qu'elle pouvait suivre. Elle ne devait pas trop accroître la Belgique, disait-il, autrement Anvers lui deviendrait formidable comme sous la France; elle devait laisser les Bourbons dans le centre avec huit ou dix millions d'habitans seulement, et les environner de Princes, Ducs ou Rois de Normandie, Bretagne, Aquitaine et Provence; de telle sorte que Cherbourg,

Brest, la Garonne et la Méditerranée se trouvassent dans des mains différentes. C'était, disait-il, faire rétrograder la monarchie française de plusieurs siècles, faire recommencer les premiers Capets, et ménager aux Bourbons quelques centaines d'années de nouveaux efforts pénibles et laborieux. «Mais heu-
» reusement pour en arriver là, obser-
» vait l'Empereur, l'Angleterre devait
» avoir à surmonter des obstacles invin-
» cibles : l'uniformité de la division ter-
» ritoriale en départemens, la simili-
» tude du langage, l'identité de mœurs,
» l'universalité de mon code, celle de
» mes lycées, et la gloire, la splendeur
» que j'ai léguées. Voilà autant de nœuds
» indissolubles, d'institutions vraiment
» nationales. Avec cela, on ne morcelle
» pas, on ne dissout pas un grand peu-
» ple, ou il se renouvelle et ressuscite
» toujours. C'est le géant de l'Arioste
» que l'on voit courir après chacun de
» ses membres abattus, sa tête même,
» la replacer et combattre de nouveau.
» —Ah, Sire, a dit alors quelqu'un, la
» vertu et la puissance du géant tenaient
» à un seul cheveu arraché, et si le che-
» veu vital de la France devait être Napo-

»léon ! — Non, a repris assez brusque-
»ment l'Empereur, ce ne saurait être ;
»mon souvenir et mes idées survivraient
»encore. » Et puis reprenant le sujet,
il a dit : « Avec ma France, au con-
»traire, l'Angleterre devait naturelle-
»ment finir par n'en être plus qu'un
»appendice. La nature l'avait faite une
»de nos îles aussi bien que celles d'O-
»léron ou de la Corse. A quoi tiennent
»les destinées des Empires, disait-il !
»Que nos révolutions sont petites et
»insignifiantes dans l'organisation de
»l'univers ! Si au lieu de l'expédition
»d'Egypte, j'eusse fait celle d'Irlande ;
»si de légers dérangemens n'avaient mis
»obstacle à mon entreprise de Boulo-
»gne, que pourrait être l'Angleterre au-
»jourd'hui? Que serait le continent? le
»monde politique, etc., etc.

Samedi 25.

Brutus de Voltaire.

Après le dîner l'Empereur a lu *OEdipe*,
qu'il a extrêmement vanté ; puis *Brutus*,
dont il a fait une analyse très-remar-
quable. Voltaire, disait-il, n'avait point
entendu ici le vrai sentiment. Les Romains étaient guidés par l'amour de la

patrie comme nous le sommes par l'honneur. Or, Voltaire ne peignait pas le vrai sublime de Brutus sacrifiant ses enfans, malgré ses angoisses paternelles, au salut de la patrie; il en avait fait un monstre d'orgueil, immolant ses enfans à sa situation présente, à son nom, à sa célébrité. Tout le nœud de la pièce, continuait-il, était conçu à l'avenant. Tullie était une forcenée qui mettait le marché à la main pour son lit, et non une femme tendre dont la séduction et l'influence dangereuse pouvaient entraîner au crime, etc.

Dimanche 26.

Établissement français sur le fleuve Saint-Laurent. — L'Empereur eût pu gagner l'Amérique. — Carnot au moment de l'abdication.

L'Empereur m'a fait appeler vers les deux heures. Il était fatigué, souffrant. Nous avons parcouru quelques journaux.

Les journaux nous apprenaient que son frère Joseph avait acheté de grandes propriétés au Nord de l'État de New-York, sur le fleuve Saint-Laurent, et qu'un grand nombre de Français se groupaient autour de lui, de manière à fonder bientôt un établissement. On observait que le choix du lieu semblait être fait dans les intérêts des Etats-Unis, et en opposition à la politique de l'Angleterre; car, dans le Sud, à la Louisiane par exemple, les réfugiés n'auraient pu avoir d'autres vues et d'autre avenir que le repos et la prospérité domestique; tandis qu'aux lieux où on les plaçait, il était évident qu'ils devaient devenir bientôt un attrait naturel pour la population du Canada, déjà française, et former par la suite une forte barrière, ou même un point hostile contre les Anglais, qui en sont encore les dominateurs. L'Empereur disait que cet établissement devait compter en peu de temps une réunion d'hommes très-forts dans tous les genres. S'ils remplissaient leur devoir, ajoutait-il, il sortirait de là d'excellens écrits, des réfutations victorieuses du système qui triomphe aujourd'hui en Europe; l'Empereur avait déjà eu à l'île d'Elbe quelque idée semblable.

De là il est passé à récapituler tout ce qu'il avait donné aux membres de sa famille; les sommes qu'ils pouvaient avoir recueillies; elles devaient être très-considérables. Lui seul, observait-il, n'avait rien; s'il se trouvait, avec le temps, posséder quelque chose en Europe, il ne le devait qu'à la prévoyance et à la combinaison de quelques amis.

Si l'Empereur eût gagné l'Amérique, il comptait, disait-il, appeler à lui tous ses proches; il supposait qu'ils eussent pu réaliser au moins quarante millions. Ce point serait devenu le noyau d'un rassemblement national, d'une patrie nouvelle. Avant un an, les évenemens de la France, ceux de l'Europe auraient grouppé autour de lui cent millions, et soixante mille individus, la plupart de ceux-ci ayant propriétés, talens et instruction. L'Empereur disait qu'il aurait aimé à réaliser ce rêve; c'eût été une gloire toute nouvelle.

« L'Amérique, continuait-il, était
» notre véritable asile, sous tous les rap-
» ports. C'est un immense continent,
» d'une liberté toute particulière. Si vous
» avez de la mélancolie, vous pouvez
» monter en voiture, courir mille lieues
» et jouir constamment du plaisir d'un
» simple voyageur; vous y êtes l'égal de
» tout le monde; vous vous perdez à
» votre gré dans la foule, sans inconvé-
» niens, avec vos mœurs, votre langage,
» votre religion, etc., etc. »

L'Empereur disait qu'il ne pouvait

désormais se trouver simple particulier sur le continent de l'Europe, son nom y était trop populaire; il tenait trop maintenant par quelque côté à chaque peuple; il était devenu de tous les pays.

« Pour vous, m'a-t-il dit en riant, » votre lot naturel était les pays de l'Oré- » noque ou ceux du Mexique. Les sou- » venirs du *bon Las Casas* n'y sont point » effacés; vous y auriez eu ce que vous » eussiez voulu. Il est de la sorte des des- » tinations toutes marquées. Grégoire, » par exemple, n'a qu'à aller à Haïti, on » l'y fera Pape. »

Au moment de la seconde abdication de l'Empereur, un Américain à Paris lui écrivit : « Tant que vous avez été à la » tête d'une nation, tout prodige de votre » part était possible, toutes les espé- » rances pouvaient être conçues; mais » aujourd'hui rien ne vous est plus pos- » sible en Europe. Fuyez, gagnez les » États-Unis, je connais le cœur des chefs, » et les dispositions de la multitude; vous » trouverez là une patrie et de véritables » consolations. » L'Empereur ne le voulut pas. Il pouvait sans nul doute, à la faveur de la célérité ou du déguisement, gagner Brest, Nantes, Bordeaux, Toulon, et probablement atteindre l'Amérique; mais il ne pensait pas que sa dignité lui permît le déguisement ni la fuite. Il se croyait tenu à montrer à toute l'Europe son entière confiance dans le peuple français et l'extrême affection de celui-ci à sa personne, en traversant son territoire dans une telle crise, en simple particulier et sans escorte. Enfin, et c'était par-dessus tout ce qui le dirigeait en cet instant critique, il espérait qu'à la vue du danger les yeux se dessilleraient, qu'on reviendrait à lui, et qu'il pourrait sauver la patrie : c'est ce qui lui fit alonger le temps le plus qu'il put à la Malmaison; c'est ce qui le fit retarder beaucoup encore à Rochefort. S'il est à Sainte-Hélène, c'est à ce sentiment qu'il le doit; jamais il ne put se séparer de cette pensée. Plus tard, quand il n'y eut plus d'autre ressource que d'accepter l'hospitalité du Bellerophon, peut-être ce ne fut pas sans une espèce de secrète satisfaction intérieure qu'il s'y voyait irrésistiblement amené par la force des choses : être en Angleterre, c'était ne pas s'être éloigné de la France. Il savait bien qu'il n'y serait pas libre; mais il espérait être entendu; et alors que de

chances s'ouvraient à la nouvelle direction qu'il pourrait imprimer! « Les mi-
» nistres anglais, ennemis de leur patrie
» ou vendus à l'étranger, disait-il, ont
» trouvé ma seule personne encore trop
» redoutable. Ils ont pensé que ma seule
» opinion dans Londres eût été plus que
» l'opposition toute entière, qu'il leur
» eût fallu changer de système ou quitter
» leurs places; et plutôt que de céder à
» un changement, et pour conserver
» leurs places, ils ont lâchement sacrifié
» les vrais intérêts de leur pays, le triom-
» phe, la gloire de ses lois, la paix du
» monde, le bonheur de l'Europe, la pros-
» périté, les bénédictions de l'avenir. »

Le soir, l'Empereur, dans le cours de la conversation, s'est trouvé revenir de nouveau sur Waterloo, sur les anxiétés, les indécisions qu'il avait éprouvées avant de prendre un parti décisif touchant sa nouvelle abdication. Je passe une foule de détails pour ne pas me répéter, je n'en garde que ce qui suit :

Son discours à ses ministres, en agitant l'abdication, fut la prophétie littérale de ce que nous avons vu depuis. Carnot fut le seul qui sembla le comprendre : il combattit cette abdication qui, selon lui, était le coup de mort de la patrie ; il voulait qu'on se défendît jusqu'à extinction, en désespérés : il fut le seul de son avis ; tout le reste opina pour l'abdication ; elle fut résolue, et alors Carnot s'appuyant la tête de ses deux mains, se mit à fondre en larmes.

Dans un autre endroit l'Empereur disait : « Je ne suis pas un Dieu, je ne » pouvais pas faire tout à moi seul ; je ne » pouvais sauver la nation qu'avec elle-» même ; j'étais bien sûr que le peuple » avait ce sentiment ; aussi souffre-t-il » aujourd'hui sans l'avoir mérité ; c'est la » tourbe des intrigans ; ce sont les gens » à titres, à emplois, qui ont été les vrais » coupables. Ce qui les a séduits, ce qui » m'a perdu, c'est la douceur du système » de 1814, de la bénignité de la restau-» ration ; ils ont cru à sa répétition. Le » changement de prince était devenu » pour eux une mauvaise plaisanterie. Il » n'y en a pas un qui n'ait cru demeurer » tout ce qu'il était en me voyant rem-» placé par Louis XVIII, ou par tout » autre. Dans cette grande affaire, ces » hommes malhabiles, avides, égoïstes, » ne voyaient qu'une compétition qui » leur importait peu, et ne songeaient

»qu'à leurs intérêts individuels, lorsqu'il
»s'agissait d'une guerre de principes à
»mort qui devait les dévorer tous; et
»puis, pourquoi le dissimuler? conve-
»nons-en, j'avais élevé et il s'est trouvé
»dans mon entourage *de fières can.....?* »
Et se tournant vers moi, il a ajouté : « Et
»ceci encore n'est pas pour votre fau-
»bourg Saint-Germain ; son affaire est
»une autre question. Ceux-là ne sont pas
»sans pouvoir fournir quelque espèce
»d'excuse. Lors du premier renverse-
»ment en 1814, les grands traîtres ne
»sont pas partis de là; je n'eus pas trop
»à m'en plaindre; et à mon retour ils ne
»me devaient plus rien. J'avais abdiqué,
»le Roi était revenu, ils étaient retournés
»à leurs premières affections. Ils avaient
»recommencé un nouveau bail, etc. »

Lundi 27.

Etat de l'industrie en France. — Sur les physionomies.

L'Empereur est sorti vers les deux heures; le temps était fort beau. La saison est sensiblement différente de celle que nous avions en arrivant; elle est infiniment plus fraîche. L'Empereur néanmoins était souffrant et semblait fort ennuyé. Il a marché vers l'extrémité du bois en attendant que la calèche vînt nous prendre. Nous avons fait notre tour ordinaire.

La conversation est tombée sur l'état de l'industrie en France. L'Empereur l'avait portée, disait-il, à un degré inconnu jusqu'à lui; et on ne le croyait pas en Europe, même en France. Les étrangers en ont été grandement surpris à leur arrivée. L'abbé de Montesquiou, disait-il, ne revenait pas d'en avoir les preuves en mains lors de son ministère de l'intérieur.

L'Empereur était le premier en France qui eût dit : D'abord l'agriculture, puis l'industrie, c'est-à-dire les manufactures; enfin le commerce, qui ne doit être que la surabondance des deux premiers. C'était encore lui qui avait défini et mis en pratique d'une manière claire et suivie les intérêts si divergens des manufacturiers et des négocians. C'était lui à qui on devait la conquête du sucre, de l'indigo et du coton. Il avait proposé un million pour celui qui parviendrait à filer, par mécanique, le lin comme le coton; et il ne doutait pas que ce résultat n'eût été obtenu, et que la fatalité des circonstances eût seule empêché de consacrer cette magnifique découverte, etc., etc. *

Les ennemis de notre propre bien, la vieille aristocratie, disait-il, s'était perdue en mauvaises plaisanteries, en frivoles caricatures sur tous ces objets; mais les Anglais, qui sentaient le coup, n'en riaient point, et en demeurent encore affectés aujourd'hui.

Quelque temps avant de dîner, l'Empereur m'a fait venir dans sa chambre : il était fort souffrant; il essayait de causer; il n'en avait pas la force; il attribuait sa situation à de mauvais vin nouvellement arrivé. Et à propos de vin il racontait que Corvisart, Berthollet et autres chimistes et médecins lui avaient souvent recommandé et répété, à lui qui était si éminemment exposé, que si jamais en buvant il lui arrivait de trouver le moindre mauvais goût à du vin, il devait le cracher à l'instant.

De là, la conversation l'a conduit à s'étonner du caractère de quelqu'un

---

* Effectivement, elle avait été obtenue dans la Belgique.

dont les traits étaient un vrai contraste. « Cela prouve, disait-il, qu'on ne doit
» pas prendre les hommes à leur visage;
» on ne les connaît bien qu'à l'essai. Que
» de figures j'ai eu à juger dans ma vie!
» que d'expérience j'ai eu à faire! que
» de dénonciations, que de rapports j'ai
» entendus! Aussi m'étais-je fait la loi
» constante de ne me laisser influencer
» jamais par les traits ni par les paroles.
» Néanmoins, il faut convenir que les
» traits fournissent parfois de bizarres
» rapprochemens! Par exemple, en con-
» sidérant *notre Monseigneur* (le Gouver-
» neur), qui ne trouve du *chat-tigre* dans
» ses traits? Autre exemple : J'avais quel-
» qu'un en service intime auprès de moi;
» je l'aimais beaucoup, et j'ai été obligé
» de le chasser parce que je l'ai pris plu-
» sieurs fois la main dans le sac, et qu'il
» volait par trop impudemment : eh
» bien! qu'on le regarde, on lui trouvera
» un *œil de pie*. »

A ce sujet quelqu'un a cité Mirabeau, qui, en parlant du visage d'un membre distingué de nos diverses législatures, le sénateur P......, disait : « Il y a du
» *tigre* et du *veau*, mais le *veau* domine. »

Ce qui a beaucoup fait rire Napoléon, parce que cela, remarquait-il, était exactement vrai.

L'Empereur a voulu dîner seul dans sa chambre. Il m'a fait venir sur les dix heures; il était mieux; il a parcouru plusieurs des livres dont son canapé était couvert. Il a entamé l'Alexandre de Racine, qu'il a en grand dégoût, et a pris l'Andromaque, qui est une de ses passions.

Mardi 28.

L'Empereur devant le camp anglais.

L'Empereur est sorti sur les deux heures. Le temps était fort doux et fort agréable. Nous avons été en calèche près d'une heure. Il avait d'abord été question d'aller à cheval; l'Empereur en sent le besoin pour sa santé; mais il semble y porter un dégoût extrême : il ne saurait, dit-il, tourner sur lui-même de la sorte : dans nos limites, il se croit dans un manège, il en a des nausées. Cependant, au retour nous sommes venus à bout de l'y déterminer. Il nous avait tous auprès de lui; nous avons gagné la crête du prolongement de la montagne des Chèvres qui sépare l'horizon de la ville d'avec celui de Longwood *. Nous sommes revenus en passant sur le front du camp : c'était la seconde fois depuis notre séjour à Longwood. Tous les soldats, quelque fussent leurs occupations, ont tout quitté, et sont accourus spontanément pour former la haie. « Quel » soldat européen, disait l'Empereur à » ce sujet, n'est pas ému à mon approche! » Et c'est parce qu'il le savait, qu'il évitait soigneusement ici de passer devant le camp anglais, dans la crainte qu'on ne l'accusât de vouloir provoquer ce sentiment. Cette petite course et la fatigue qu'elle a causée a été agréable à tout le monde. Nous étions de retour à cinq heures. L'Empereur trouvait la journée bien longue : depuis quelque temps il ne dicte plus. Il a aperçu des espèces de quilles façonnées par les gens pour leur usage ; il les a fait apporter et nous avons fait une partie. J'y ai perdu contre l'Empereur un napoléon et demi, qu'il m'a bien fait payer, pour les jeter au valet de pied qui nous servait la boule.

---

* Voyez la Carte.

FIN DU TROISIÈME VOLUME.

TABLE RAISONNÉE
DES MATIÈRES
CONTENUES DANS LE TROISIÈME VOLUME.

N. B. *Les chiffres sont les numéros des pages. Ce signe* (-) *indique qu'il faut prendre le numéro qui suit.*

AFRIQUE. Projet d'expédition pour explorer son intérieur, 827.

ANGLETERRE. Rapprochemens de sa révolution avec celle de France, 278. L'Empereur disait qu'avec sa France, l'Angleterre devait finir par n'en être plus qu'un appendice. - La nature l'avait fait une de nos îles, 426.

ARCOLE (*Bataille d'*). Chapitre de la campagne d'Italie dicté par l'Empereur, 209.

ASKER-KAN (*Ambassadeur de Perse à Paris*). Détails. - Anecdotes, 166.

ATLAS HISTORIQUE, etc., de Le Sage. - Son historique demandé par l'Empereur, 351.

AUTRICHE (*Puissance d'*). L'Empereur disait avoir fait une grande faute de ne l'avoir pas morcelée en plusieurs couronnes. - Insinuations d'un prince de cette maison. - Le mariage de Marie-Louise a perdu Napoléon, 258.

BADE (*Stéphanie de Beauharnais, princesse de*). Lors du divorce de Joséphine, s'est rapprochée de son mari, et n'ont plus fait qu'un ménage des plus heureux, 480. Son enfance. - Circonstances de son élévation. - Son beau caractère, 412.

BERTHOLET (*Comte, Pair*). Trait charmant de l'Empereur envers lui. - Sa conduite en 1814 et au retour de l'île d'Elbe, 340.

BERTRAND DE MOLLEVILLE (*M. Ex-Ministre de Louis XVI*). Son opinion sur Napoléon, 325.

BONAPARTE (*Lœtitia, mère de l'Empereur*). Paroles de l'Empereur. — Donnait beaucoup à ses enfans en secret. - Eût tout donné à son fils pour le retour de l'île d'Elbe et après Waterloo. - Sa fierté. - Sa noble ambition. - Avait une âme forte et trempée aux grands évènemens, 400.

CAFARELLI (*Vice-Amiral*). 329.

CAMBACÉRÈS (*Duc de Parme*). L'Empereur le disait l'homme des abus avec un goût décidé pour l'ancien régime, 72.

CARNOT. Combattit la seconde abdication. - Quand elle fut résolue se mit à fondre en larmes, 433.

CAROLINE BONAPARTE (*Reine de Naples*). L'Empereur disait qu'il y avait chez elle de l'étoffe, beaucoup de caractère et une ambition désordonnée, 405.

CASTIGLIONE (*Bataille de*). Chapitre de la campagne d'Italie dicté par l'Empereur, 179.

CERACHI (*Sculpteur*). Avait projeté de poignarder le premier Consul quand il poserait. – Détails du complot, 47.

COCKBURN (*Amiral*). Présente sir Hudson Lowe, son successeur. – Mortification, 95. Griefs des captifs contre lui. — S'en louent comme geolier. – S'en plaignent comme hôte, 98.

CODE CIVIL. Grande part qu'y prend Napoléon. – Ses diverses improvisations au Conseil d'État, 316.

DECRÈS (*Duc, Ministre de la Marine*). Constance de l'Empereur à son égard. C'est qu'il était, disait-il, ce qu'il avait pu trouver de mieux, 329. Ses sentimens en 1814. – Anecdotes, 334.

DESAIX (*Général*). Nommé par les Egyptiens et les Arabes le *Sultan Juste*, 311.

DICTIONNAIRE DES GIROUETTES. Selon l'Empereur, la dégradation de notre société, le code de la turpitude, le bourbier de notre honneur, 339.

DRUOT (*Général*). Paroles de l'Empereur sur son procès, 11.

EMERIAU (*Comte, Vice-Amiral*). L'Empereur l'eût fait ministre, s'il l'eût trouvé à la hauteur du poste, 330.

EMIGRÉS. Le Premier Consul avait eu l'idée d'une masse ou syndicat de leurs biens restans pour leur être distribués proportionnellement, 287.

ESPAGNE. L'Empereur disait que cette guerre l'avait perdu. – Charles IV demandait que l'Empereur adoptât une fille quelconque, et en fît une princesse des Asturies, 297.

EUGÈNE BEAUHARNAIS. L'Empereur dit lui avoir donné plus de 40 millions. – Pensait avoir de grands comptes à régler avec lui, 125. — Dans les misères de la révolution en apprentissage chez un menuisier, 392.

FANATIQUE DE SCHŒNBRUN. Met Napoléon en grand péril. – Son sang froid. – Sa férocité, 49.

FAUBOURG SAINT-GERMAIN. L'Empereur pas trop défavorable. – Observait que les grands traîtres n'étaient point partis de là, 435.

FOUCHÉ (*Duc d'Otrante*). Ses intrigues en 1815 ; causes de la seconde abdication. – Avait toujours son vilain pied sali dans les souliers de tout le monde, disait l'Empereur, 56. Le Talleyrand des clubs. — Eût été fidèle si l'Empereur eût été victorieux. — Reçoit dans les cent jours un agent secret de M. de Metternich. – L'Empereur le découvre. – Son apostrophe, 80. — Conseille, sans mission, à Joséphine, de dissoudre son mariage, 392.

FRANCE. Rapprochement de sa révolution avec celle d'Angleterre, 27. L'Empereur croit voir dans les débats du parlement d'Angleterre l'arrière pensée du partage de la France. - Ses réflexions, 429.

GANTAUME (*Vice Amiral*). Matelot nul et sans moyens, disait l'Empereur, 329.

GEORGES CADOUDAL. Avait été fort près de Napoléon lors de son complot, 46.

GRÉGOIRE (*Abbé*). N'a qu'à aller à Haïti, selon l'Empereur, on l'y fera Pape, 431.

GRÉTRY. Obtient de l'Empereur, après de longues sollicitations, que l'on joue Richard Cœur-de-Lion. Réflexions, 134.

HOCHE (*général*). Portrait. - D'une ambition hostile. — Sa mort, 307.

HOMÈRE. Poëte, orateur, historien, législateur, géographe, théologien, disait Napoléon, qui le pensait inimitable, 302.

HORTENSE BEAUHARNAIS, (*Reine de Hollande*). Dans les misères de la révolution, en apprentissage chez une lingère, etc., 392.

HUDSON LOWE (*Gouverneur de Sainte-Hélène*). Son arrivée à Sainte-Hélène, 86. Sa première visite. - N'est point reçu, 87. Exige des captifs des déclarations individuelles d'unir leur sort à celui de Napoléon, 88-109. Son introduction auprès de l'Empereur, 95. Son signalement, 103. Insinuations équivoques, 135. Avait été chef de haute-police, agent actif d'espionnage et d'embauchage en Italie, 136. Sa première méchanceté, 137. Fait comparaître devant lui tous les domestiques de l'Empereur. - Sa première insulte, 141. Sa première barbarie, 143. Conversation vive avec l'Empereur, 171. Veut faire accepter son médecin à l'Empereur, qui le refuse. — Défiance de l'Empereur, 178. Veut être assuré chaque jour par un témoignage évident, de l'existence de l'Empereur, 174. Prédiction sur sa mémoire, 377. Arrête lui-même un de nos domestiques. - Paroles de l'Empereur à ce sujet, 410. Fait retirer et rendre plusieurs fois des matelots qu'on avait donnés aux captifs pour les servir, 411.

HUDSON LOWE (-*Lady*). Son portrait, 135.

INDES. Projets de l'Empereur pour une expédition dans cette partie du monde, 333.

JÉROME BONAPARTE (*Ancien Roi de Westphalie*). Paroles de l'Empereur. - Au retour de l'île d'Elbe, avait beaucoup gagné. - Noble et belle conduite de sa femme, princesse de Wirtemberg, 405.

JOSÉPHINE (*Impératrice*). L'Empereur disait avoir fait avec elle un ménage tout à fait bourgeois, 387. Un fils d'elle eût rendu Napoléon fort heureux, 388. Elle propose à Napoléon une grande supercherie politique. — Avait à l'excès le goût du luxe, 389. On lui avait prédit, dans son enfance, qu'elle porterait une couronne. — Anecdote sur son premier mari et la sainte-ampoule. — Son mariage avec Napoléon, 390. — Se soumit de bonne foi au divorce malgré la peine mortelle qu'elle en éprouvait, 393. Parlait souvent avec amitié de Marie-Louise et du roi de Rome. Aurait voulu venir à la Cour, 395. - Savait mettre à profit la connaissance parfaite qu'elle avait du caractère de Napoléon, 396. L'Empereur persuadé qu'il était ce qu'elle aimait le mieux, 396. Elle lui avait donné le bonheur. - S'était constamment montrée son amie la plus vraie. — Il disait lui avoir conservé les plus tendres souvenirs et la plus vive reconnaissance. — Mettait la soumission, le dévouement, la complaisance, au rang de l'adresse politique dans son sexe. — Blâmait et grondait sur ce point sa fille Hortense et sa parente Stéphanie, 397.

KRUSENSTERN (*Voyageur russe*). Anecdote sur sa relâche à Canton, 276.

LAS CASES (*le Comte de*). Examen de conscience politique, 20. Déclaration exigée du Gouverneur, 109. L'Empereur lui demande l'historique de son Atlas, 331. L'Empereur lui disait qu'en cas d'expatriation, son lot naturel était les pays de l'Orénoque et du Mexique, où les souvenirs du bon Las Casas n'étaient point effacés, 431.

LATOUCHE-TRÉVILLE (*Amiral*). Fort regretté de Napoléon, lui présentait l'idée d'un vrai talent, 331.

LATOUR-FOISSAC (*Général*). L'Empereur disait que l'acte des Consuls qui l'avait frappé était indubitablement tyrannique, illégal; mais qu'il avait été indispensable, 140.

LEBRUN (*Duc de Plaisance*). L'Empereur le dit l'homme des idéalités, 72.

LEFÈVRE (*Madame la maréchale, duchesse de Dantzick*). Les mauvaises plaisanteries dont elle était l'objet tombent devant l'élévation de ses sentimens et la bonté de son cœur, 381.

LÉGION D'HONNEUR. Paroles de l'Empereur, 271.

LOUIS BONAPARTE (*ancien roi de Hollande*). L'Empereur le disait un enfant gâté par la lecture de Jean-Jacques. - Son mariage était le résultat des intrigues de Joséphine. — L'Empereur aurait voulu le marier à une nièce de M. de Talleyrand, 398.

MACDONALD (*Maréchal, duc de Tarente*). L'Empereur mentionne sa loyauté, 312.

MAHOMET. Idées de l'Empereur; il doutait de tout ce qu'on lui attribuait, 130.

MARCEAU (*Général*). Vénération qu'il a inspirée à l'ennemi. - Les Autrichiens observent une armistice pour ses obsèques, 311.

MARET (*Duc de Bassano*). L'Empereur persuadé de son véritable attachement, 72.

MASSÉNA (*Maréchal*). Avait rempli son devoir jusqu'au dernier moment, 13. Anecdote, 312.

METTERNICH (*Ministre d'Autriche*). Opinion de l'Empereur, 72.

MISSIESSI (*Vice-Amiral*). L'Empereur le croyait peu sûr. Sa famille avait livré Toulon, 329.

MONCEY (*Maréchal*). L'Empereur mentionnait son honnêteté, 512.

MORALE. Dissertations de l'Empereur sur différentes maximes. - Disait que les hommes ne sont point si ingrats qu'on le prétend. - Combattait que les hommes ne changent point. - Niait que les yeux fussent le miroir de l'âme. - Exception, etc., 408.

MOREAU (*Général*). Portrait par Napoléon. - Le disait un général de la monarchie, 309.

NAPOLÉON. Divers de ses camarades de l'artillerie, 15. - Croyait son nom inconnu à quelques-uns, même dans Paris. - Ne l'était en aucun pays, même à la Chine, 17. — Examen de conscience politique, 20. — Ne s'était jamais adressé aux chefs pour gagner les partis ; mais avait attaqué la masse des partis pour dédaigner les chefs, 28. N'avait pas eu tort d'avoir employé des nobles et des émigrés. — Les vrais coupables avaient été les intrigans de toutes couleurs et de toutes les doctrines, 28. - Se serait relevé du pied des Pyrénées s'il eût été son petit-fils, 30. Trahi par ceux qui lui devaient tout, 30. - Les bulletins étaient très-véridiques, 32. - S'il eût enlevé Saint-Jean-d'Acre, il opérait une révolution dans l'Orient. - Eût changé la face du monde, 35. Description de son appartement à Longwood, 36. Détails minutieux de sa toilette, 40. Son costume à Sainte-Hélène, 43. — Se regardait à la tête des affaires, comme au milieu des batailles dont les conspirations étaient les boulets. - S'abandonnait à son étoile, 46. Comptait 30 et quelques conspirations à pièces authentiques. - En cachait autant qu'il pouvait, 45. Complot de Georges, 46. De Céracchi, 47. Attentat du fanatique de Schœnbrunn, 49. — Parti à prendre après Waterloo. — Pensait qu'il eût sauvé la patrie, si le Corps Législatif eût voulu y concourir, 52. Avait été surnommé le 160 *mille hommes*, 61. N'avait ni préjugés ni passion. Sa raison dictait toujours ses jugemens. - Gardait en lui-même les impressions de la peine qu'on lui causait, et les émotions de bienveillance et de sensibilité qu'on lui faisait éprouver, 65. — Dit que s'il eût gagné l'Amérique, eût de là protégé la France contre les réacteurs, 69. Ses paroles sur les idées libérales et leur marche irrésistible, 70. Dit qu'il avait refermé l'outre des vents, déchirés depuis par les baïonnettes des réacteurs, 86. — Refuse la première visite de sir Hudson Lowe, 87. Remontrances paternelles, 91. — Dès Fontainebleau avait prévu son retour en France, 93. — Convention des souverains relative à sa captivité, 104. Ne voyait que deux grandes chances pour sortir de Sainte-Hélène, 107. — Disait que dans 10 ans l'Europe serait toute cosaque ou toute en république, 108. — Belle conversation avec le colonel Wilsh, 111.—Demandait au prince régent la liberté ou un bourreau, 119. — Porte-feuille perdu à Waterloo, 121. — Au retour de Moscou est sur le point d'être arrêté en Silésie, 123. - Son compte de toilette, à Sainte-Hélène, ne se montait qu'à 4 napoléons par mois, 124. Songe à prendre sur Eugène un crédit annuel de 6 mille napoléons. - Lui avait donné plus de 40 millions, 125. - Son ameublement rue de la Victoire, 126. Donne le prix du trône et des ameublemens impériaux. - Détails, etc., 126. Son faire dans son administration domestique, 127. — Disait que les hommes qui ont changé l'Univers n'y sont jamais parvenus en gagnant des chefs; mais en remuant des masses. - C'était la marche du génie, 131. En ramenant à la civilisation a ramené au bon goût, — Richard Cœur-de-Lion, 133. — Ses proclamations en Italie, — Rit de celles qu'il avait faites en Égypte, 138. Disait avoir été obligé de parler légèrement lui-même de la religion, pour pouvoir amener les soldats français à en entendre parler, 138. Ne s'est jamais habillé en musulman. - N'est entré dans une mosquée que comme vainqueur, 138. Disait que l'Empire d'Orient et la sujétion de toute l'Asie eussent bien valu un turban et des pantalons, 139. Recommande aux captifs, près de lui, d'être *frères*, 143. — Détails sur la guerre de Russie, 149. Parallèle de ses succès en Allemagne, avec ceux des alliés contre la France, 156. Ses conditions après la victoire, à Austerlitz, à Iéna, à Wagram, 157. Ambitionnait d'arbitrer un jour la grande cause des peuples et des Rois. — A fait la grande faute à Wagram de n'avoir pas partagé l'Autriche en plusieurs royaumes. - A reçu à cet égard des sollicitations d'un des Archiducs, 158. Se sentait des sentimens trop bourgeois sur l'article des alliances. - Son mariage l'avait perdu, 159. — Réclusion pour maladie, 165. - Disait l'indépendance de la patrie être aussi, comme l'honneur, *une île escarpée et sans lords*, 173. Disait que pour avoir possédé un trône et distribué des couronnes, il n'avait point oublié sa condition première, 176. Ne demandait point une maison et des meubles; mais un bourreau et un linceul, 177. Disait qu'il faudra bien qu'un historien français, s'il a du cœur, lui restitue quelque chose. - Dit avoir récompensé tous les mérites et reculé les limites de la gloire. - Analysé toute son histoire en peu de lignes, 168. Dit que le Moniteur demeurerait sa justification, 171. Ses intentions sur les émigrés, 187. — Circonstances heureuses qui ont concouru à amener sa prodigieuse carrière. — Le grand nombre de ses frères lui a été très-utile. - Son mariage avec Mad. de Beauharnais, l'a mis en point de contact avec toute la noblesse. —

Son origine étrangère l'a fait regarder comme un compatriote par les Italiens, lors du mariage de la princesse Pauline et du couronnement par le Pape. — Le nom de Napoléon, peu connu, poétique, est venu ajouter encore quelque chose à la grande circonstance. — Austerlitz ébranla la vieille aristocratie. - Tilsit la subjugua. - *Que n'est-il légitime?* disait-elle, 292. - Ne peut, même à Sainte-Hélène, échapper aux suggestions du dehors, 305. — Appelé à l'Institut le géomètre des batailles, le mécanicien de la victoire, 315. - Avait présidé constamment au Conseil d'État, les séances du Code Civil. - Grande part qu'il y prend. - Ses brillantes improvisations, 316. — Son opinion sur la marine et les amiraux, 328. Avait rendu tous ses ministères faciles, 330. — Se dit arrivé au trône vierge de tout crime. - N'aura pas à craindre de la postérité le reproche d'avoir été trop méchant; mais peut-être trop bon, 339. - Reçoit les passagers de la flotte du Bengale, 342. Dit qu'on lui a envoyé à Sainte-Hélène, plus qu'un geôlier. — Conversation vive avec le gouverneur, 374. — Bruits ridicules sur lui et la reine Hortense, 399. Ses paroles sur les membres de sa famille, 400. — Dissertations sur des maximes de morale, 408. Son jugement sur les hommes, 409. Ses remarques sur la Bible, 411. Disait que la clémence était le premier domaine du souverain. - Qu'il ne devait paraître que comme un bienfait, 416. Se reprochait la scène de Portalis au Conseil d'État, 415. Celle de M. G....., aux Tuileries, 417. Question sur le faubourg Saint-Germain. — Sur Mad. de S......, 418. — Danger qu'il court à Saint-Cloud en menant une calèche. — A Auxonne en se baignant. — A Marly, à la chasse du sanglier, 421. — Si au lieu de l'Expédition d'Égypte il eût fait celle d'Irlande ou si de légers dérangemens n'eussent mis obstacle à son entreprise de Boulogne, que serait aujourd'hui l'Angleterre, le Continent, le monde politique? 427. — S'il se trouvait quelque chose en Europe, il le devait à la prévoyance de quelques amis. — S'il eût gagné l'Amérique, comptait appeler à lui tous ses proches. - Ce fût devenu le noyau d'un rassemblement national. — Les événemens de l'Europe auraient groupé autour de lui 100 millions et 60 mille individus, 429. Disait ne pouvoir se trouver simple particulier sur le continent de l'Europe. - Était devenu de tous les pays. — Eût pu gagner l'Amérique. - Ne pensait pas que sa dignité lui permît le déguisement et la fuite, 430. Croyait, en s'éloignant lentement, devoir donner une grande marque de confiance au peuple français. - Ne désespérait pas de lui être encore utile. - S'il est à Sainte-Hélène, c'est à ce sentiment qu'il le doit, 432. Ne pouvait sauver la nation qu'avec elle-même, 433. Avait porté l'industrie en France, à un degré inconnu. — Était le premier en France qui eût dit d'abord l'agriculture, puis l'industrie, enfin le commerce. - On lui doit la conquête du sucre, de l'indigo. - Avait proposé un million pour celui qui eût trouvé à filer le lin comme le coton, 436. — Tous ses médecins le prémunissent contre le poison, 437.

NARBONNE (*le comte de*). L'Empereur disait qu'il était le seul qui eût mérité le titre d'ambassadeur. — Napoléon l'aimait beaucoup et le regretta vivement. — Par une bizarrerie singulière, ses talens ont contribué à la perte de Napoléon, 121.

O'MÉARA (*Médecin de l'Empereur à Sainte-Hélène*). Explication qui lui est demandée par l'Empereur. - Sa réponse franche et droite, 285.

PARIS. L'Empereur disait que nulle part on ne trouverait plus de goût ni autant d'esprit, 416.

PEINES (*Inégalités des*). Sujet débattu, 346.

PERSE. L'Empereur avait voulu la faire servir à inquiéter la Russie, 160. - Asker-Kan. - Son ambassade à Paris. - Détails, 162. Anecdotes, 166.

PIE VII. Avait du penchant pour Napoléon; ne lui imputait pas sa translation en France. - Paroles de lui à Lucien, lors du retour de l'île d'Elbe, 294.

PHYSIONOMIE. Paroles de l'Empereur sur divers. - Le chat-tigre. - L'œil de pie, etc. 437.

PORTALIS (*Conseiller d'État*). L'Empereur se reprochait la scène qu'il lui avait faite au Conseil d'État, 416.

POZZO DI BORGO (*Ambassadeur de Russie*). Opinion de l'Empereur. - Ce fut lui, dit-on, qui, en 1814, conseilla à l'empereur Alexandre de marcher sur Paris, etc., 71.

PRADT (*Abbé de*). L'Empereur analyse son ouvrage sur l'ambassade à Varsovie, et le réduit à la première et à la dernière page, 143. Ce qu'il dit de la Cour de l'Empereur à Dresde, 146.

RIVOLI (*Bataille de*). Chapitre de la campagne d'Italie dicté par l'Empereur, 240.

ROCHEFOUCAULT (*Mademoiselle de la*). L'Empereur un instant s'était fixé sur elle pour la donner en mariage à Ferdinand VII, roi d'Espagne, 198.

RUSSIE. Détails sur l'origine de la guerre avec cette puissance, 149.

SAINT-VINCENT (*Lord*). Mot de l'Empereur pour lui, 346.

SÉGUR (*M. le comte de*). A fait offrir à l'Empereur de le suivre à Sainte-Hélène, 19.

S....... (*Mme de*). Se trouve dame du palais à son insu et par la supercherie de son mari. - Causes de sa répugnance. - L'Empereur l'aimait beaucoup, 418.

SOLDAT. Saillie d'un vieux soldat anglais. — Bon mot d'un soldat français, 117.

SOULT (*Maréchal, duc de Dalmatie*). Paroles de l'Empereur qui le croyait en jugement. - Disait qu'il eût pu être condamné bien qu'innocent, 12. L'Empereur disait que sa campagne du midi de la France était très-belle. — Conversation de l'Empereur avec sa femme à Dresde, 312.

TRONCHET (*Conseiller d'Etat*). Un des principaux auteurs du code civil. - défendait mal ses opinions au Conseil d'Etat; - Napoléon s'en chargeait et les faisait prévaloir, 316.

TRUGUET (*Vice-Amiral*). L'Empereur s'en était éloigné par la conduite qu'il lui reprochait dans la révolution, 329.

TURQUIE. L'Empereur eût pu la partager avec la Russie; Constantinople seule l'a sauvée. — Napoléon dit que celui qui possédera cette ville, peut gouverner le monde. — Avait voulu la faire servir à inquiéter la Russie, 161.

VALENCE (*Général*). A toujours été national, disait l'Empereur à Sainte-Hélène, 31.

VILLÈLE (*de*). Son assertion sur les progrès de l'agriculture sous l'empire, 16.

VILLENEUVE (*Vice-Amiral*). Avec plus de vigueur au cap Finistère, il eût pu rendre la descente en Angleterre praticable, 331.

VOLTAIRE. Critique de sa tragédie de Mahomet, par l'Empereur. - Péchait par la base, en attribuant à l'intrigue ce qui n'appartenait qu'à l'opinion, 130. Analyse de Brutus par l'Empereur, 427.

WILKS (*Colonel, ancien gouverneur de Sainte-Hélène*). Sa visite d'adieu à l'Empereur. — Conversation sur la politique, etc., 111.

FIN DE LA TABLE RAISONNÉE DU TROISIÈME VOLUME.

www.ingramcontent.com/pod-product-compliance
Lightning Source LLC
Chambersburg PA
CBHW070532230426
43665CB00014B/1661